图书在版编目（CIP）数据

制度证成：问题和进路／任俊著．—北京：中国社会科学出版社，
2019.10
ISBN 978-7-5203-5224-6

Ⅰ.①制…　Ⅱ.①任…　Ⅲ.①伦理学—研究　Ⅳ.①B82

中国版本图书馆 CIP 数据核字（2019）第 216448 号

出　版　人	赵剑英
责任编辑	冯春凤
责任校对	张爱华
责任印制	张雪娇

出　　　版	中国社会科学出版社
社　　　址	北京鼓楼西大街甲 158 号
邮　　　编	100720
网　　　址	http：//www.csspw.cn
发　行　部	010－84083685
门　市　部	010－84029450
经　　　销	新华书店及其他书店

印　　　刷	北京君升印刷有限公司
装　　　订	廊坊市广阳区广增装订厂
版　　　次	2019 年 10 月第 1 版
印　　　次	2019 年 10 月第 1 次印刷

开　　　本	710×1000　1/16
印　　　张	14.25
插　　　页	2
字　　　数	234 千字
定　　　价	79.00 元

序　言

证成（justification）通常被认为是一个知识论的概念。知识论中的证成，是指一种认知的证成，即证明某个信念或命题为真。然而，事实上，证成不仅是一个知识论的问题，同时也是实践哲学中的重要问题。实践哲学中的证成，主要是指一种道德上的证成。道德证成的对象可以是行动、规则、制度等。实践哲学中的证成问题分为两个层次：道德内部的证成（justification within morality）和对道德的证成（justification of morality）。对第一个层次证成问题的回答，寻求一般的道德或正义的标准，属于规范的道德和政治理论；对第二个层次证成问题的回答，涉及对道德本性和规范性的理解，属于元伦理学。本书主要关注第一个层次的证成问题。

社会制度的道德重要性毋庸置疑。无论是实践导向的政治决策者，还是理论导向的政治哲学研究者，都对制度的重要性产生过深刻的认识。邓小平在总结"文革"的经验教训时，说过一段非常著名的话："我们过去发生的各种错误，固然与某些领导人的思想、作风有关，但是组织制度、工作制度方面的问题更重要。这些方面的制度好可以使坏人无法任意横行，制度不好可以使好人无法充分做好事，甚至走向反面。"[1] 20 世纪最有影响力的政治哲学家约翰·罗尔斯（John Rawls）明确指出："正义的首要主题是社会基本结构，或更准确地说，是主要的社会制度分配基本权利和责任，划分社会合作产生的利益的方式。"[2] 在包括罗尔斯在内的大多数政治哲学家看来，社会基本制度是研究社会正义的首要切入点。在政治哲学领域，理论家们很少关注个人应当如何行动，他们真正感兴趣的问

---

[1] 《邓小平文选》（第二卷），人民出版社 1994 年版，第 333 页。

[2] John Rawls, *A Theory of Justice*, Cambridge MA：Harvard University Press, 1999, p.6.

题是：社会制度应该如何设计？制度设计应该遵循哪些正义原则？提出制度设计的正义原则只是哲学关注的一个方面，更重要的是为这些原则提供有说服力的论证。缺少一个制度证成的理论框架，正义理论就是不完整的。于是，产生了进一步的问题：如何对制度原则进行道德证成？如何检验制度原则的合理性？

自 1971 年罗尔斯的《正义论》发表以来，社会制度的证成方式问题激发了大量的哲学讨论。在此之前，功利主义作为一种制度证成的进路，在西方政治哲学的传统中占据统治地位。这个理论将"总体利益的最大化"作为检验制度正义的标准。众所周知，罗尔斯最为重要的成就之一，就是复兴了一度沉寂的契约论传统，并以此来取代功利主义。近年来，当代著名哲学家努斯鲍姆（Martha C. Nussbaum）对罗尔斯版本的契约论提出了全面系统的批评，并在此基础上构建了一种新的制度证成理论——能力进路（capability approach）。[①]努斯鲍姆从人的尊严观念出发，列出了一份包括十项核心能力的清单。她将公民是否在最低限度上拥有这些核心能力，视为制度证成的标准。在强调结果导向方面，能力进路接近于功利主义；在强调公民个人的尊严和福祉方面，能力进路又接近于契约论。作为一种新兴的正义研究的进路，能力进路得到了学界越来越多的关注和讨论。

概括来说，本书的目标有三个：首先，澄清制度证成的问题域，将制度证成与制度正当的问题区别开来，并表明一个具有证成性的制度应满足哪些条件；其次，系统梳理和考察制度证成的几种主要进路，包括功利主

---

① 一般来说，能力进路的代表人物有两位：阿玛蒂亚·森（Amartya Sen）和努斯鲍姆。其中，阿玛蒂亚·森是能力进路的首倡者。他在题为《什么的平等》的著名讲演中提出了能力概念，指出能力比罗尔斯的基本益品（primary goods）概念更能反映人的优势和福祉。然而，阿玛蒂亚·森只是将能力作为衡量正义的一个尺度或信息焦点，而没有在此基础上进一步提出明确的正义原则以及相应的证成标准。在发展规范的制度证成理论方面，努斯鲍姆比阿玛蒂亚·森走得更远。努斯鲍姆试图发展一个包括正义尺度、正义原则和证成方式的相对完整的正义理论。因此，本文对能力进路的讨论将聚焦努斯鲍姆的版本。关于努斯鲍姆对罗尔斯契约论的批评，参见 Martha C. Nussbaum, *Frontiers of Justice Disability*, *Nationality*, *Species Membership*, Cambridge MA: The Belknap Press of Harvard University Press, 2006, pp. 9 - 95. 关于努斯鲍姆对能力进路的正面阐述，参见 Martha C. Nussbaum, *Creating Capabilities*: *The Human Development Approach*, Cambridge MA: Harvard University Press, 2011.

义、契约论和能力进路，尤其是要揭示出契约论的多重面向；最后，在重新解释罗尔斯契约论的基础上表明，尽管这个理论受到大量的批判和攻击，它仍然是一个值得我们认真对待的理论选项。我希望通过这种重新解释，进一步挖掘和提升罗尔斯契约论的理论潜力。

不得不承认，我在很多方面分享罗尔斯理论背后的那些直觉信念。对于罗尔斯的很多观念和思路，我都深表赞同。例如：正义的首要主题是社会基本制度、理想社会的公民兼具理性（rational）和讲理（reasonable）的能力、社会是公平的合作体系、道德论证应追求直觉与理论之间的反思平衡、政治哲学追求"现实的乌托邦"、稳定性是制度证成的重要维度等。对罗尔斯哲学的批评和质疑很多，但我认为，挖掘其中的洞见、从中获取思想上的教益，同样是件有价值的工作。当然，这并不意味着要将罗尔斯的理论"神化"，或者认为罗尔斯的每个观点都是正确的。将某个哲学家视为绝对权威的做法，与哲学内在的批判精神是格格不入的。我希望在将来的研究中，能够在精准理解罗尔斯的基础上，对他的理论提出深刻、到位的批评，对他的理论工作有所推进。此外，如何将西方政治哲学的研究更好地与中国语境结合起来，也是我要着力思考的一个问题。

本书基本结构如下：第一章，介绍道德证成问题的几个层次及其特征，提供思考制度证成问题的一个背景；第二章，为政治哲学中的制度进路辩护，澄清制度证成问题的实质，区分制度的正当性与证成性，阐明正义和稳定是制度证成的两个不可缺少的方面；第三章，分析功利主义的理论结构，说明功利主义为什么不是一个恰当的证成方式；第四章，介绍契约论的问题域转换，在问题意识上区分传统契约论和当代契约论；第五章，批判性地考察高蒂尔的道德契约论及其预设的理性观；第六章，以良序社会而非原初状态为切入点，重新阐释罗尔斯的契约论，阐明其优点，澄清对这个理论的常见误解，重点反驳努斯鲍姆近年来对罗尔斯契约论提出的批评；第七章，介绍能力进路正义理论的最新发展及其面临的挑战。

本书的若干章节曾经先后发表在不同的学术期刊上。第一章部分内容以《古代伦理学和现代道德哲学》为题发表于《华中科技大学学报》2014年第1期，以《道德哲学中的证成问题》为题发表于《道德与文明》2013年第1期。第二章部分内容以《政治哲学视野中的制度评价》为题发表于《华东师范大学学报》2013年第1期，以《为制度进路辩护——反驳科恩对罗尔斯的一个批评》为题发表于《华中科技大学学报》2015 年第 4 期。第三章部分内容以《制度功利主义：一个批判性的考察》为题发表于《哲学分析》2013 年第 4 期。第四章部分内容以《契约论的问题域转换》为题发表于《华中科技大学学报》2012 年第 4 期。第五章部分内容以《高蒂尔道德契约论研究》为题发表于《华中科技大学学报》2013 年第 2 期。第六章部分内容以《重新理解罗尔斯的契约论》为题发表于《世界哲学》2013 年第 1 期，以《契约论并不排斥残疾人的正义权利——驳努斯鲍姆对罗尔斯的一个批评》为题发表于《上海师范大学学报》2017 年第 5 期。第七章部分内容以《正义研究能力进路主张能力平等吗？——澄清关于能力进路的一个误解》为题发表于《天津社会科学》2018 年第 5 期。以《反思能力进路的正义理论：一个批判性的考察》为题发表于《哲学分析》2019 年第 4 期。

　　本书是在我的博士论文基础上修改和扩展而成。刚开始读研时，我并没有想到以政治哲学作为研究方向。直到研一暑假前，学校举办的一场学术会议，激发了我对这个领域的兴趣。这次会议以"政治正当性"为主题，进行了热烈而不失理性的讨论。来自海峡及香港两岸三地的优秀学者——慈继伟、钱永祥、刘擎、周濂、应奇等——都给我留下了深刻的印象。我时常想，如果没有旁听这次会议的经历，这几年的学术道路乃至生活轨迹可能都有很大的不同。

　　在本书的写作过程中，我得到了很多前辈学者的启迪和帮助。首先要感谢我的导师童世骏教授。童老师知识渊博、治学严谨、眼光敏锐，能成为他门下的博士生是我的幸运。我要感谢刘擎、郁振华、陈嘉映等老师。在华东师大求学期间，我从他们那里获得了不少指导和鼓励，得到了良好的学术训练。我要感谢张云霞、刘焕明、徐玉生、潘加军、陈永杰等江南大学马克思主义学院的领导和同事，他们为我的科研工作提供了不可缺少的平台和支持。在书稿的写作过程中，我还得到了教育部人文社会科学研究青年基金项目、江苏省社会科学基金项目的支持，在此一并表示谢意。中国社会科学出版社的编辑冯春凤女士全力配合本书的出版，并对书稿提出了宝贵的意见，对于她的支持致以衷心的感谢。最后，我想感谢我的父母。没有他们的辛勤付出，我就无法全身心地投入到学术研究的工作中。

目　录

第一章　道德哲学中的证成问题

制度证成从属于一个更大的问题结构。本章的目的是把这个问题结构梳理清楚，勾勒出各个子问题所属的层次和特点。这些讨论也将显示：制度证成作为一个政治哲学的问题，和规范的道德理论其实有着极为密切的联系。我们将看到，制度证成的理论进路，是从规范的道德理论那里发展而来的。而道德理论是现代哲学的产物，要理解它的问题意识，我们有必要考察它和古代伦理学的区别。

第一节　古代伦理学和现代道德哲学

关于道德，我们首先会想到彼此之间的责任和义务（例如不伤害无辜、不欺骗、信守诺言），这些规范性要求毫无疑问地属于道德领域。然而有的时候，在道德名义下进行的评价和讨论，似乎超出了我们通常理解的人们彼此之间道德责任的范围。比如，有些人对同性恋抱有敌意（即使这是一种纯粹基于自愿的性爱方式），认为它是严重的道德错误；人们批评那些对自己的子女照顾不周或对朋友关照不够的人"没有人情味"，也认为他们有道德上的缺陷；很多人谴责日本渔民在南太平洋上的捕鲸行为，认为这种活动过于血腥，因而也不合乎道德。

道德的范围富有争议，我们这里不对它做出精确定义，但有必要区分两种规范性要求。如果有人执意要在道德的名义下讨论上述问题，那么不妨把人们彼此之间的责任和义务称为"狭义的道德"，把义务之外的要求归于"广义的道德"。必须注意的是，与履行道德义务相比，从事另一些行为（例如照顾家人、善待动物）有着完全不同类型的理由和动机。遵守一个商业契约是出于对规则的尊重，但对朋友施以援手却是出于真挚的友情。

　　一个更加清楚明了的做法是区分道德（morality）和伦理（ethics），这里的道德对应着上面所说的狭义的道德，伦理则可以看成是广义的道德。伦理和道德在日常语言中几乎是不加区别地运用，提到伦理和道德，我们想到的是同一种规范性要求。甚至在学术体系内，人们也习惯于将伦理学和道德哲学看作是同一个研究领域。但如果仔细考察的话，还是可以看到一些细微的差异，比如，我们说美德伦理学，而不说美德道德哲学。这似乎就暗示，美德与伦理学而非道德哲学、与伦理问题而非道德问题有更紧密的联系。明确区分伦理和道德、进而辨别出古代伦理学和现代道德哲学的差异，可以使我们的问题意识显示得更加清晰，从而为接下去的研究确立一个可靠的起点。

一　伦理学对美德的追求

　　从源头上说，伦理问题是关于"人应当如何生活"（How one should live），它有几个值得注意的特点。[1] 第一，非个人性。它并不指明是哪一个人的生活，因而不同于"我应当如何生活"的问题。在古代哲学家那里，对伦理问题的回答，建立于对普遍人性的把握之上，它可以说给任何人听，使任何人都可能获得教益，而不依赖于他们所属的共同体和传统。[2] 第二，非当下性。它关注的不是现在或马上要展开的行动，而是一种生活方式。回答伦理问题，要求全方位、整体性地审视生活。第三，宽泛性。不限定何种类型的考量适用于这个问题。良好生活的概念本身不蕴含道德的主张。尽管很多人认为良好生活的观念应当符合道德要求，但合乎道德显然不是良好生活的全部。否则，伦理问题就等同于"什么是道德的要求"。

---

　　① Bernard Williams, *Ethics and the Limits of Philosophy*, Cambridge, MA: Harvard University Press, 1985, pp. 4–5.

　　② 在一些当代哲学家看来，伦理问题关乎我或我们应当如何生活，我是谁，我要成为什么样的人。哈贝马斯评论说："伦理问题决不要求彻底消除自我中心的视角；在每个实例中，它们取向于一个人自己生活的目的。"（Jürgen Habermas, *Justification and Application*, trans. Ciaran Cronin, Cambridge, MA.: The MIT Press, 1993, p. 6.）这些看法和古代哲学家一开始追问的伦理问题有细微的区别。当代的美德伦理学所强调的语境、认同、传统、社群，在亚里士多德那里并不突出（如果有的话）。

《尼各马可伦理学》被视为古代伦理学的经典文本。亚里士多德的这部著作系统地探讨了伦理问题，试图去发现人应当在生活中追求的至善（highest good）。至善因其自身之故就值得追求，我们不是为了其他的善而追求它；相反，我们对其他的善的追求是为了获得它。亚里士多德告诉我们，每个人都会同意，这种至善就是幸福（eudaimonia）。为了获得生活的幸福，我们才会追求财富、健康、荣誉、肉体的快乐，等等。这些东西促进幸福，也许还是幸福的必要条件，但它们不是幸福本身之所在。那么，究竟什么是幸福？在亚里士多德那里，善是根据功能（function）的角度来界定的。任何事物都有一种特殊的功能，它的善就在于完美地展现这个功能。因此，在达到一个清晰的幸福或良好生活的观念之前，我们必须首先确定人的功能。①

亚里士多德认为，一切有生命的存在者——诸如植物、动物和人——都有灵魂。灵魂有营养、感觉、沉思的功能，这些功能属于灵魂的不同部分。植物灵魂只具有营养的部分，动物灵魂既具有营养部分也具有感觉部分，而人的灵魂则同时拥有所有这三个部分。换句话说，人不仅能汲取营养、保持生长、繁殖后代、感知刺激，而且能够进行理性活动。一些大脑发达的动物（比如猩猩、海豚）有时也会做出计算和推理的行为，但我们却无法说理性选择是它们的生活方式。在整个生命过程中运用自己的理性，是人区别于其他生命的本质所在。对人类而言，理性选择是基本的生活方式。理性能力塑造和改变人从事一般动物性活动（如饮食、繁衍）的方式。

亚里士多德论证说，人的幸福必然和这种人之为人的特殊能力有关。作为人类，我们要活得好，就要在生命过程中良好地运用理性，而良好地运用理性离不开践行美德。一个卓越地从事理性活动的人就是拥有美德的

---

①　亚里士多德的这个观点饱受质疑。最一般的困惑是：假如一个卓越和充分地展现了自身功能的人是一个好人，那么，为什么成为一个好人对这个人来说是好的？为什么一个好人的生活是幸福的？就本文的目的而言，我在这里只简要勾勒出亚里士多德解答伦理问题的思路，并不介入论证的细节。关于详细的论证，参阅：Christine M. Korsgaard, *The Constitution of Agency*, Oxford：Oxford University Press, 2008, pp. 129 – 173.

人。因此，"幸福就在于灵魂理性部分根据美德（virtues）进行的活动"①。值得强调的是，美德不应像财富、健康之类的善那样被理解成促进幸福的工具和手段。财富对幸福的实现来说是重要的，不是因为它本身值得欲求，而是因为它有助于我们践行慷慨之类的美德。吝啬鬼拥有再多的财富，也不会感到幸福。实际上，践行美德本身就是幸福生活的核心部分和应有之义，我们不可能脱离各种美德来设想一个幸福完美的人生。

从这条思想路线可以看出，古代伦理学导向对美德的追求。亚里士多德的美德清单涵盖了人类生活的方方面面，尽管它包含了一些明显具有道德含义的美德（如公正），但更多的美德在今天看来很难纳入道德领域（如勇敢、慷慨、节制等）。在肉体快乐的满足方面（主要指饮食和性）保持节制，是良好生活的体现。但我们不可能说一个酗酒的人有道德上的缺陷。类似地，我们也不会因为花钱小气或生活奢侈而批评人们在道德上存在不足。

二　伦理和道德的差异

就词源来讲，"伦理"一词来源于希腊文中的 ethilos，"道德"一词来源于拉丁文中的 moralis。正如威廉姆斯所指出的，这两个词都和行为倾向或习俗有关，但侧重点略有不同：ethilos 强调个人品格方面的含义，moralis 强调社会期待的意义。与之对应，在问题层面可以这样来表述两者的差异：伦理问题关注的是人应当如何生活，道德问题则聚焦于人应当如何与他人共同生活。显然，道德问题比伦理问题的范围狭窄得多。基于这些认识，我们可以更详细地阐述两者的差异。

第一，就评价对象来说。伦理评价的主要对象是人的品格（character），道德评价的对象是个人行动和社会制度；伦理学考察的是人的生活方式，而道德哲学探讨的是人应当如何行动，或者说行动所依据的规则和制度的证成性。

富有美德地去行动（acting virtuously）和做一个合乎美德的行动（doing a virtuous action）不是一回事。某人在特定情境下做了一件合乎美

---

① Aristotle, *Nicomachean Ethics*, trans. Roger Crisp, Cambridge：Cambridge University Press, 2004, p. 56.

德的事情，充其量只是说他做了一件有美德的人在那种情境下会做的事，而这不意味着他本人就拥有美德。训练有素的士兵不顾一切向敌军阵地发起冲锋，可能只是因为他们知道督战队已经充分准备，违抗军令者必将死路一条，而并非因为他们有多勇敢。拥有一种美德，与其说是要求做出某种特定类型的行动，不如说成为某种特定类型的人。在这个意义上，伦理学以行动者为中心。

与之形成对照，道德哲学以行动为中心。各种规范的道德理论——无论是功利主义还是康德主义——都给出或暗示了某种判断行为对错的标准。道德理论从道德直觉开始，通过考察前反思状态下人们如何做出正当行动的判断方式以及判断的相关根据，提炼出高阶的道德原则。构造道德理论的哲学家往往对所谓的"道德困境"感兴趣，若一种理论所提供的原则能够与我们在这个困境下所做出的关于如何行动的直觉判断之间处于一种"反思的平衡"，它就被认为是有吸引力的。

需要强调的是，社会制度也是道德讨论的重要主题。众所周知，罗尔斯的《正义论》发表以后，对社会制度的道德评价问题越来越为当代哲学家所重视。布莱恩·巴瑞（Brian Barry）评论说："罗尔斯认真对待了这个观念，即正义的主题是他所说的'社会基本结构'，就此而言他是重要的，就算他在其他方面没有获得什么成就……罗尔斯将社会结构的观念纳入到他的理论中，意味着自由主义政治哲学时代的来临。"① 事实上，早期的功利主义者（例如边沁和密尔）也都非常关心社会制度的道德问题，这些哲学家试图将功利原则当作评价和改革社会制度的标准。他们不仅是道德理论家，也是社会制度改革的倡导者。在某种意义上，政治哲学是道德哲学的一个分支。

第二，就概念体系来说。评价对象和关注重点的差异，导致伦理和道德采取两套具有不同特征的概念体系。借用威廉姆斯的术语，伦理概念（例如勇敢、怯懦、忠诚、背叛、仁慈、残忍）是"厚实的"；而道德概念（例如正当、错误、好、可证成）是单薄的。这里的差异不只表现在概念的数量和丰富性上。要点是，不同于纯粹用于评价的道德概念，伦理概念"表达了价值与事实的统一"，不但是"引导行动的"（action‐guid-

---

① 　Brian Barry, *Justice as Impartiality*, Oxford：Clarendon Press, 1995, p. 214.

ing），而且是"受世界引导的"（world‒guided）。也就是说，伦理概念不仅包含了对特定行动者的评价、提供行动的理由，而且反映了社会世界中行动者的行动方式。"这个同学学习勤奋""她拾金不昧""他见义勇为"，这些话既是一种赞扬，也是一种描述。

第三，就性质特点来说。古代伦理学的出发点是个人幸福，因而不难理解，它具有一个偏私性（partiality）的维度。我们注意到，在亚里士多德所强调的美德中，有一些和爱、友谊相关，例如友爱、忠诚、慈爱。这些美德要求我们对与自己处于特殊关系的人给予特别的关注，在与他们的互动中采取更加亲密的情感态度和行动方式。美满的家庭、深厚的友谊，是幸福人生的重要部分。缺少这些特殊的情感纽带，会阻碍人性的完善。如果一个人以对待陌生人的方式去对待自己的父母、子女、爱人，那么可想而知，他将失去生活中很多美好的东西，这样的人生必定是有缺陷的。

有人认为，古代伦理学把美德建立在行动者的福祉之上，归根到底是一种利己主义（egoism）。这个看法是站不住脚的。首先，很明显，一些幸福生活所要求的美德（如正义），表达了对他人利益的直接关注，体现了一种平等待人的要求。其次，更为关键的是，这种观点错误地将追求幸福与追求自利等同起来。在亚里士多德的伦理学中，幸福在于卓越地从事理性活动，在于践行美德。幸福是一种活动和生活方式，而不是利益满足的特定状态。不是所有自我利益的满足对于获得幸福都是必要的。在很大程度上，与幸福相关的是一种能力，这种能力（各种美德）可以通过习惯、教化来获得。幸福是可以达到的，追求自利则永远没有尽头。过上良好的生活、成为一个品格卓越的人，意味着能够辨别出哪些利益值得追求、哪些不值得追求，从而有所为、有所不为。总之，一种形式上以行动者为中心、包含偏私性维度的伦理学与利己主义不是一回事。

道德具有完全的不偏不倚性（impartiality）。采取一个道德的观点，意味着平等地考虑所有人的利益，而不是把自己和自己关心的人的利益放在一个特殊的位置。超越自我中心的视角，把他人的利益纳入考虑，站在他人的立场上思考问题，是道德能力的重要体现。任何道德上可证成的行动和制度，都要在某种意义上满足不偏不倚的要求，体现对人的平等尊重。当然，对于不偏不倚的解释是开放的。通过何种方式、在哪些方面展现不偏不倚，是个可以争论的问题。

然而，不偏不倚性是道德观点的必要条件，而非充分条件。不偏不倚的观点本身不能等同于道德的观点，严格来说将这两个概念交替使用是错误的。说一个选择是不偏不倚的，就是说这个选择没有受到不相干因素的影响。很多可以称之为不偏不倚的行为，其实与道德没什么关系。比如说，一位公司总裁想从众多候选者中挑选出一名销售总监。在这个过程中，他着眼于候选者的专业素养和为公司创造财富的潜力，而不考虑性别、年龄、出身等因素。这时他展示出来的不偏不倚，完全是基于理性的自我利益的考量，与道德无关。

第四，就实践过程来说。美德的实践超出了对规则的遵守。要践行美德，我们首先需要搞清楚两点：在何种环境中，运用美德是合适的；什么样的行动能最恰到好处地展现美德。[①] 以勇敢为例，勇敢可以这样来界定：在面临困难、阻碍和危险的时候，守护或追求对自己重要的东西。然而，这样一条规则本身并不告诉我们：在什么情况下应当表现出勇敢，什么样的东西值得我们勇敢地守护；以何种方式去行动足以显示勇敢，何种程度上的坚持和守护是适中的。这里，判断的作用就显示出来了。而且，判断具有伦理意义，一旦判断出错，就偏离了伦理要求，行动者就不能被认为是拥有美德。在一场世界杯决赛中，某个球员遭到侵犯后公然向对方犯规球员施加报复，结果被红牌直接罚下，导致本队处于极其不利的局面。这时我们会说这个球员鲁莽，而不是勇敢。在特定情形下知道如何作出判断，就是亚里士多德所说的"实践智慧"。在亚里士多德那里，实践智慧是一种理智美德。没有理智美德，任何品格美德（virtues of character）都不可能得到践行。[②]

在大部分情况下，道德对判断力的要求稍低一些。道德主要是受规则

---

① Charles E. Larmore, *Patterns of Moral Complexity*, Cambridge：Cambridge University Press, 1987, p.6.

② 这里涉及到一个十分重要的翻译问题。亚里士多德区分了两种美德，一种是理智美德，一种是品格美德。据笔者了解，《尼各马可伦理学》的中译本，W. D. Ross 的英译本都将后者译为道德美德（moral virtue）；而比较新的 Roger Crisp 译本，以及麦金泰尔在《追寻美德》的相关段落中都译为品格美德（virtues of character）。本文追随后一种译法。从词源上说，moral 来源于拉丁文，在古希腊哲学家那里似乎并不存在道德这个概念。此外，亚里士多德在这里谈到的很多美德，如节制、慷慨、勇敢、友爱，在我们今天看来很难说是属于道德领域。道德美德的译法，如果不是错的，至少是高度误导的。

支配的，它以规则的形式告诉我们什么样的事情是应当做的，什么样的事情不应当做，例如"一个人应当信守诺言""不应伤害无辜"。在多数情况下，做一个有道德的人就在于遵守道德规则，这些规则足以告诉我们如何行动是正当的。判断在道德生活中发挥的空间相对有限。当然，只要涉及将一般规则运用于具体情境，就要求我们做出判断。我答应一个朋友今天把钱还给他，至于白天还还是晚上还，我会根据实际情况做出选择。不过，这两种选择没有道德上的好坏之分。这里涉及的判断不具有道德意义，而只是基于方便的考虑。

　　不过，一旦出现道德困境，道德判断的作用就得以鲜明地体现。这时，各种道德规则向我们提出相互冲突的要求，我们无法直接根据一条单一的规则做出一个道德上正当的行动。有人会说，我们可以诉诸高阶的道德原则（如功利原则、普遍化原则）来解决冲突。但问题是，道德原则不止一个，而且在很多情况下指向不同的行动。这意味着，我们需要发挥判断力，审时度势，决定运用何种道德原则。如果在道德困境中做出合理决策是可能的，那么道德判断必不可少。

三　历史语境和问题意识

　　本书关注的焦点是狭义的道德，即与正当的共同生活相联系的规范性要求，探讨道德哲学中的证成问题。道德又包含两部分内容：调节一般人际关系的道德与制度性道德（或政治道德）。就此而言，本书的工作是在道德哲学而非伦理学的框架下进行的。

　　众所周知，自安斯康姆（G. E. M. Anscombe）的经典论文《现代道德哲学》发表以来，对现代道德哲学的批评之声不绝于耳。批评者指出：现代的道德理论由于专注道德原则，低估了判断在实践生活中的巨大作用；忽视了行动者，理由和动机之间存在分裂，缺少一个有力的对道德动机的解释；过于突出不偏不倚的道德要求，夸大对其他伦理考量的优先性，进而可能对个人的完整性（integrity）造成损害。伴随着这些批评的是美德伦理学的复兴，一些哲学家要求恢复伦理问题的权威，重新将"人应当如何生活"的问题提上日程，以此作为实践哲学的起点，进而将道德要求建立在好生活或人的幸福的基础之上。

　　不可否认，我们能够从美德伦理学那里获得不少富有启发性的洞见。

它提示我们注意伦理生活的丰富性和复杂性；强调道德之外的伦理价值具有独立的、不可还原的意义和重要性，不能仅仅根据道德义务来理解伦理生活的全部；提供了一个看上有吸引力的对道德动机的解释。追求幸福是人的本性使然，有良好教养的人的道德行为是顺其本性，是自然之事。正义和幸福不可能发生冲突，不存在为正义牺牲幸福的事情，只可能因为拒绝正义而失去幸福。

这些见解促使我们反思现代道德哲学的限度，但不足以说服我们放弃它的问题意识和特殊关切。那些批评或许切中了某些道德理论版本的要害，但不等于说对道德理论的规划本身构成致命的打击。现代道德哲学之所以有很多在批评者看来缺乏吸引力的特征，是因为它的问题意识与古代伦理学有很大不同。

那么，为什么实践哲学的问题意识会发生转变呢？根据一些学者的分析，哲学问题——尤其是实践哲学的问题——具有历史敏感性。哲学问题不仅起源于哲学家的思辨兴趣和好奇心，而且和特定的历史语境有千丝万缕的联系。从伦理问题到道德问题的转向，具有深刻的历史背景。历史语境影响了我们今天的问题意识和思考方向，决定了我们讨论问题的主导概念。

查尔斯·拉莫（Charles Larmore）指出，社会生活的异质性、多元化是现代社会的一个显著特征。即使是通情达理的人们，经过自由开放的讨论，也很难就生活的目的和意义达成共识。关于"什么是美好生活或值得一过的生活"的问题，人们不可避免地存在合理的分歧（reasonable disagreement）。拉莫认为："我们越是谈论生活的意义，我们越有可能产生分歧。"[①] 这种分歧将长期存在，除非动用国家权力强制推行一种好生活的观点，压制其他观点。究竟为什么在现代社会中会产生合理的分歧？显然，追求相互冲突的自我利益、论理水平的参差不齐导致的只是不合理的分歧，而合理的分歧已经假定产生分歧的人们是通情达理的，他们能够将他人的利益纳入考虑，而且具备基本的论理能力。造成合理放弃的原因，与其说是个人素质的缺陷，不如说是生活经验的差异。我们的人生理

① Charles Larmore, *The Morals of Modernity*, Cambridge: Cambridge University Press, 1996, p. 54.

想或良好生活的观念，很大程度上是由我们的生活经验塑造的。现代社会有纷繁复杂的劳动分工，有各种各样的社会组织和群体，人们的生活经验极为不同，导致对价值的选择以及不同价值在生活计划中的排序很难取得一致。而从他们各自的背景和经验来看，他们对良好生活的种种理解并非毫无道理。

古代哲学家的视野中不存在合理分歧的情形。按我们现在的标准，希腊城邦是个高度同质的小型社会。以雅典为例，它的人口（包括妇女、儿童、外乡人、奴隶在内）总共才 30 万人左右，而享有政治权利的成年男子仅有 3.5 万人。[①] 亚里士多德假定，所有具备理性能力的人们经过反思，都能接受一种特定的良好生活的观念。亚里士多德的伦理学就试图寻求这种良好生活的观念，展示美好人生的理想，并据此解释各种美德的价值。在合理分歧已成为现代社会基本事实的今天，如果仍然坚持亚里士多德的假定，就会显得不切实际和盲目乐观。鉴于"合理的分歧"已成为现代性的基本特征，关于如何生活、成为一个什么样的人的问题，无法容纳一个一般而普遍的哲学理论。对这些问题的回答，植根于特殊的历史和传统，取决于个体和共同体的自我理解。现代哲学家们通常避免主张某种所谓最好的生活形式，取而代之的态度是在各种相互冲突的良好生活观念之间保持中立。对他们来说，更加紧迫而有意义的问题是：在与他人的互动中，哪些行动是正当的、可允许的，哪些行动是不正当的、应该严格禁止的；我们的制度设计如何体现对所有人的平等尊重，从而让所有人有机会追求他们各自心目中的幸福生活，成为他们自己想成为的那种人？

此外，宗教背景也向我们提供了理解实践哲学如何从伦理问题转向道德问题的一个角度。罗尔斯在《道德哲学史讲演录》中对这方面做了富有启发性的阐述。根据罗尔斯，在伦理学产生之时，古希腊宗教是关于公共社会实践的公民宗教，一种公民节日和公共庆典的宗教。[②] 只要一个人以合乎社会期待的方式承认并参与那些仪式，他就是值得信任的社会成员和公民同伴，至于他实际上心里相信什么则无关紧要。对诸神不敬的公民

---

① John Rawls, *Lectures on the History of Moral Philosophy*, ed. Barbara Herman, Cambridge MA. : Harvard University Press, 2000, p. 4.

② John Rawls, *Lectures on the History of Moral Philosophy*, ed. Barbara Herman, Cambridge MA. : Harvard University Press, 2000, p. 3.

将受到惩罚，与其说是因为他们没有信仰，还不如说是因为他们明确表示不愿意参与公共的公民实践。值得注意的是，城邦的公民宗教是维持社会凝聚力的重要因素，但它不包含指引人们如何生活的至善理念。因此，当古希腊哲学家决定将荷马理想当作一种过时的生活方式加以批判时，他们无法从公民宗教那里获取资源，而只有将至善或幸福的问题当作自己的主题加以研究。于是，伦理问题占据了古代实践哲学的中心位置。

罗尔斯指出，不同于古希腊的公民宗教，中世纪基督教明确表达了至善的理念，指出人只有凭借教会教导的那种真正的信仰，感悟天启并直觉上帝的意志，才能获得救赎，得到幸福。同时，基督教也是扩张性的，主张它的权威不受地域限制，从而超越了某个特定的共同体。宗教改革之后，中世纪基督教分裂成一些彼此竞争的救赎性和扩张性的宗教，这些宗教争相主张承担救赎的使命。宗教改革不可避免地导致了宗教战争，这样严重的冲突是古希腊人没有经历过的。这样一来，实践哲学的核心问题不再是寻求至善的生活方式，而是如何与那些和自己有着不同宗教观点、生活方式的人们共同生活。事实上，宗教改革不仅促进了宗教的多元主义，而且还孕育了其他形式的多元主义。在这个意义上，宗教改革构成了现代道德哲学产生的重要背景。

总之，根据拉莫和罗尔斯的论述，我们可以从历史语境（社会生活的异质性、合理分歧的事实、宗教多元）出发，解释古代伦理学向现代道德哲学的转变：关注的焦点从"人应当如何生活"转向"人应当如何与那些拥有不同生活观念的人共同生活"，从寻求良好生活的理想转向调节一般人际关系、制约个人行动的道德规则以及支配社会制度的正义原则。现代道德哲学的一个基本假定是：无论个人对于良好生活的理解是什么，他的行为都必须受到道德规则的限制。无论是道德规则，还是正义原则，都不能建立在某一种特定的良好生活的观念之上。

区分伦理和道德，与其说是澄清了两个概念的使用，不如说是明确了两个不可混淆的基本问题：人应当如何生活与人应当如何与他人共同生活。即使不诉诸这两个概念，我们也需要有其他概念来标识这两个不同的问题。正是这两个不同的问题，决定了实践哲学在不同历史时期发展的不同形态。如果拉莫和罗尔斯等人的分析是对的，如果实践哲学的问题域转换确实受到了历史语境的影响，那么，在多元主义与合理分歧已成既定事实的现代社会，试图恢复伦理问题在实践哲学中的核心地位、进而复兴美德伦理学的努力就是可疑的。要应对现代背景下的道德问题，寻求社会正义，以及对现代社会的制度安排进行道德证成，我们都难以从古代伦理学或美德伦理学那里获得主要的思考框架和思想资源。

第二节　道德证成的第一个层次：道德内部的证成

道德哲学中的证成问题分为两个层次：道德内部的证成（justification within morality）和对道德的证成（justification of morality）。① 前一个问题属于规范的道德理论，后一个问题属于元伦理学。

一　作为证成对象的行动和制度

所谓道德内部的证成问题，就是行动（或制度）如何在道德上得到证成，正当性（或正义）的标准是什么？在这个意义上，各种规范的道德理论都提供了一种对道德证成的解释。但要注意，不是所有的行动都是道德理论家关心的。要澄清道德证成问题和道德理论的性质，首先需要阐明：哪些行动是道德理论家关注的，哪些行动的证成与道德理论无关。关于这个问题，我们可以从罗尔斯的一篇早期论文《两个规则概念》中获得启发。

罗尔斯建议区分两种规则观：概括的规则观（the summary view of rules）和实践的规则观（the practical conception of rules）。例如，根据前一种规则观，功利主义者会这样看待规则：他假定每个人都通过运用功利原则来决定在特定情形下将做什么；不同的人将以同样的方式来决定同样的特殊情形，并且与那些先前决定过的情形相类似的情形会重复发生。因此，会出现这样的情况：在特定种类的情形中，要么同一个人在不同时刻做出同样的决定，要么不同的人在相同的时刻做出同样的决定。如果一种情形出现的频率足够高，他就假定一条规则制定出来以涵盖那种情形。②

---

① T. M. Scanlon, "moral justification", *Routledge Encyclopedia of Philosophy*, Version 1. 0, London and New York: Routledge, 1998.

② John Rawls, "Two Concepts of Rules", in *Collected Papers*, ed. Samuel Freeman, Cambridge MA: Harvard University Press, 2000, p. 34.

这样，规则被当作直接将某种决策程序运用于特殊情形下而达到对过去种种决定的概括。这种规则观的问题在于，它错失了我们对社会制度的规则体系的直觉理解，而这类规则恰恰在我们的社会生活中扮演着不可忽视的角色。

社会制度在罗尔斯那里也被称之为实践方式，它不是指诸如北京大学、中国科学院这样的实体性机构，而是指那些由一个规则体系所规定的活动形式。规则体系界定了相关人们的职务和地位、权利和责任，以及惩罚、谅解、豁免的机制，进而确立了人们互动和联系的结构。以"许诺"这种社会制度为例。它的规则规定了：哪些行动可以被认为是做出了一个承诺，哪些行动可以算作是解除了一个承诺，在哪些条件下不履行承诺可以得到谅解等。更加复杂的社会制度还包括：竞技体育、宗教仪式、司法审判、市场经济、民主政治等。

在《正义论》中，罗尔斯对制度做了进一步的说明：（1）说某时某地存在着一个制度，是说由这个制度规定的行动在定期实施，并且在实施的同时，每个人都知道要遵守定义这个制度的规则体系；（2）说一个制度是公共的规则体系，是说如果这些规则和人们参与它们规定的活动都是一种同意的结果，那么每个参与者都知道他应该知道的东西（例如规则对他的要求和对别人的要求），制度规则的公开性使得人们的相互期待得以确定下来；（3）有必要区分一个制度的构成性规则和为了达到特殊目的有效利用制度的策略和准则，后者本身不是制度的一部分，但和对制度的评价相关；（4）还要区分一个单一的规则（或一组规则）、一个制度（或其中的一个主要部分）以及整个社会系统的基本结构，它们的正义与否不一定总保持一致；（5）正义的概念并非适用于所有制度，例如，一般来说，宗教仪式就无所谓正义还是不正义，除非涉及活人祭祀这样的特殊情形。[①]

为什么要设立制度或实践方式？一个重要理由是：由于信息不对称、理智能力存在差异，让每个人都在具体情形中依据某一个原则——比如功利原则——进行决策，常常导致不同的行动选择，引发混乱；进而，通过预测他人如何用行动来协调行为的努力，也必将归于失败。社会合作要成

---

① John Rawls, *A Theory of Justice*, Cambridge MA: Harvard University Press, 1999, pp. 47 – 50.

为可能，必须确立各种实践方式。实践方式的要点就在于，使人们放弃依据实践规则之外的各种考量而行动的自由和权利，以便提前协调好各种计划，形成稳定有效的社会合作。根据实践的规则观，规则被刻画成对一种实践方式的定义。具体而言，一种实践方式具有如下特征。

教人如何从事一种实践方式意味着教人掌握定义它的规则，并且诉诸那些规则来纠正从事这种实践方式的人们的行为。从事一种实践方式的人们承认那些规则是对这种实践方式做出定义的。那些规则不能被简单地当作对从事该实践方式的人们事实上如何行为的描述：不能简单地说他们展开行动就好像他们在遵守那些规则一样。因此，对于一种实践方式的观念具有根本意义的是，规则是被公开地知道和理解是具有定义性质的；同样具有根本意义的是，一种实践方式的规则是可以被教会的，而且可以作为行动的依据而形成一种融贯的实践方式。①

基于这种实践方式的规则观，我们就可以区分对一种实践方式（制度）的证成和对这种实践方式之下的具体行动的证成，这是罗尔斯在那篇文章里表达的一个核心洞见。一旦进入某种特定的实践方式中，我们就没有权利根据某种道德理论提供的正当性标准——比如功利原则——来为自己的行动证成，唯一可诉诸的是实践方式的规则本身。当别人对我们的行动提出质疑时，我们的证成只有依据既定的规则，表明这样行动是在规则允许的范围之内。

对于一个从事竞技体育的运动员来讲，他之所以在场上遵守各种规则，并且在犯规时接受处罚（无论内心是多么的不乐意），不是因为这样做对自己或团队有这样那样的好处，或符合某种道德正当性的标准，而是因为这就是竞技体育这个实践方式的内在要求和应有之义。可以说，"盲目地"遵守规则（不诉诸规则之外的考量展开行动）是一个合格的实践参与者的必备条件。想象一下，在一场网球比赛中，一个球员被判击球出界、对手得分，但他坚决不接受判罚，为此中断比赛。别人问他为什么这么做，他的答复是这个球恰好是盘点，假如丢了这一盘，他就会失去与对手抗衡的信心，从而也会降低后面比赛的观赏度，令原本热情观战的球迷

---

① John Rawls, "Two Concepts of Rules", in *Collected Papers*, ed. Samuel Freeman, Cambridge MA.: Harvard University Press, 2000, p. 36.

感到失望。对于这样的回答，人们有理由认为他压根不懂得比赛的含义，
不具备进行比赛的能力，有必要对他做进一步的培训，使他对体育比赛这
种实践方式及其规则有更充分的理解。服从裁判是体育比赛的基本要求，
但并非没有例外。换句话说，人们完全可以在规则范围内为不服从裁判的
行动提供证成。还是以网球为例：当司线判球出界时，击球的那个球员可
以借助"鹰眼"，通过观看从最精确角度播出的回放来质疑司线的判罚，
一旦成功，就可以获得改判。在这种情况下，挑战裁判权威的行动，是可
以依据规则得到证成的。总之，对一种制度内部的具体行动的证成，唯有
参照制度规则本身。其他任何考量——包括道德理论提供的正当性标
准——都是不相关的。对现存制度内部的特殊行动的证成，不属于规范的
道德理论的领域。

　　当一个特定行动是由一种制度所规定时，除了诉诸这种制度的规则之
外，这个行动是不可能有别的证成的。但是，从这个观点并不能推论出我
们不应当对制度及其对它做出定义的规则本身进行反思和批判。"人们尽
可以随心所愿地采取激进立场，但是在那些由实践方式来规定行动的地
方，人们的激进主义的对象必须是社会实践方式，以及他们对这些实践方
式的接受。"① 不同于对制度之下的特殊行动的证成，对社会制度本身的
评价和证成是道德哲学——或者更准确说是政治哲学——的主题。当然，
道德证成的对象是一个社会的核心制度，用罗尔斯的话说就是"社会基
本结构"，即主要的政治、经济和社会制度，及其融合成一个体系的
方式。

　　如果说制度内部的行动是依据制度的规则本身得到证成的，那么，制
度之外的行动如何获得证成呢？事实上，在我们个人的道德生活中，很多
行动都不是由制度（实践方式）来规定的，通常所说的"道德规则"不
同于实践的规则。纷繁复杂的道德分歧和道德困境的存在，决定了道德生
活不可能完全制度化，道德规则没法像法律那样清楚明白地确定下来，否
则，关于行动的道德证成问题也就轻而易举地被解决了。不过，也正因为
道德生活中的很多行动没有被制度化、其正当性存在深刻分歧，关于它们

---

① 　John Rawls, "Two Concepts of Rules", in *Collected Papers*, ed. Samuel Freeman, Cambridge
MA.：Harvard University Press, 2000, p. 43.

的证成问题才吸引道德哲学家的兴趣。有些哲学家，比如行为功利主义者，主张直接诉诸总体效用最大化的标准判断行动的对错；而大部分道德理论家，主张先将正当性的标准运用于行动所依据的准则或规则。如果一个规则是可证成的，那么符合这个规则的行动就可以得到证成。

这样，我们就得出了一阶的道德证成与规范道德理论的两个主题：（1）社会制度，具体来说是社会基本结构；（2）不属于一个特定实践方式的个人行动。尽管哲学家很少特别指明，但我们必须记住：道德哲学中涉及的行动通常不属于某一个实践方式或社会制度。①

二 作为证成标准的道德原则

道德理论中对道德证成问题的讨论，导向对道德原则的追求。为了解释（而非证明）道德理论的性质，我们不妨将道德理论和语言学做些比较，罗尔斯评论说：

> 这里，与描述我们对母语句子的语感的问题做一比较是有益的。描述语感的目的是，通过表述与说母语的人作出同样分辨的明确原则来刻画那种识别合式（well‑formed）句子的能力。众所周知，这项工作需要理论建构，它远远超出了我们明述的语法知识的特殊规则。在道德理论中大概也存在类似的情况。没有理由假定我们的正义感可

---

① 托马斯·博格（Thomas Pogge）的结论恰恰相反，他说："对个人和集体行动者及其他们在某些现存制度框架内部的行为的道德评价，是伦理学的领域。"（Thomas Pogge, *John Rawls: His Life and Theory of Justice*, Trans. Michelle Kosch, New York: Oxford University Press, 2007, p. 28.）在我看来，这个评论不仅不符合罗尔斯的文本，而且义理上也很可疑。罗尔斯的意思很清楚，规范性的哲学思考的对象并不指向一种实践方式之下的特殊行动。对于这类行动的证成，不仅功利主义是不相关的，其它道德哲学的观念——包括康德主义——也不相关。而博格的思路似乎是，从对制度的证成和对行动的证成这个区分出发，强调对社会制度进行道德分析有其特殊重要性，而致力于研究个人之间的行为和互动的道德哲学无法完成这个任务。博格引申出来的这个观点无可厚非，但他诉诸的区分与罗尔斯强调的区分有差异。显然，不是所有行动都是从属实践方式的。罗尔斯在一个注释中写道："我觉得，道德生活中相对较少的行动由实践方式定义，并且，相对于更复杂的道德论证，实践观念与理解法律和类似法律的论证更相关。"（John Rawls, "Two Concepts of Rules", in *Collected Papers*, ed. Samuel Freeman, Cambridge MA.: Harvard University Press, 2000, p. 43.）也就是说，对大多数道德生活中的行动的证成其实与实践方式的关系并不大；对实践方式之外而非内部的行动的道德评价，才是道德哲学的领域。

以用熟悉的常识性规则来予以充分的刻画，也没有理由假定我们的正义感可以从更明显的知识原则中引申出来。对道德能力的正确解释，必定涉及原则和理论建构，而这些原则和理论远远超出了日常生活中引用的规范和标准；它最后可能还需要相当复杂的数学。①

语言学家乔姆斯基指出，语言学家的主要工作是把我们对语法的直觉或默会知识，变成明确的知识、命题知识，从而解释我们的直觉。② 就此而言，道德理论的工作也有相似之处。任何达到一定年龄且具有必要的理智能力的人，都有一种道德直觉，能够对事情的对错做出判断，而且"在一定程度上"知道为什么这么判断，只是不曾或不能将这个为什么说清楚。道德理论可以看成是描述我们的道德能力，解释道德直觉的一种尝试，它致力于阐明我们为什么做出这样或那样的道德判断，也就是道德判断的一般原则。

需注意的是，这里的道德原则不同于日常生活中诉诸的一阶的道德规则。道德规则对人们的行为做出直接的规定和要求，例如"不应伤害无辜""信守诺言"等，而道德原则并不具体告诉我们哪些行为是应该做的，哪些行为不应该做。一方面，如前所述，道德原则解释我们的道德直觉，阐明道德判断所依据的道理；另一方面，当我们面对艰难的道德选择问题而犹豫不定，或产生深刻分歧的时候，道德原则提供解决这类问题的资源。规范的道德理论的主流，无论是功利主义的"总体效用最大化"原则，还是康德的"绝对命令"，究其实质，都确立了一个道德正当性（rightness）的标准。因此，道德理论最简洁的表达方式就是：一个行动、规则或制度 A 是正当的（或道德上可证成的），当且仅当：A 是 F，这个 F 就是行动之为正当的标准。

三　道德原则不是生活指南
道德原则提供一个考虑道德对错问题的框架，或至少提供某些角度和

---

① John Rawls, *A Theory of Justice*, Cambridge MA: Harvard University Press, 1999, pp. 41 – 42.
② 这只是乔姆斯基对语言学的部分看法，他同时还主张语言学是对一个产生正确语句的机制的描述，对后一个目标的追求使乔姆斯基的理论向一门纯粹的实证科学转变。参阅陈嘉映：《语言哲学》，北京大学出版社 2006 年版，第 284—288 页。

标准，但它决不是一个全方位的生活指南，告诉人们应该过一种怎样的生活。在一些现代道德哲学的批评者看来，功利主义和康德主义都蕴含了一个道德圣贤（moral saints）的理想。我想指出的是，这是对道德理论和道德原则的一个误解，而这个误解的根源就在于把道德理论所回应的道德问题当成了伦理问题，把正当性标准当成了一个生活指南和决策程序。

首先，应当承认，道德圣贤的确不是一个值得追求的、有吸引力的理想。何谓道德圣贤？根据苏珊·沃尔夫（Susan Wolf）的描述，道德圣贤是指这样一个人：他的生活受制于一个提升他人或社会整体福利的承诺（commitment），他的每个行动都尽可能地追求道德的完善。① 如果道德成为一个人的头等大事，那么，非道德的价值就难以有充分的机会得到实现，而它们的存在对于一个丰富完满的人生是不可或缺的。从实践上说，道德圣贤（如果有的话）全心全意地致力于道德的事业，他会竭尽所能地照料病人、救济穷人，而没有时间和精力读书、运动、社交、恋爱，这样的生活必然是苍白贫乏的，我们庆幸自己过的不是这种生活，也不希望自己关心的人过这种生活。道德圣贤不会冒犯他人，不会使他人感到不快，但他显得平淡无奇、缺乏魅力，而理想人格不仅应该是道德上好的（无需达到至善），而且在非道德的领域也有卓尔不群的一面。

此外，问题不只是道德圣贤的生活不够丰富完满，实际上，将任何单一的价值当作生活的全部都会带来这个后果。关键在于，道德主宰生活的方式不同于其他类型的价值和关切主宰生活的方式，道德圣贤的生活不同于一个执着的科学家过的那种生活。就后一种情形来说，一个人从事某项活动的欲望极其强烈，以至于他愿意为此放弃追求生活中的其他乐趣。相比而言，道德完善的欲望不只是心理强度更大，而且还被视为是一个更高级的欲望，与它不一致的目标和欲望遭到贬低、压抑。当然，考虑到一个人可能在选择道德圣贤的人生理想之前已经发展了一些兴趣和能力，道德至善的理想与非道德领域的卓越之间并不存在逻辑上的不融贯。为了解除更多病人的痛苦，他可能努力钻研医术，发挥医学方面的特长；为了给地

---

① Susan Wolf, "Moral Saints", *The Journal of Philosophy*, Vol. 79, No. 8（Aug., 1982），pp. 419 – 420.

震灾民募集善款，他也许会举办慈善义演，施展音乐才能。但是，对道德圣贤而言，具有这些能力和素质只是一个幸运的巧合，对之加以运用只是实现道德至善的一个手段，"它们无法被当作实现人类善（human good）的一个独特、独立的方面，因其自身得到鼓励。"① 总之，在大多数情况下，道德圣贤缺少某些本身就值得追求的品格。道德完善与非道德的美德（nonmoral virtues）之间存在紧张，而后者对于良好生活的重要性和地位独立于前者。

现在我们的焦点是：道德理论是否如这些批评者所言，蕴含了道德圣贤的理想？道德理论要求行动者成为道德圣贤吗？我认为，道德理论不提供生活指南，不要求行动者根据道德原则来决定所有行动的选择。一个人即便接受了功利主义，也不必时时刻刻把最大多数人的最大幸福原则当作行动的目标。现代道德哲学要处理的基本问题不是"人应该如何生活""什么是最好的生活""应当成为一个什么样的人"，而是"如何与那些具有不同生活方式和理想的人们共同生活""如何正当地行动""如何设计出正义而稳定的社会制度"。当然，这并非否认前面的那一系列问题的重要性。对于这些问题，每个人都能做出自己的合理回答，无需像古代哲学家那样，通过形而上学来给出唯一可靠的答案。事实上，在私人生活的领域，比如说规划职业生涯、安排闲暇时间、选择终身伴侣，我们考虑的是自身的兴趣、欲望、品味、志向、能力。这时，道德正当性不是一个主要的考量，甚至在一般情况下根本不相关。在这些问题上，我们不应该期望道德理论提供教益。

归根到底，道德理论是对道德证成问题的一种回应。只有当行动具有道德相关性，它的道德正当性受到挑战，道德证成的问题才产生；只有当道德证成的问题产生，道德理论提供的原则才可能发挥作用。经常有人抱怨说，许多琐碎的、非道德的准则，诸如"每个月的最后一天理发""八月份的星期一永远吃素"都可以通过绝对命令的检验，因为它们都能始终一贯地被普遍化。然而，一个正常的行动者根本不会把和道德无关的行动准则纳入到绝对命令的程序中。如果一个人在做任何决定

---

① Susan Wolf, "Moral Saints", *The Journal of Philosophy*, Vol. 79, No. 8（Aug., 1982），p. 425.

时都诉诸绝对命令或功利原则，那么他就可以被看成是道德幼稚或道德无知，因为他不明白什么样的行动具有道德意义，需要从道德上得到证成。

究竟在什么情况下，行动要求道德上得到证成呢？这里很难做出一个充分的回答，只粗略地提出一点：这类行动可能直接或间接地对某个人和特殊人群造成伤害，引起痛苦。注意，这不是说对他人构成伤害的行动一定是错的。伤害和痛苦不一定是直接决定正当和错误的考量，但却是引入道德证成问题的一个标志。一个成熟的道德行动者首先应当具备感知痛苦的能力，如果总是无视他人的存在，看不到别人处于痛苦之中，不知道痛苦意味着什么，就无法进入道德思考。即使有一个道德慎思的框架也无济于事，因为框架本身并不显示它在什么条件下适用，什么条件下不适用。这样看来，在运用道德原则之前，行动者必须已经具备一定程度的道德理解和道德敏感性。

综上所述，道德理论中设定的道德行动者既非道德圣贤（在任何情境中都把道德原则当作决策程序），也非道德冷漠（对道德问题缺乏敏感，不关注道德上的对错，无法进入道德思考）。事实上，道德理论假定行动者有能力辨别出特殊情境下道德相关的某些特征，知道在某一个特殊情形下的行动要求道德证成；同时，他们对于这个行动能否得到证成会有困惑和分歧。

道德理论不提供生活指南和人生理想，但它的确可以为思考某些道德选择问题提供资源。同时我们应该清楚，现实生活的复杂性决定了，不存在一个整全的道德理论或某一特定的道德原则，可以用来一劳永逸地解决正当和错误、正义和不正义的问题，从而在任何时候都能轻松地做出道德选择。一个更加开放的观点是：道德原则不只一个，无论是后果论（功利主义是后果论的一个版本）的原则，还是义务论的原则，都在道德慎思（moral deliberation）中占有一席之地，都提供行动的理由。一般来说，我们认为义务论的理由强于后果论的理由，但如果坚持履行某些特殊义务会确定导致极其糟糕且无法挽回的后果，我们也许就要优先考虑后果论的行动方案。至于后果严重到什么程度，以至于我不得不违背某些通常人们认为不应违背的道德义务，这个问题只有借助于实践智慧，没有一般的原则可予以指导。如果在道德两难的情况下做出合理决策是可能的，那么判断的作用必不可少。在特殊情形下解决道德冲突的能力，超出了对一般原则的运用。甚至，对一般原则的理解和学习对于发展和提升判断的能力不是必要的。没有研习过道德理论的人也完全可能成为一个具有实践智慧的人。

道德理论所追求的一般原则不是一个完美的决策程序，但可以作为道德抉择的一个重要资源。此外，虽然各种道德原则都可以在道德慎思中占有一席之地，但在某些特定的主题上，一些理论和原则比另一些更加合理，更能达到与我们直觉之间的"反思平衡"。

第三节　道德证成的第二个层次：对道德的证成

道德证成的第二个层次是对道德本身的证成（justification of morality）。这个问题也就是道德的规范性问题，涉及对道德本性的理解。

一　规范性问题

道德要求的存在是人类生活的一个基本事实。通常，我们认为，每个人都负有道德责任，履行这些责任有助于维持社会合作的顺利进行、保持社会生活的和平稳定，当然也有利于个人追求自己的生活理想，实现自己的人生规划。但是，在某个特定场合，道德要求与自我利益之间会出现不一致，甚至严重的冲突。我们会发现，违反道德要求会带来巨大的好处，而按道德要求行事则要付出难以承受的代价。

想象一下，在一艘即将下沉的轮船上，你拼命地寻找可以赖以逃生的东西，可惜一无所获。此时在你旁边正好有一个穿着救生衣的陌生人。你足够的强壮，可以轻易地将救生衣从他那里抢过来据为己有。而且，这么做也没人会发现，你不必担心将来会被谴责或惩罚。不过，至少在大部分人看来：我们不应当这么做，为了自己求生而将他人置于险境是错误的。如果我们进一步反思的话，一些具有哲学意义的问题就会接踵而来：为什么我们应当关注道德的对错？为什么在命悬一线之际，道德考量仍然具有如此重要的权威？为什么我应该做一个有道德的人？什么使道德要求具有规范性？什么能够为道德对我们的要求提供证成？这些问题被科斯嘉德

（Christine M. Korsgaard）称为"规范性问题"。[1]

对一阶道德证成问题的回答，试图澄清一阶道德思考的结构，涉及对一般的道德原则或正当性标准的寻求，其工作性质属于规范的道德理论。而二阶的道德证成问题，也就是规范性问题，关心的不是哪些行动和实践是正当的或错误的，而是道德本身的基础和地位，涉及对道德本性的哲学理解。对这类问题的回答，属于人们通常所说的元伦理学。"促进总体效用的最大化""通过普遍化的检测"都不是我们在处理规范性问题时所要考虑的理论选项，因为这些回答关心的是我们的行动是否符合道德要求，而不是什么使道德要求本身具有规范性和权威。

二　证成（justification）VS 说明（explanation）

对道德现象的探讨，除了采取为道德证成或规范性问题的形式，还有对道德产生和发展过程的幕后机制的说明。为什么人类作为一种有理性的社会动物，会认为他们应当以如此这般的方式行动？为什么他们会产生道德观念并按道德要求行事？这个问题可以从不同学科角度回答，无论是社会科学（如社会学、人类学），还是自然科学（如生物学），都可以提供相应的资源，揭示出人类对道德的关切有这样或那样的原因（cause），而我们作为道德实践的参与者可能对这些原因一无所知，只有专家能够告诉我们答案。

对道德的说明和证成之间有一个显著差异，那就是它们采取了不同的视角：前者是从一个观察者的视角做出的，后者则是基于道德行动者自己的第一人称视角。[2] 视角的差异绝非无关紧要，它有一个重要的理论后果：一个能够成功说明人们为何以特定方式行动的理论，可能并不能够从行动者、参与者的立场，为这种行动提供有说服力的理由和证成。

借用科斯嘉德的例子，假设有一个运用生物进化的观念来说明道德的理论[3]。这个理论用大量的经验证据表明，我们所有称之为正当的行

---

[1]　Christine M. Korsgaard, *The Sources of Normativity*, Cambridge：Cambridge University Press, 1996, p. 10.

[2]　Ibid. , p. 14.

[3]　Christine M. Korsgaard, *The Sources of Normativity*, Cambridge：Cambridge University Press, 1996, pp. 14 – 16.

动的一个根本特征是有利于保护和维持人类物种的生存，而错误的行动则不利于人类的繁衍和生存。由此进一步推论说，道德的产生是生物进化的结果，正是为了适应和应对艰难复杂的生存环境，为了物种的保存和延续，人类在长期的进化过程中，形成了深刻而强烈的道德本能。因而，人类的道德本能，与性冲动、保护和照料后代的需求，具有同样的基础。

即便从观察者的视角看，这个理论对道德的说明是可靠的，我们的问题依然存在：它是否从行动者的立场看也是令人信服的？是否经过反思，保护物种的存在可以成为我不去抢夺别人救生衣的理由？它真的是我们可以为之牺牲自己生命的一个考量吗？我们可能这样来回应这个问题：凭什么我要把保护人类物种的存在看得比保护作为这个物种一份子的个人的生命更加重要？凭什么我应该为了保存自己所属的物种而牺牲自己的幸福？

就算进化和遗传决定了我具有根深蒂固的保护人类物种的本能，以至于我感到，不得不顺从这个本能行事，否则的话就会极端痛苦，生不如死，我仍然有可能通过反思，得出结论：将保护人类物种当作行动的理由是站不住脚的，我宁可这个本能消失。换言之，即便进化论可以对我们的道德行动做出充分的说明，它也无法从第一人称视角来为这个行动提供证成。这表明，一种能够对道德做出说明的理论，未必可以用来回答规范性问题。因此，道德证成的问题和说明的问题必须严格区分开来。当我们评价各种讨论规范性问题的理论时，必须使自己站在行动者的立场上，看它们提供的理由能否有力地支持"我应当是道德的"。

说明和证成的区分也提供了理解科学和哲学之分的一个角度。与科学不同，哲学的目标不是说明性的。从事哲学的人不是站在道德实践之外，以旁观者的身份，对道德行动者及其活动进行对象化的观察和研究，寻求其产生和发展的深层原因和幕后机制。我们关注的是规范性问题，它导向行动者的自我理解，反映了一个古老的哲学诉求——"认识你自己"。

三　行动者视角的重要性

我们可以借助彼得·斯特劳森（Peter Strawson）对反应性态度的分析

来理解行动者视角的重要性。

　　斯特劳森在《自由与愤恨》这篇著名论文中指出，参与的态度与客观的态度之间存在紧张。我们在与他人的交往和互动中，会产生某些情感，斯特劳森把这些情感称为反应性态度（reactive attitudes）。反应性态度有各种不同的出发点和诉求，据此可以分为三类：（1）个人的反应性态度，为了自己而要求别人，如愤恨；（2）感同身受的（vicarious）反应性态度，为了他人 A 而要求他人 B，而自己不是行动的直接相关方，如愤慨；（3）自我的反应性态度，为了别人而要求自己，如内疚。这三种反应性态度都根源于人性，及其人类共同体的成员身份。反应性态度本质上不一定是道德的。一般来说，只要人的利益遭到损害，愤恨就会油然而生。既得利益集团对社会改革的倡导者总会感到愤恨，这显然不是一种道德情感。但是，反应性态度的确能够具有道德属性。在评论斯特劳森时，哈贝马斯（Jürgen Habermas）写道："愤恨之所以具有道德属性，不是因为两个具体个人之间的互动受到干扰，而是因为潜在的规范性期待被违反。这个规范性期待的有效性不仅适用于自己和他人，而且也适用于一个社会群体的所有成员，甚至可以说，如果这一规范性期待就是严格意义上的道德规范，那么它的有效性适用于所有合格的行动者。"①

　　斯特劳森把能够平息愤恨的考量和辩解分成两种，第一种往往采取这样的表达，例如"他不知道……""他没认识到……""他不得不……""他无可选择"。尽管这些辩解适用的场合有所不同，但一个共同点在于，它们都表明在某种特殊环境下，对于我们受到的伤害，那个施加伤害的人并不用完全负责，或根本不需要负责。但要强调的是，这不意味着我们怀疑他是一个具有负责能力的行动者，我们只是改变了某些特殊的态度，而不会因此中止对他采取反应性态度。我们仍然可以合理地要求他善待我们。当事人提出这些辩解，受害人接受并原谅他，这幅图景仍处于正常的人际关系之中。

　　第二种辩解主要诉诸当事人个人的素质和能力，如"他只是个孩子"

---

　　① Jürgen Habermas, *Moral Consciousness and Communicative Action*, trans. Christian Lenhardt and Shierry Weber Nicholsen, Cambridge, MA.: The MIT Press, 1990, p. 48.

"他患有严重的精神分裂症"等。如果这里谈到的愤恨是一种道德情感，那么这些考量不只是抑制了愤恨，而且抑制了愤恨表达的规范性期待，促使我们中止对当事人采取反应性的态度，取而代之的是一种客观的态度。对一个人持客观的态度，意味着把他看成是管理、控制、治疗、训练的对象。由于不具备道德负责的能力，他被排除出道德关系之外，不再被视为道德共同体的一个成员。"如果你对某人的态度是完全客观的，那么，虽然你会和他争吵，但你无法和他争论；虽然你会和他谈话，甚至和他商量，但你无法和他讲理。你最多假装和他争论或讲理。"① 我们或许还对他产生厌恶、恐惧、怜悯，但正常人际关系中包含的很多情感却荡然无存，我们不可能对一个精神失常或心智不健全的人表示愤恨、感激、原谅、愤慨。当然，有时出于纯粹理智上的好奇或逃避参与的压力，我们也以客观的方式看待成年人、正常人，但斯特劳森认为，在日常的人际关系中，人们对参与的承诺（commitment）是全方位、根深蒂固的，客观的态度不能长久维持，否则有丧失人性的危险。

斯特劳森对反应性态度的分析给我们的启发是：道德情感和实践只有在参与的态度下才是可能的，而一旦采取观察者模式，道德实践就瓦解了。在对道德的哲学反思中，第一人称的视角至关重要。如果道德哲学致力于对日常道德直觉的澄清和道德现象的理解，那么，我们必须通过行动者、参与者的视角来理解道德。

对道德的证成，可能使人联想起这样一幅图景：一个毫无道德感的人（amoralist）站在我们面前，而我们尝试通过哲学论证，说服他做一个有道德的人，按道德要求行事。然而，这幅图景高度误导且经不起反思。无德之人首先是个不讲理的人，他不可能倾听我们对道德的证成。无论论证是多么深刻有力，都无法打动他。对于我们想方设法提出的一堆道理，他的反应只会是："我才不管"或"那又如何"。

如果理由要产生激发行动的力量，那么，行动者本身必须已经具备相关的情感和欲望（最基本的就是愿意与人协商讨论，愿意接受好的理由

---

① Peter Strawson, "Freedom and Resentment", in *Free Will*, ed. Gray Watson, Oxford University Press, 1982, p. 66.

和建议）。① 哲学仅仅"晓之以理"，而要达到说服的效果，还需"动之以情"。哲学无法直接干预和改造人们原有的情感和态度，因而无法单独地塑造和改变人们的行为方式。无道德感的人，或对道德一无所知的人，首先需要的不是理性的论证，而是示范、引导和感化。至少，需要帮助他们培养起讲理的态度和精神。在这个意义上，我们可以同意："道德教育就是一种情感教育"。②

哲学在道德教育中的作用有限，并不意味着为证成道德（justifying morality）的哲学工作本身没有意义。这里，证成的目的不是说服一个和我们处于不同世界的人，而是实现自我理解。只有那些通情达理、和我们一起处于道德共同体中的人，才有可能听取我们的论证，与我们展开对话和论辩。在这个意义上，证成其实也就是对我们自己做出的，没有道德关切的人从一开始就被排除在外了，我们只需要一个第一人称的答案。③ 其实，大多数人都关注道德的对错，承认道德的权威，相信在绝大多数情形中道德考量具有相对于其他考量的优先性。只是一被问起为什么道德具有权威、道德规范性的来源是什么这些问题时，人们就不知所措了。有些极端的哲学家迅速得出结论说，我们关于道德重要性的信念只不过是一个幻觉，是长期以来社会教育和灌输的结果。要回应这个挑战，道德哲学（至少是其中一部分）就要帮助那些关注道德而又具备反思能力的人们理解：为什么道德提供的行动理由是重要的（甚至在多数情况下优先于其它理由），这种重要性究竟是指什么。哲学史已经向我们展示了很多对规范性问题的回答。例如，有人宣称，道德是上帝的意志，违反道德要求就是违背上帝的意志；有人认为，不按道德要求行事会损害人的福祉；还有人论证说，道德是实践理性的要求，做不道德的事就意味着丧失自主性和人的尊严。本书不打算对这些观点做出仔细评判，这里就指出一点：对道

---

① 这个判断既不暗示内在理由的观点，也不承诺外在理由的观点，它与两种观点都相容。根据内在理由的观点，理由 R 激发行动者 P 的行动，是 R 作为 P 的理由的应有之义，这要求 R 与 P 的主观欲望、倾向相联系；根据外在理由观点，作为 P 的理由，R 可以独立于 P 的欲望和倾向。两个观点分歧在于，在什么意义上 R 可以算作 P 的理由，激发 P 的行动是否为必要条件。而它们都没有否认：激发行动、提供动机的环节离不开行动者的情感和欲望。

② 麦金泰尔：《追寻美德》，宋继杰译，译林出版社 2003 年版，第 189 页。

③ Christine M. Korsgaard, *The Sources of Normativity*, Cambridge : Cambridge University Press, 1996, p. 17.

德重要性和权威的恰当理解，不仅强化我们对道德的信念和信心，而且，由此获得的洞见本身就是道德进步的一个重要形式。

总结一下，道德哲学中的证成问题分为两个层次：道德内部的证成和对道德的证成。对第一个层次证成问题的回答，寻求行动和制度具有可证成性或正当性的标准，属于规范的道德理论；对第二个层次证成问题的回答，涉及对道德本性和规范性的理解，属于通常所说的元伦理学。

第二章 关于社会制度的证成问题

从上一章的分析可以看出，道德证成涉及一个由不同层次构成、相当宽泛的问题域。本书不打算面面俱到地讨论上述所有问题，而是集中探讨关于社会制度的证成问题（justification of social institutions）。这个问题属于道德证成的第一个层次，因而和规范的道德理论有千丝万缕的联系。当然，考虑到研究对象主要是社会制度而非个人行动，对这个问题的探讨也属于政治哲学。

本章处理这样几个问题：（1）解释为什么社会制度成为道德关注的焦点；（2）回应对制度进路的批评；（3）区分道德评价社会制度的两个维度；（4）解释对社会制度的证成主要包括哪些方面。

第一节 社会制度的道德重要性

关于正义和社会制度的关系，罗尔斯有一个广为人知的命题——"正义是社会制度的首要美德"，这个命题构成了当代主流政治哲学讨论的一个出发点。不过这里要强调的是，罗尔斯的另一个命题——社会基本结构（basic structure of society）是正义的首要主题（first subject）——同样值得重视。社会基本结构是指那些基本的社会和政治制度，它们影响个人的行动和决策，分配基本权利和责任，决定社会合作的利益划分。具体来说，构成基本结构的社会制度主要包括：政治宪法（规定政府形式）、财产权体系（规定谁对资源的使用享有权利和责任）、市场体系（规范商品的生产、交换和分配），这些制度对于维持社会合作乃至社会的存在是必不可少的。

在当代实践哲学的语境中，正义概念主要用于对社会制度做出道德评价，这和罗尔斯的巨大影响显然是分不开的。布莱恩·巴瑞（Brian Barry）评论说："罗尔斯认真对待了这个观念：正义的主题是他所说的"社会基本结构"，就此而言他是重要的，就算他在其他方面没有获得什么成就……罗尔斯将社会结构的观念纳入到他的理论中，意味着自由主义政治哲学时代的来临。"① 但是，"社会基本结构是正义的首要主题"这个命题并非自明。毕竟，正义也可以被用来刻画个人的行动和品格。为什么研究正义问题首先应当以社会结构为切入点？为什么不先来探讨什么是人的正义品性？我们可以从两个方面来理解社会结构的特殊重要性：它对个人的深刻影响以及它对于维护背景正义（background justice）的不可替代性。

一　社会制度对个人的影响

正如罗尔斯所说："社会的制度形式影响它的成员，并在很大程度上，不但决定了他们是哪种人，而且决定了他们想要成为哪种人。"② 个人当下的自我定位和理解，以及对未来的选择和规划，都部分地反映了社会制度的影响。

个人的才干和能力虽然受到遗传因素的限制，但并非完全由自然天赋造就。才能的发展离不开社会提供的教育和培训，才能的运用离不开社会提供的机会和平台。无论是教育资源，还是就业机会，都依赖于社会制度的分配。一方面，我们在社会结构中的地位，以及从中获取的资源，提供了看待自身的一个依据或者自我认识的一个维度；另一方面，我们根据自己占据的社会地位和支配的社会资源，调整生活计划和人生方向。可以说，社会制度在提供满足我们当下期望的手段的同时，也在塑造和培育新的期望。总之，个人想过什么样的生活，成为什么样的人，都不可避免地受到社会制度的影响。

值得一提的是，社会制度对个人的影响是全方位的，这种影响不仅体现在个人的物质利益方面，而且还渗透到个人的精神世界。公平正义的社会制度有利于良好品格的培育；相反，不正义的制度有败坏品格的倾向。正如邓小平所说，"制度好可以使坏人无法任意横行，制度不好可以使好

---

① Brian Barry, *Justice as Impartiality*, Oxford: Clarendon Press, 1995, p. 214.

② John Rawls, *Political Liberalism*, New York: Columbia University Press, 2005, p. 269.

人无法充分做好事，甚至走向反面"。

初看上去，道德选择纯属个人事务。是否救助倒在血泊里的幼童，是否去扶起跌倒的老人，似乎全在于个人的选择，而特定的选择又反映了个人的素质、品性，他属于什么样的人、愿意成为什么样的人。在多数情况下，人们并非不知道什么行为是对的，什么行为是错的。道德理论家感兴趣的道德困境和道德两难问题（例如是否应该为了挽救几个人的生命而牺牲一个无辜的人），在现实生活中并不常见。现实道德生活中的真正问题在于人们出于某些考虑，明知有些事情是对的，却不敢做或不愿意做。如果这种情况仅仅作为个案发生，我们或许会责备这个行动者缺乏人之为人的道德勇气和情操；但当见死不救成为群体性选择（救人者反倒成为特例），人心冷漠、诚信缺失成为一个社会现象时，我们就有理由去追问一些结构性的问题：在追求公平正义方面，我们的社会基本制度还有没有进一步调整改进的空间？具体来说，经济制度能否保证每个人过上安全、体面、有尊严的生活？法律制度是否包含惩恶纠错的完善机制？政治制度能否保证"权为民所用、利为民所谋"？

古人说：仓廪实而知礼节，衣食足而知荣辱。而在当代，人们的物质生活需求远远超出了吃饱穿暖。解决了温饱问题，不意味着生存境况就能令人满意。住房、医疗、教育的条件无一不制约着人的生活质量。人的品格修养的提升，或许需要更高水平的物质生活作为支撑。道德美德表现为对他人福祉的关注，一般来说，一个人只有当自己获得一定程度的福祉后，才会关心他人的福祉。毕竟，大多数人就其本性而言，处于极度自私和高度利他之间。如果一个人的生存压力巨大，幸福感缺失，我们就很难指望他会关注他人的幸福。而当这种生存压力超过一定程度，甚至基本生活都没有保障，他就可能做出触犯道德底线的举动。当然，这并不是说，经济上富有的人一定比贫穷的人高尚，或者一个社会经济越发达，道德水平就越高。这里要表达的意思是，在一个整体福利水平低、人们普遍感到生存压力大的社会中，人们更有可能养成"各人自扫门前雪，哪管他人瓦上霜"的习惯和心态，进而导致人心冷漠的社会现象；而在一个经济高速发展的社会中，通过更加合理的制度安排，公平分配经济发展的成果，可以缓解社会成员自身的生存压力，提升人们的幸福感，从而有助于其形成良好的品格。

公民道德品格的养成，与法律制度也有密不可分的联系。法律的一个基本功能是惩恶纠错。这个功能是否充分实现，影响人们行为方式的选择。做到有法可依、有法必依、执法必严、违法必究，至少能抑制作恶的动机，引导人们不太愿意作恶。然而糟糕的是，法律有时非但不能有效地惩治恶人，而且还无法保护好人（不作恶的人）的权益。这可能向社会释放一个很坏的信息：不道德有利可图，讲道德不划算。如果我们在立法和司法过程中总是出现这样的问题，那么，不难想象，"道德逆淘汰"的格局就会产生。这种情况严重损害人们的道德信念，削弱人们的道德动机。食品安全的问题之所以层出不穷，一个重要原因就在于，这种缺德行为不仅逃脱了法律的惩罚，而且由于它降低了生产成本，使得那些"无良商家"在市场竞争中获得了优势。当一小部分商家率先这样做而获利时，其他商家被迫做出同样的选择，否则就会被淘汰。久而久之，不道德的行为成为人们主流的选择。由此可见，要提升个人的道德品格，或至少避免其被败坏，就必须完善法律制度，打破道德逆淘汰的格局。

社会制度严重的不合理、不正义，对普通民众的品格塑造有消极影响。而政府官员作为社会成员的一分子，他们的品格也深受其害。在权力高度集中而又得不到有效制约和监督的情况下，腐败将成为一件不可避免的事情，阿克顿的名言"权力趋向腐败，绝对权力绝对腐败"几乎已经成为一个无需论证的常识。很少有人能经得起权力的诱惑，一旦人被送上权力之巅，同时又不对其加以约束，他就倾向于将公共权力转化成谋取私利的工具，那种为所欲为的动物性就会无限放大。个人的尊严、他人的福祉，在专断的权力面前都显得可有可无。可以说，在一种权力垄断的社会结构中，掌权者的品格非但难以得到提升，反而还有不断遭到败坏的危险。

对上述评论需要做几点说明：强调社会制度对人的品格的影响，并不否认个人选择、家庭教育这些因素在品格形成和发展过程中所起的作用；此外，这些评论只是提供理解社会结构对个人品格的影响的一些线索和方向，更加详细严密的论证可能要借助大量社会心理学和道德心理学的资源，本书无法在这个方向上继续推进。

可能有人会反驳说，个人和制度之间的关系不是单向度的。一方面，制度在塑造人；另一方面，人也决定着制度的设计和运作。即使是同样的制度，施于不同的人群，也会有不同的效果。一些国家成功的制度在另一些国家移植后的表现就不如人意。如果人自身没有改变，一切制度的更新，也都可能流于形式。这些观点当然都是有道理的。不过，支持"正义的首要主题是社会基本结构"这个论断的理由并不只是来自社会基本结构对个人的影响。社会基本制度在维护背景正义方面的不可替代性，使我们有决定性的理由对它予以关注。

二　社会制度和背景正义

不是所有政治哲学家都把对社会制度的证成当成一个独立的研究课题，不是所有关心正义的理论家都有一个关于基本结构的正义理论。让我们先来考虑一下罗伯特·诺齐克（Robert Nozick）的自由至上主义（libertarianism）理论。

诺齐克的核心思想是：如果我们假定每个人对自己的财产拥有资格，那么，正义的分配就只是那些源于人们自由交换的分配。在正义的情况下，通过自由转移而产生的任何分配都是正义的。要衡量个人是否对名下的财产拥有资格，主要诉诸三条原则：第一，初始获得原则，判断对无主物的占有是否正当；第二，转移原则，判断财产从一个人手中转移到另一个人手中的过程是否正当；第三，对不正义的矫正原则，解释如何处理通过不正义途径获得或转移的财产。一种分配结果是否正义，就看人们手中的财产是否取之有道，来路正当。满足这三个原则就能维持正义的格局，违反它们就会导致不正义的产生。

这样，一种正义理论就在于解释和论证这三个直接约束个人的原则，无需考虑其它规范社会基本结构的要求。诺齐克的结论是："最弱的国家（minimal state）只限于提供下列保护措施：防止暴力、偷窃、欺诈以及对契约的强制履行等等，这个意义上的最弱国家可以得到证成；任何功能更强的国家将侵犯个人不得被强迫做某些事情的权利，因而得不到证成。"①在这种自由至上主义学说中，国家是一个私人社团（private association），甚至可以说就是一个大型的、具有垄断性质的保安公司，它只负责维持自由交换的市场机制的平稳有序运行。只要人们进入市场时所拥有的资源不

---

① Robert Nozick, *Anarchy, State, and Utopia*, New York: Basic Books, 1974, p. ix.

违反初始获得和转移的原则，市场这只"看不见的手"自然会带来正义的分配结果。对于那些在市场中不具备竞争力的弱势群体，国家不应提供救助，因为这些救助需要强制税收的支持，而强制税收可能违背个人的意愿，造成对个人财产权的侵犯。事实上，只要不违反道德要求，个人有绝对的权利按自己认为恰当的方式处置财产，比如可以将其中一部分用于慈善活动。诺齐克不反对这种自愿的私人慈善行为，恰恰相反，他认为这是运用财产权的合理方式，值得鼓励。但重要的是，在诺齐克看来，我们救助弱势群体只是出于仁慈、人道，而非正义。在正常的市场竞争背景下，贫困是一种不幸，但却并非不正义。我们应当像看待地震和海啸一样，看待贫富悬殊，看待弱势群体的存在。我们不能以正义之名要求国家实施再分配，任何再分配的模式都有侵犯个人权利的风险。

完全依赖市场调节的分配，看上去是正义的，因为它反映了个人的选择、志向和努力程度。但在大多数哲学家看来，这只是正义的一个方面。一个直觉上更有吸引力的观点是：正义的分配不仅应该反映人们的选择，而且还应该避免，或至少是缓解，非选择因素（例如自然禀赋、家庭出身、运气）对分配结果的影响。

在一个纯粹市场调节的体系下，一开始人们的境况相差无几，交易的背景条件也大致公平。但随着时间的流逝，在许多偶然因素的作用下，无数次市场交换的结果会打破人们的平等关系，改变他们进行资源交换的背景条件。由于在天赋和运气上存在差异，市场竞争中的成功者将获得更多的资源和更好的发展前景，失利者则可能连基本生存都难以维持。更糟糕的是，这种不平等将进一步影响到他们后代的生活前景，一些人生而享受富有，一些人生而忍受贫穷。于是，公平竞争的格局会不断被削弱，社会阶层的上升通道趋于封闭，社会也将越来越偏离背景正义。

那么，我们能否通过制定出一套清楚简洁的个人行动规则来维护背景正义呢？我们能否靠赋予个人特定的责任来抑制市场交换过程对背景正义的削弱倾向？我们是否可能对一个人说，你应该如此这般行动，确保整个公平竞争的格局不被打破？答案显然是否定的，原因在于：现代社会经济互动的复杂性决定了个体作为市场的参与者，无法预测他的行动对整个市场竞争格局的影响。要确定一个投资、购买、转让决定是否会削弱背景正义，就要了解这个决定对其他所有参与者有何影响，他们会做出何种反应，以及他们之间又如何产生相互影响。对这些因素的考虑，远远超出了个人的理智能力和所能掌握的信息范围。个人所能做到的，就是在经济活动中，尊重市场体系的基本规则，遵守法律，比如遵守契约、诚实守信、照章纳税。

　　既然背景正义的问题无法仅仅通过限制个人行为来解决，我们很自然地就把目光投向社会制度，投向社会基本结构。在维护背景正义方面，社会基本结构能够发挥独一无二的作用。除非基本结构得到恰当的规范和调节，一个原本正义的社会过程总有产生不正义的倾向，即使市场体系内的交换活动本身看上去是自由平等的。我们有无数制度设计的可能性，有若干种方式来组织社会合作，规定生产资料的占有和产品的分配。可以肯定的是，其中一些比另一些要更符合正义。追求背景正义，就是追求一种最合理的组织社会基本结构的方式和规则。这样，我们就看到两种不同类型的社会规则：设计基本结构的规则，规定社会背景制度，对偏离背景正义的倾向予以纠正，例如有关收入税和遗产税的法律；约束个人、公司这些市场主体从事具体经济活动的规则，例如契约法。① 这两种规则的明确分工，使得个人得以在基本结构的框架内，更有效地追求自己的目标；同时确保，他的任何经济活动都不会对社会的背景正义造成损害。

　　现在，我们已经从社会制度对个人的影响以及它对于维护背景正义的特殊意义这两个角度表明：为什么要把道德评价和证成的对象从个人行动拓展到社会制度。后面要探讨的问题是：我们应当诉诸何种理论框架对社会基本制度进行道德分析？哪一种证成社会制度的进路更为合理？在此之前，有必要澄清的是，制度的合理性（或者说可证成性）究竟意味着什么。

第二节　为制度进路辩护：反驳科恩对罗尔斯的一个批评

　　罗尔斯在《正义论》中写道："正义的首要主题是社会基本结构，或更准确地说，是主要的社会制度分配基本权利和责任，划分社会合作产生

---

①　John Rawls, *Political Liberalism*, New York：Columbia University Press, 2005, p. 268.

的利益的方式。"① 他认为，就分配正义而言，社会制度和个人行为属于不同的规范性领域。制度安排的正义原则不适用于评价个人的日常行为和选择。个人的正义责任，主要就是建立、服从和维护正义的制度。在正义制度确立之前，我们无法知道个人应该如何行动以推动社会正义。探讨社会正义的问题，制度安排优先于个人行为。这种以制度为首要切入点发展正义理论的方式被称为"制度进路"（institutional approach）。

以科恩（G. A. Cohen）为代表的哲学家对制度进路提出了强烈的质疑。在科恩看来，就促进社会正义而言，制度并不占据特殊地位，规范制度安排的正义原则对制度内部的个人行为同样适用。本节首先介绍科恩对罗尔斯的批评，然后对科恩的几个关键论点依次展开分析，看它们是否对制度进路构成了致命的反驳。这番讨论将有助于我们理解制度、行为和正义之间的关系。

一　科恩对制度进路的批评

作为制度进路最有影响力的批评者，科恩要挑战的不是社会基本制度的道德重要性，也不是两个正义原则的内容，而是罗尔斯在规范基本结构的正义原则和规范个人行为的正义原则之间所做的区分。

科恩的反驳从罗尔斯对不平等的刺激论证（incentive argument）开始。罗尔斯认为一定的经济不平等是可以接受的，因为给有才华的人更高的收入回报，可以刺激他们充分挖掘自身潜力，更加努力地工作，创造出更多的财富，这些财富中的一部分可以用来改善社会上最不幸者的生活处境。根据差别原则，如果一种经济上的不平等对改善最不利者的处境是必要的，它就是正义的。罗尔斯的刺激论证似乎假定，那些有天赋的经济活动的参与者们是自私自利的，他们只会为了自己获得更丰厚的回报而努力工作，而在没有物质刺激的情况下就拒绝充分发挥自己的才能。

在科恩看来，刺激论证不可接受，因为它的假定和一个真正的正义社会是不相符的。在一个正义的社会中，不仅社会基本制度是由正义原则规范的，而且生活在基本制度之下的公民也发自内心地认可正义原则，并诉诸这个原则来考量自己的日常行为和选择。正义社会的公民不像刺激论证

---

① John Rawls, *A Theory of Justice*, Cambridge MA: Harvard University Press, 1999, p. 6.

所假定的那么贪婪，他们会将那些基于物质刺激考虑而提供的额外收入视为不正义，因为这对改善最不幸者的境况并非必要。对于有正义感的公民来说，即便没有很高的收入，他们也愿意选择最适合发挥自己才能的岗位，并且百分之百地投入，从而为促进社会上每一个人的福祉做出贡献。科恩指出："如果差别原则像罗尔斯本人所建议的那样调控一个社会的事务，并且这个社会的成员接受了这一原则，那么，几乎没有任何严重的不平等满足差别原则提出的要求。"① 反过来说，如果社会成员不在经济活动中贯彻差别原则的要求，不以处境最差的人们的利益为重，就会导致严重的经济不平等和不正义。

　　通过对刺激论证的质疑，科恩试图表达这样一个主张：一个社会的正义，不仅取决于社会结构、法律制度，也取决于人们在这些规则框架内做出的选择。正义的社会，不仅要求正义的制度，也要求正义的风尚。"缺少这样一种风尚，对改善处境最差者的境况毫无必要的不平等就会蔓延开来。这种风尚的存在，会促进比纯粹经济游戏规则所能保证的更为正义的分配。"②

　　科恩设想罗尔斯的支持者会提出这样一个反驳：正义社会的公民接受差别原则，不意味着将差别原则作为个人在经济生活中的行动指南。只要公民遵从和支持按照差别原则建立起来的制度，他们就可以被视为真心诚意地接受了差别原则。差别原则只适用于社会基本结构，它支配的是制度本身的选择，而不是个人在制度框架内部的选择。在遵守正义制度的前提下，个人在工作和报酬问题上所做出的选择对分配正义没有任何影响。科恩将这个反驳称为"基本结构反驳"（basic structure objection）。

　　针对"基本结构反驳"，科恩指出，关于哪些制度属于社会基本结构，罗尔斯的界定很不清楚。有时，罗尔斯似乎把基本结构限定于明文规定的法律制度。但这种限定有过于随意的嫌疑。将基本结构视为正义首要主题的一个重要理由是，它对个人的影响十分深刻且自始至终。问题在于，非强制性的结构也能够产生这样的影响。一个最明显的例子就是家

---

① G. A. Cohen, *Rescuing Justice and Equality*, Cambridge MA: Harvard University Press, 2008, p. 119.

② Ibid., p. 123.

庭。"如果支配社会生活基本框架的价值决定我们生存的基础，那么支配家庭养育和经营的价值也同样决定我们的生存基础。"① 因此，有必要将包括家庭在内的非强制结构纳入到社会基本结构中，使之成为正义的主题。

然而，一旦家庭成为基本结构的一部分，又会带来另外的问题。一般来说，强制性结构的产生独立于人们的日常选择，它的形态和特征是由那些专业立法人员的选择塑造的。也就是说，我们可以清楚区分建立结构的选择和在结构内部做出的选择。而诸如家庭这样的非强制性结构，其特征是由成员的日常选择造就的。在这里，普通个人的选择对结构是构成性的。维持非强制性结构的压力来源不是法庭、监狱这样的暴力机制，而是个人以如此这般方式行事时所表现出来的意向。当一个人选择遵从一项流行的习俗，另一个人这么做的压力就会增加；当没有人选择遵从这个习俗时，压力就不会存在，习俗本身就瓦解了。结构和选择的关系是如此紧密，以至于在正义问题上，我们不能对它们区别看待。如果我们希望用某个正义原则规范非强制结构，那么，非强制结构下的个人选择也必须受到这个原则的制约。因此，说"正义的首要主题是社会基本结构"是不恰当的。社会正义不仅是如何安排基本结构的问题，它同样取决于人们在基本结构内部做出的选择和行为。

科恩的批评比较复杂，除去一些对罗尔斯文本细节的解读，他的关键论点可以总结如下：（1）制度进路会允许经济上严重的不平等；（2）制度进路难以达到正义社会的要求，个人按照差别原则进行经济活动对于促进社会正义是不可缺少的；（3）社会基本结构的概念含混不清，导致制度进路陷入逻辑困境。下面，我们将依次讨论这三个论点。

二　制度进路会允许严重的经济不平等吗？

假设有 A 和 B 两个社会：在 A 社会中，最有利者的收入是 600，最不利者的收入是 500；在 B 社会中，最有利者的收入是 60000，最不利者的收入是 501。根据科恩的设想，罗尔斯的理论会导向 B 社会，尽管那里存

_____

① G. A. Cohen, *Rescuing Justice and Equality*, Cambridge MA: Harvard University Press, 2008, p. 136.

在我们无法接受的贫富悬殊。现在的问题是，罗尔斯的制度进路是否容纳B社会这样一种可能性？如果将差别原则运用于社会基本结构而不同时运用于个人行为，是否真的会出现科恩所担忧的那种严重的经济不平等？

罗尔斯与科恩的分歧不在于正义社会的公民是否拥有一种正义感，而在于对这种正义感的理解。科恩认为，公民的正义感不仅要求服从正义的制度安排，而且要求在制度之下的日常选择和行为中直接贯彻正义原则的要求，比如在经济选择中运用差别原则，关注处境最差者的利益，以促进他们的利益为己任。而在罗尔斯那里，正义感主要体现在公民服从和支持符合正义原则的社会制度。在制度允许的范围内，公民个人可以自由追求各种目标的实现。

首先要指出的是，尽管在罗尔斯式的社会中，公民会出于自利的理由做出经济选择，但他们并不一定像科恩设想的那么自私贪婪、唯利是图。追求自我利益与正义的品格并非不相容。除了遵守和维护正义的制度以外，有正义感的公民还懂得履行相互尊重的责任。他们考虑自己的行动对他人福祉的影响，不利用他人的不幸为自己谋利。在不需要付出太大成本的情况下，他们也愿意对贫困者施以援手。这些倾向虽然无法保证实现社会成员之间的经济平等，但至少有助于减少贫富差距的程度。科恩低估了人类动机的复杂性，他忽视了这样一个事实：在纯粹利己和纯粹利他之间有一片广阔的人性空间。个人在经济生活中不以差别原则为行动指南、不以改善最不利者的处境为直接目标，并不意味着他就走向了唯利是图的极端。

此外，值得强调的一点是，制度进路的一个重要特征是"正义原则的相互依赖"。① 也就是说，所有运用于社会基本结构的正义原则都是相互配合、共同发挥作用的。这就要求我们在评价制度进路时，应该把它所提出的若干正义原则当作一个整体来看待。一条原则的运用会产生什么样的分配结果，必须放在其他原则都得到满足的背景下进行考察。

具体到罗尔斯的理论，差别原则只在制度层面运用，是否会容许贫富悬殊的情况发生呢？我们应该看到：在罗尔斯式的社会中，规范社会基本

---

① Kok–Chor Tan, "Justice and Personal Pursuits", *The Journal of Philosophy*, Vol. 101, No. 7 (Jul., 2004), p. 338.

结构的正义原则除了有差别原则，还包括了平等的基本自由原则和公平的机会平等原则。相对于差别原则，后两条原则具有优先性。只有在基本自由原则和公平的机会平等原则已经发挥作用时，才能运用差别原则制定相关的经济制度。人类社会之所以出现严重的贫富差距，很大程度上是由于缺乏一个有效的社会阶层上升通道和公平竞争的机会。少数人垄断了教育、医疗等社会资源，把持高收入高回报的职位和地位。而下层民众缺少改变命运所必需的资源和条件，只能从事技术含量低、经济回报低的工作。公平的机会平等原则的运用有助于这种局面的改变，它不仅要求形式上所有职位向所有社会成员开放，而且要求所有人无论何种社会出身，都能获得良好的教育和训练，从而有实质意义上的平等机会去争取一个理想职位。这样，知识、技术、管理能力不再是那么稀缺的资源，少数人的垄断地位被打破了。同样受过良好教育和培训的人们之间展开有效竞争的社会，收入差距仍然存在（毕竟人的天赋和努力有差异），但不会大到我们无法接受的程度。因此，公平的机会平等原则能够起到一个限制收入不平等的作用。鉴于这几个正义原则对社会基本结构的共同约束和规范，一个罗尔斯式的社会不会容纳严重的经济不平等；科恩的错误在于脱离其他正义原则的作用，孤立地考察差别原则运用于基本结构的情形，而没有看到"正义原则的相互依赖性"这一制度进路的重要特征。

三　制度进路不符合正义社会的要求吗？

如前所述，科恩的矛头所向不是差别原则本身的有效性，而是将它加以应用的场域。科恩认为，如果差别原则是一个恰当的制度设计原则，那么我们也应该用它来规范制度下面的个人行为。只有这样，才能建立一个正义的社会。在科恩式的社会中，个人不仅服从和支持正义的制度，而且按照规范这些制度的正义原则行事，比如在经济生活中根据差别原则做出决策，始终把最贫困者的利益纳入考虑。可以肯定的是，科恩式的社会要比罗尔斯式的社会拥有更大程度的经济平等。然而，经济平等是一回事，经济正义是另一回事。假设一个社会上的所有成员都拥有相同的收入，我们也不能推断说这是一个公平正义的社会。科恩没有论证：为什么差别原则在制度和个人层面的双重运用，会带来一个更为正义的分配。

要讨论制度进路是否吻合分配正义的要求，首先要考虑一个一般性的问题：分配正义究竟意味着什么。虽然正义和平等是两个不同的概念，但不可否认，正义和平等之间存在某种观念上的联系。关键是搞清楚，正义要求何种平等（拒斥何种不平等）？正义拒斥何种平等（要求何种不平等）？

　　我们关于正义的核心直觉涉及境况（circumstance）和选择的区分。一方面，在一个正义的社会中，人的生活前景不应受制于自己无法选择的境况（例如自然禀赋、家庭出身）。如果一个人因为出身贫寒，无论怎样努力都无法赢得体面的生活，那么我们就很难说他所处的社会是正义的。天赋或出身的不平等是不可避免的事实，本身无所谓正义还是不正义。但是否放任这个事实去决定人们的生活前景，就产生正义与否的问题了。正义的社会应该尽可能地缓和这种基于境况而产生的社会经济的不平等；另一方面，人应当为自己的选择承担责任，社会资源的分配应当反映人们的选择。由于选择、志向、努力程度的不同而造成的不平等是公平的。假设有这样一种情形：其他条件相似，一个人靠自己的选择和奋斗获得了比别人多的财富，另一个人因为懒惰而陷于贫困。在这种情况下，以正义的名义要求前者用自己通过辛勤劳动获得的收入去补贴后者的生活，以消除两者之间的收入差距，显然与我们的正义直觉相冲突。总之，分配正义就是要最大限度地减少基于境况的不平等，而保留基于选择的不平等。借用德沃金的术语加以描述，社会资源的分配应该"钝于禀赋"（endowment - insensitive）而"敏于志向"（ambition - sensitive）。[①] 由于自然天赋、社会出身都是人们无法掌控的纯粹运气因素，政治哲学上把这种观点称为"运气平等主义"（luck egalitarianism）。当代主流的分配正义理论都可以归入运气平等主义的阵营。

　　什么会使自然和社会禀赋成为影响人们生活前景的关键因素？什么会剥夺出身卑微的人改变命运的机会？答案与其说是某个拥有权势的统治者或统治集团，还不如说是他们依附于其中的社会制度。制度对人影响重大，构成了人们追求各种目标和理想的背景条件。而且，这种影响是从生到死、自始至终、贯穿于人的一生。要实现"钝于禀赋"的理想，唯一的途径就是运用恰当的正义原则规范社会制度，从而防止纯粹的运气的因

---

① ［加］威尔·金里卡：《当代政治哲学》，刘莘译，上海三联书店2003年版，第139页。

素主宰个人的命运。我们对教育、医疗、税收制度的改革，都应表现为在"钝于禀赋"这个方向上的努力。

恰当的制度安排不仅能够缓和天赋与出身对分配的影响，而且可以为个人选择和责任留下空间，达到"敏于志向"的目标。制度进路只要求个人服从和支持正义的制度，而无需直接按照促进经济正义的那些原则（例如差别原则）行事。只要不是违反制度的行为，都是被允许的。在正义的制度框架下，个人自由追求各种合理的目标和利益。在此基础上形成的收入不平等，非但没有违反正义，反而恰恰体现了正义。科恩要求个人在日常的经济选择中也参照差别原则，直接促进社会上贫困人群的利益，这样做尽管有助于促进收入更加平等，但同时也意味着一部分人要为另一部分人的选择承担责任，从而偏离了"敏于志向"的正义理想。在基于境况的不平等已经被社会基本制度有效限制的前提下，为了进一步促进经济平等，而刻意约束个人在制度体系内部的经济行为，对于分配正义而言就显得多此一举。

此外，正义概念只在一定条件下才适用。正义的条件分为客观条件和主观条件。就主观条件而言，正如休谟所说，如果"人类的心灵被如此扩展并如此充满友谊和慷慨，以致人人都极端温情地对待每一个人，像关心自己的利益一样关心同胞的利益；则看起来很显然，在这种情况下，正义的用途将被这样一种广博的仁爱所中止。"[1] 只有当每个人都对自我利益有特殊关注时，分配正义才成为一个值得认真对待的问题。然而，科恩强调的正是一种以最不幸者的利益为优先考虑的"风尚"。形成这种风尚的社会是一个超越正义的社会，正义的概念对这样的社会并不适用。

当然，人们有时出于善良或慷慨，可以在经济活动中优先考虑最不幸者的利益，但问题是我们不能以正义的名义强迫人们这样去做。当我们面临是陪伴家人还是加班加点的选择时，是否需要考虑最不幸者的利益？如果加班获得额外收入，缴纳更多税款可以有利于最不幸者，难道这就意味着我们必须选择拼命加班吗？如果我们出于对家庭的重视和依恋而选择陪伴家人，难道就该从道德上加以批判吗？显然不是。正义是社会制度的首要美德，是制度选择的核心价值，这一点毋庸置疑。不过个人选择和制度

---

① ［英］休谟：《道德原则研究》，曾晓平译，商务印书馆2001年版，第36页。

选择在价值取向上有所不同。在个人选择的领域中，正义只是众多值得追求的价值之一，而且正义本身并不冲突于其他价值。对于一个有意义的人生而言，事业、家庭、友谊、爱情都是不可轻易放弃的。不是所有的个人选择都要以正义为价值依据和评价标准。当我们计划如何安排自己的闲暇时间、购买什么样的消费品时，正义在一定程度上是一个无关的概念。这不是说我们对社会正义不负有责任，而是说我们通过选择和维护特定的社会制度，就已经履行了正义的责任。承担正义的责任是重要的，但不是我们生活的全部。

总结一下，科恩将差别原则同时运用于个人行为的主张，主要存在两个问题：其一，这样做试图消除基于选择的不平等，从而违反了"敏于志向"的正义理想；其二，将正义作为个人选择的主导价值，不恰当地限制了个人对其他价值的合理追求，无视价值多元性的现实。相比而言，制度进路不但契合运气平等主义的正义理念，而且尊重了私人领域价值多元的现实，为个人的选择和追求留下了空间。

四　社会基本结构概念的界定会导致困境吗？

科恩把社会结构划分为强制性的结构和非强制性的结构。他认为，在是否把非强制结构也纳入到基本结构中，进而使之成为正义的首要主题这个问题上，罗尔斯表现得犹豫不决。科恩以家庭为例论证说，在罗尔斯那里，家庭有时被视为基本结构的一个组成部分，有时却似乎被排除出基本结构。而无论怎么做，都会使制度进路不可避免地陷入困境。

需要立即指出，科恩将家庭视为一种非强制的结构，这一点值得商榷。科恩之所以持这个观点，可能是因为他想到了家庭分工之类的实践。我们很少听说法律会对夫妻在家庭中的角色和分工做出明确规定。所谓"女主内，男主外"的说法，反映的只是特定社会的风俗习惯，而这些风俗习惯没有国家机制作为支撑，毫无疑问是非强制性的。然而，家庭除了包含非强制性的方面以外，同时也包含了强制性的方面。任何文明社会都存在着一系列与家庭有关的法律制度，规定夫妻双方的权利和义务、儿童的福利、父母的抚养责任、女性的平等权利等。当罗尔斯把家庭也纳入到基本结构中去的时候，我们最好把他所说的家庭理解成和家庭有关的那些强制性的法律制度。至于家庭结构中非强制性的方面，则不属于社会基本结构。一旦将基本结构限定于强制性的法律制度，同时明确个人行为对法律制度不具有构成性，制度进路就不会导向科恩的那个观点，即适用于基本结构的正义原则同时也适用于制度之下的个人行为。

这里又引出另外一个问题：将社会基本结构限定于强制性结构，是否像科恩所认为的是随意之举？按照科恩的看法，既然非强制性结构和强制性结构一样能对个人产生自始至终的影响，就没有理由认为强制性结构更为"基本"，是正义的"首要"主题。

对这个问题可以做两点评论。首先，罗尔斯对社会基本结构的道德重要性的论证诉诸了两个理由：基本结构深刻影响个人的生活前景和维持背景正义。这其实也交代了基本结构之为基本结构的两个显著特征。显然，科恩只注意到了前一个特征而忽视了后一个特征。要捍卫非强制结构也可纳入基本结构的结论，除了表明它对个人生活的影响，还必须令人信服地指出非强制结构对维护背景正义的意义。这里，科恩回避了他的"举证责任"。事实上，很难想象一种习俗可以像以国家强制力量为基础的税收制度那样，有效地限制由于自然天赋和社会出身所导致的经济不平等，从而发挥促进背景正义的作用。缓解贫富悬殊的问题，改革税收制度比呼吁慈善更为有效。

强制性结构比非强制性结构更能有效促进背景正义，这是从正面论证它更为"基本"。美国哲学家塞缪尔·谢弗勒（Samuel Scheffler）还提供了一个反面的论证，他富有洞见地指出："强制总是要求辩护，在国家的强制性政治权力方面，这个要求格外迫切。"[1] 一个不正义的、得不到辩护的社会安排，如果由国家运用强制手段实施，就会产生极为糟糕的后果。比起同样不正义但没有国家机制支持的社会安排，不正义的强制性结构带来更为严重而可怕的恶。这主要是从纠正不正义的困难程度说的。面对不正义的非强制的行为模式，少数道德先锋或开明人士，可能会较早意识到这个行为模式的道德缺陷，并开始纠正自身的行为。同时，他们的行为会影响其他人。久而久之，这个不正义的行为模式在人们日常生活的过程中就瓦解了。然而一旦涉及强制性的结构，事情就不那么容易了。法律制度的产生独立于人们的日常选择，它是由专门的立法者制定的。就算认

---

[1]　Samuel Scheffler, *Equality and Tradition*, New York: Oxford University Press, 2010, p. 154.

识到某种法律的不正义，要想改变立法者的决策也是十分困难的事情，尤其在触动立法者及其支持者利益的情况下更是如此。考虑到强制性结构的不正义比非强制结构的不正义更难纠正、危害更大，我们有理由将前者而非后者纳入到作为正义首要主题的社会基本结构中去。

综上所述，科恩的批评与其说是削弱了制度进路的合理性，不如说是提供了一个反思的机会，使我们能够更加充分地理解制度进路的特征及其优点，理解制度、行为和正义三者之间的关系。在制度得到普遍遵守和支持的前提下，制度正义不但是社会正义的必要条件，同时也是充分条件。在一个正义的社会中，个人所要做的，就是遵从和维护正义的制度，而没有必要直接依据制度安排背后的原则行事。这意味着，我们对正义问题的思考首先聚焦在制度层面。为了落实公平正义的社会主义核心价值观，我们有必要对制度的设计和改革予以更多的关注。

第三节　政治哲学视野中的制度评价

如前所述，一个社会的基本制度，不仅影响人们的物质生活前景，而且在一定尺度上塑造人们的精神和品格。制度对人类生活的深刻影响，使其越来越成为人们道德关注的一个焦点。对社会制度进行道德分析和评价，具有强烈的现实意义。通过区分和梳理制度评价的几个维度，能够为进一步厘清本书的问题意识提供若干线索。

一　正当性与证成性

在政治哲学的语境中，关于制度评价的一个最基本的概念区分是正当性（legitimacy）与证成性（justifiability），这个区分是由美国哲学家西蒙斯（A. John Simmons）先提出来的，国内学者周濂也对厘清这两个概念做出了重要的贡献。[①]

根据《劳特里奇哲学百科全书》中的解释，"正当性"概念最初产生

---

① 参阅 A. John Simmons, *Justification and Legitimacy*, Cambridge：Cambridge University Press, 2001, pp. 122－157. 周濂：《现代政治的正当性基础》，生活·读书·新知三联书店 2008 年版，第 25—48 页。

于财产继承问题，用来区分婚生的子女和非婚生的子女，后者被称为不正当的；拿破仑统治终结之后，人们在法国王位的继承上产生争论，从而将正当性这个概念带入政治的语境。① 是否嫡出、是否具有正统的血统，都被纳入正当性问题的讨论。可见，正当性概念一开始就和评价对象的来源谱系有关。西蒙斯这样定义国家正当性：一个国家（或政府）具有正当性是指它拥有复合的道德权利，只有它能将有约束力的责任施加于国民（subjects），命令国民履行这些责任，使用强制手段执行这些责任。相应地，国家的正当性与各种义务有逻辑上的联系，包括国民的政治义务。② 正当性是一个涉及一方对另一方的权利（义务）的关系型概念，它既不完全依赖于统治者的品质特性，也不完全取决于被统治者的信念态度。政治哲学中的正当性问题，就是从规范的角度探讨这种统治权利的产生方式。在古代社会，人们用君权神授、奉天承运这些观点来解释政治权威的合法性；而在现代社会，尤其在自由主义的脉络里，政治正当性取决于统治者和被统治者实际的互动关系，被统治者的自愿因素是正当性论证中不可缺少的一个环节。

正当性是指一种权利和资格，任何对象（国家、政府、制度结构）的正当性都必须经由一定的程序获得。在现代社会，民主审议就可以被视为确立社会制度正当性的一种途径。相比而言，证成性要更直观一些，它就是指社会制度拥有一些有吸引力的特性，比如公平正义、稳定有序、提供福利等。

这样，制度的正当性与证成性的区别就很清楚了。制度对于具体个人的权威是一回事，它的优点或品质是另一回事。从一个洛克式的自由主义立场看，他人建立的制度安排无论有多少优点，都无法对我构成权威，否则就伤害到我的自由，而这是道德上不允许的。人们可以诉诸一个国家的品质为这个国家的存在证成，但拥有良好的品质这个事实不能用来论证国家对具体个人的特殊权利。只有国家和个人之间的互动，比如个人为了获得某些好处而通过某种形式赋予国家一种道德权利，才能使国家获得统治

---

① 参阅 A. John Simmons, "Legitimacy", *Routledge Encyclopedia of Philosophy*, Version 1. 0, London and New York: Routledge, 1998.

② A. John Simmons, *Justification and Legitimacy*, Cambridge: Cambridge University Press, 2001, p. 130.

资格。正是在这个意义上，西蒙斯认为正当性关注的是"国家和个体国民（subject）之间的特殊关系"。

国家或政府对于个人的正当性，和它们自身的证成性不能等同起来。也就是说，一个正义的国家未必有权利对具体个人发号施令，强迫他履行政治义务。就好比，一个商业机构尽管工作高效、服务一流，但并不因此就获得要我支付费用的资格，除非我自愿购买它提供的服务。西蒙斯承认，国家和商业机构之间有显著区别。国家在协调个体行动和维持秩序方面发挥的作用是无可比拟的。国家是公共产品和公共服务（如国防、交通）的唯一提供者，没有可供替代的其它选项，这使得对我们而言，国家的品质比一般商业机构的品质显得更加重要。但两者在一个关键点上是一致的，即它们都不能依靠自身的品质或优点，获得强迫个人履行相关义务的权利和资格。否认这一点就是否认人的自由本性。他人建立的制度安排具有证成性、能够得到辩护，充其量只是给我们道德上的理由不去破坏它。毕竟，我们有自然的道德责任尊重他人的选择，不破坏他人的福祉。然而，这一点不足以表明那个制度安排与我们自己之间具有特殊道德关系的依据。相反，我们拒绝加入到这个制度中去是被允许的。总之，为制度提供证成的考量本身不能直接确立制度的正当性。一个制度即使具有很强的证成性，也不能推论出它具有正当性，反之亦然。

虽然我们可以在概念上区分正当性与证成性，但不可否认两者在观念层面存在联系。我同意周濂的一个观点：证成性的缺乏可以削弱正当性。[①] 一个原本具备正当性的制度，如果它缺乏足够的证成性，比如既不正义也不稳定，就必然会损害到它的正当性。社会制度是一个目的性的存在，人们做出某种形式的制度安排，就是为了协调个人行动，促进社会稳定，维护背景正义。我们假定，制度的正当性是由制度相关者的认可赋予的。那么，一旦一个制度无法实现这些基本目的，人们就会收回当初对这个制度的认可，这个制度的正当性就会因此被削弱。正是在这个意义上，我们可以认为证成性在逻辑上优先于正当性，证成性是正当性的前提条件。

正当性与证成性是政治哲学的核心概念。传统的政治哲学家从事两方

---

① 周濂：《现代政治的正当性基础》，生活·读书·新知三联书店 2008 年版，第 43 页。

面的工作：一方面，论述国家的正当性来源；另一方面，证成国家（jus-tify the state），为国家辩护。在兼顾道德评价国家的两个维度方面，社会契约理论堪称典范。以洛克为例，在洛克看来，"人类天生都是自由、平等和独立的，如不得本人的同意，不能把任何人置于这种状态之外，使受制于另一个人的政治权力。"① 只有当人们自由地同意了政治权力的运用，而且这个权力一直在人们同意的条款范围内运用时，政治权力才是道德上正当的，那些受制于它的人才有道德义务服从它。国家的正当性取决于同意，取决于国家与个人之间互动的真实历史。

表明同意是政治权威正当性和政治义务的基础，只是论证的一个阶段。洛克还解释了同意的理由，即人们为什么会愿意脱离自然状态，进入政治社会。洛克描述的自然状态虽然不像霍布斯所说的那样是所有人对所有人的战争，但也有这样几个非常明显的缺陷：缺少一部众所周知的法律、是非标准和裁判尺度；缺少一个公正的裁决纠纷的裁判者；缺少能够执行正确判决的权力。建立国家和政府，正是为了纠正自然状态下的这些不足，更有效地保护公众的福利。自然状态中的人们订立契约的理由，就是政治权威的证成性所在。可见，在社会契约论的框架中，个人的同意赋予政治权力正当性，而同意的理由构成政治权力的证成基础。

需要补充说明的是，政治哲学的正当性问题属于规范性层面的探讨，即从道德的观点看，在什么条件下，政治权力能够取得正当性。传统契约论诉诸个人同意作为正当性的依据和条件，可能会导致让人不安的结论：大多数甚至所有国家都不具备严格意义的正当性，因为谁也没有订立过契约，也很少有人表达过对政治权力的认可。但这个结论本身对契约论并不形成威胁，也许这恰恰提示我们有必要积极创造出自由选择和自愿参与的空间和可能性。契约论作为规范的理论，并不因为与现实不吻合而丧失合理性。然而，历史上人们批评和修正契约论进路，大多是因为认定它缺乏对现实的解释力。问题在于，解释现实似乎不构成一个衡量规范理论成功与否的主要标准。从这个角度上说，这类批评没有切中要害。同时我们应当看到，契约论理论家自身也需要对这些误解承担部分责任，他们的论述经常将规范的问题和事实的问题纠缠在一起。例如，洛克在《政府论》

① ［英］洛克：《政府论》（下篇），叶启芳、翟菊农译，商务印书馆 2005 年版，第 59 页。

下篇第八章中曾专论"政治社会的起源"，在这一章中，他有两条论证路线：首先是从人自由平等的道德权利出发，论证只有人们彼此订立的协议，或个人的同意才能赋予政治权力正当性；然后他又花了很大篇幅来说明，历史上国家和政府的产生的确是基于人们的同意。我认为，后一条论证虽然不能说是完全不相关，但却可能遮蔽契约论作为规范理论的事实。毕竟，"政治权威应当如何产生"和"政治权威是如何产生"是两个不同的问题，与正当性问题相关的是前者。

　　有学者批评指出，西蒙斯将 legitimacy 和 justifiability 作平行处理的概念区分是不恰当的。[①] 在某些情况下所做出的同意，不会对我们构成有约束力的义务，例如受到强迫、被欺骗、信息不足、缺乏判断力、丧失理智等。在这些情况下，我们也许会同意一个道德上无法证成的政治安排，但绝不意味着这个政治安排因此就具有了正当性。制度安排的良好品质（证成性）是有效同意的必要条件，进而也与正当性有无法割裂的联系。

　　为了回应这个反驳，我们有必要先阐明概念（concept）和观念（conception）的区分。这个区分是由罗尔斯做出的，他写道："概念是一个语词的意义（the meaning of a term），而观念则包括运用这个概念所要求的诸原则。"[②] 在罗尔斯那里，正义的主题是社会基本结构。当我们说一个制度结构是正义的，意思是：a 它在分配基本权利和责任时，没有在人与人之间做出任意区分；b 它在各种对社会资源的相互竞争的主张之间做出了恰当平衡。这里给出了关于正义概念的两个形式化的条件：不做任意区分和恰当平衡。持不同正义观念的人们对于正义概念适用的这两个条件没有什么分歧，但对什么样的区分是任意的，什么样的平衡是恰当的，则有不同的回答。概念是形式的、抽象的，而观念是实质的、具体的，因社会、历史、传统而异。

　　回到 legitimacy 和 justifiability 的区分。前者是关于政治权威的权利和资格，后者说的是政治权威具有优良品质。在概念层面上，证成性不是正当性的必要条件。启蒙运动之前，占据主导地位的政治正当性观念是君权

---

　　① 参见刘擎《政治正当性与哲学无政府主义：以西蒙斯为中心的讨论》，载《华东师范大学学报》2007 年第 6 期，第 11—14 页。

　　② John Rawls, *Political Liberalism*, New York: Columbia University Press, 2005, p. 14.

神授。根据这种正当性的观念，神意是政治权威正当性的依据；而政治权威是否是道德上可证成的，对于正当性评价无关紧要。如果像批评者所认为的那样，正当性与证成性不存在平行并置的概念区分，我们就可以说，君权神授的理论错误地使用了正当性的概念，犯了一个"范畴错误"。然而，事实并非如此。我们拒绝君权神授的正当性观念，不是因为它误用了"正当性"这个概念，而是因为在自由平等的价值深入人心的今天，这个正当性的标准不再具有说服力。上帝存在的假定，不是用来论证某些人与生俱来的统治权利，而恰恰是表明人与人之间的道德平等（每个人在上帝面前都是平等的）。

承认正当性与证成性的概念区分，并不意味着否认两者在观念层面上的可能联系。[1] 事实上，在契约论这一自由主义的政治合法性观念体系中，我们可以说：证成性是有效同意的必要条件，因而也与政治权威正当性密切相关。不过，应当看到，此时两者的联系是在一种特殊的历史语境下产生的，是在一种特定的自由主义的思想传统中产生的。如果采取另一种正当性的观念，这种联系很可能就被切断了。比方说，按照社群主义的观点，只要我们出生在一个政治共同体中，就有服从这个共同体的政治义务，无需反思它能否在道德上得到证成。这就表明：正当性与证成性尽管在具体的观念层面上可能存在联系，但在概念层面上是相互独立的，它们是制度评价的两个不同的维度。

二 当代政治哲学家视野中的制度评价问题

值得注意的是，当代主流的政治哲学家很少像西蒙斯那样泾渭分明地讨论制度的正当性与证成性问题。在大多数学者看来，制度的正当性与证成性几乎就是同一个问题。证成性被视为决定正当性的唯一条件。只要得到证成，制度就是正当的。正当性的依据不需要诉诸个人与制度的实际互动关系（如个人的实际同意），只需考察制度的内在品质。

托马斯·内格尔（Thomas Nagel）写道："习惯上认为，发现政治体

---

① 类似地，我们在概念上区分道德和法律，从道德和法律两个方面去评价一个人的行动，并不就是否认道德和法律之间的联系；只是说，这种联系不是概念上的或构成性的。在概念层面上，合乎道德不是合乎法律的必要条件。

系正当性条件的任务，就在于找到一种方式，能够向每一个被要求生活在其中的人表明这种政治体系的证成性。"① 换句话说，只要一个政治体系对于所有相关人们而言都是可证成的，它就具有正当性。制度安排的证成性并不意味着人们实际上认可它。证成是一个规范的概念，不同于实际的说服。如果面对的是一个不讲理的人，具有证成力量的论证也未必能达到说服的效果；反之，达到说服效果的论证未必有证成力量（可能动用修辞或其他手段）。在内格尔看来，不讲理的人可能对一个有证成力量的论证无动于衷。因此，对一种制度的实际拒绝，并不一定削弱制度本身的正当性。

既然在现实世界中，即使一个合理的政治体系也难以得到所有人的同意（考虑到不讲理之人的存在），那么，为什么内格尔会说"追求正当性就是追求一致同意"（unanimity）呢？或许可以这样理解：这里的一致同意是在一个虚构的理想条件下达成的，比如所有人都通情达理，掌握充分信息，不受外界干扰。正是在这个意义上，内格尔声称可以把斯坎伦（T. M. Scanlon）的契约主义运用到政治正当问题上，可以诉诸"所有人都能合理同意"或"没有人能合理拒绝"的标准来检验社会制度的正当性。②

在洛克这样的传统契约理论家看来，个体意志的真实表达是政治权力正当性的必要条件。不过内格尔认为，服从一个政治体系不可能是自愿的。我们生来就服从一定的制度安排，根本没有选择的余地。况且，脱离一个政治体系的成本太高，以至于对多数人来说不构成一个选项。但如果我们能够向所有生活在一个政治体系之中的人表明，他们有非常好的理由接受这些制度安排，或拒绝这些安排是不合情理的，那么，就在最大程度

---

① Thomas Nagel, *Equality and Partiality*, New York: Oxford University Press, 1991, p. 33.

② 斯坎伦有一个著名的对道德错误的契约主义解释："一个行为是错的，如果在某种情况下这样做时，会被一套规范人们行为的规则体系所不许，而这套规则体系，作为在没有强制和所有人都知情的情况下达成共识的基础，没有人能够对之提出合理的反对。"（T. M. Scanlon, "Contractualism and Utilitarianism", in *The Difficulty of Tolerance*, New York: Cambridge University Press, 2003, p. 132.）需要立即指出，内格尔把斯坎伦的契约主义当成一个判断行动对错的标准，这是个典型的错误解读。斯坎伦不止一次地强调，他的契约主义理论主要是对道德主题（subject matter of morality）和道德重要性的一种解释，而不是提供一个道德正当性的标准。他的工作是二阶的，属于元伦理学。

上接近了自愿参与的价值。

我们再来看罗尔斯关于正当性问题的论述。罗尔斯和内格尔的观点极其相似，他指出：

> 一个政体的正当性在于，它的政治和社会制度对于所有公民——即每个公民——的理论理性和实践理性而言，都是可以得到证成的。重申一下：原则上每个人都应该知道对一个社会世界的制度的证成，因而这个制度对所有生活在其中的人都是可证成的。一个自由主义政体的正当性，取决于这种证成。[①]

> 我们对政治权力的运用，只有这样才完全恰当：即它所依据的宪法的根本内容，应当能被合理地期待得到所有自由平等的公民的认可——基于对他们共同的人类理性来说可接受的原则和理想。这就是自由主义的正当性原则。[②]

> 政治正当性的原则要求，在宪法根本和基本正义问题上，基本结构及其公共政策应当对所有公民都是可证成的。[③]

从这几段引文可以看出，在西蒙斯那里严格意义上的正当性问题（从规范的观点探讨政治权力获得正当性的程序和条件）已经从罗尔斯的视野中淡出了，至少不再作为政治哲学的一个首要主题。罗尔斯运用的正当性概念完全被吸收到证成性概念之中，不再承担从权利和资格方面对制度做道德评价的功能。

此外，在证成问题上，罗尔斯及其代表的当代政治哲学与传统政治哲学的目标也有显著差异。传统政治哲学从事的核心工作是证成国家，而罗尔斯的工作是为证成一种特定类型的国家（justify a certain kind of state）。罗尔斯要证成的不是大规模制度安排本身的存在，而是一种特殊形式的制度安排。对一种政治正义观——包括两个正义原则——的证成，就是对它所支配的理想制度结构的证成。

---

① John Rawls, *Lectures on the History of Political Philosophy*, ed. Samuel Freeman, Cambridge MA.：Harvard University Press, 2007, p. 13.

② John Rawls, *Political Liberalism*, New York：Columbia University Press, 2005, p. 137.

③ Ibid., p. 224.

如西蒙斯所说，证成是一个"辩驳性"（defensive）概念，它总出现在意见相左的时候，包含对某种可能的反对意见的回应。因此，证成国家的理论往往通过揭示前政治社会中种种无法忍受的缺陷，从而反驳无政府主义。然而，罗尔斯等人的论证，面向的是已经接受政治社会存在的人。当代哲学中的政治证成并不试图证明政治社会存在的合理性，无意回应无政府主义的挑战。大规模政治和经济建制的存在，不是证成的目标，而是基本的理论假定。争点在于，什么样的制度安排是合理的、可证成的，应当采取何种正义原则来规范基本的制度结构。

西蒙斯批评包括内格尔、罗尔斯在内的主流政治哲学家的问题取向，认为他们都没有将正当性与证成性区分开来，进而忽视了制度评价的一个重要方面。我们除了要关注国家、制度的道德品格（证成性），还要追究它们对于特殊个人的权利和资格（正当性）。我们实际的选择虽然可能是非反思的、不明智的，却有不可否认的道德意义。具体个人与他们生活其中的制度之间的真实关系，和对这些制度的道德评价有深刻的关联。

为什么当代哲学家较少关注和政治义务相对应的政治正当性问题？一个可能的解释是：一方面，在世俗社会，基于天命或宗教传统的正当性解释对大多数人已经缺乏说服力；另一方面，诉诸个人自愿行动的正当化方案与我们的现实经验相去甚远。看起来，我们每个人都"被抛"到一个政治体系之中，一个特定的政治共同体的成员身份和家庭、肤色、语言、文化认同一样与生俱来。因此，国家、政府对我们发号施令的权利都是自然而然、没有条件的，正当性和相应的政治义务问题就失去了进一步讨论的必要。

西蒙斯从洛克主义的立场出发，认为社会制度的正当性是有条件的，政治哲学的目标之一就是将这个条件揭示出来。虽然在一个国家中出生和成长不是自主选择的结果，但成为这个国家的一分子，履行相关的政治义务完全可以是选择性的。在政治体系中，真正实现——而不仅仅是接近——自愿参与的价值，并非纯粹是一个空想。我们可以积极创造各种条件，比如提供各种公民和非公民的居民身份，提供使移民得以可行的教育和培训，传播相关有用的信息等。一旦自主选择、自愿参与成为可能，我们就可以依据个人与制度的实际互动关系来对制度做出道德评价。有意思的是，这种强硬的个人主义进路并不会像人们通常想象的那样削弱共同体的团结。"选择并非共同体之敌",当一个人感到他的成员身份是自己选择的结果时,他对这个政治共同体的忠诚和归属感将更加稳固。

我同意西蒙斯的这个观点:正当性与证成性是道德评价制度的两个维度,缺一不可。不过,在西蒙斯强调制度的证成性不能推论出正当性的同时,我们应当注意另一个事实:制度的正当性同样也不蕴含证成性。民主程序(如个人通过投票的形式参与制度的建立)不仅不能保证产生合理的结果,而且在集体丧失理智的情况下还可能会带来有严重危害的结果。这类教训在人类历史上并不鲜见,最典型的莫过于德国纳粹推行种族灭绝的法律,这种法律虽然正当(经由民主程序产生),但结果毫无疑问是灾难性的。可见,正当性对制度的道德约束力太弱了,我们必须把目光集中到制度的内在品格上。于是我们就能理解,为什么政治哲学的主题从制度正当性转向制度的证成性,为什么制度证成成为一个重要而紧迫的论题。

三　证成性的两个主要方面:正义和稳定

(一)　正义是社会制度的首要美德

在政治哲学的语境中,为一种类型的社会制度及其规范它的基本原则提供证成,或证明它的合理性,就是表明它在道德上是可接受的,具备道德上的吸引力。社会制度需要实现的价值有很多,诸如正义、稳定、效率等,其中最重要的就是正义,正义相对于其他价值具有优先性。罗尔斯在《正义论》开篇声称:"正义是社会制度的首要美德(virtue),正像真理是思想体系的首要美德一样。一个理论,无论多么精致和简洁,只要它不真实,就必须予以拒斥或修正;同样地,各种法律和制度,无论多么有效率和有条理,只要它们不正义,就必须予以改革或废除……作为人类活动的首要美德,真理和正义是决不妥协的。"[1] 罗尔斯的这个命题几乎成了当代政治哲学讨论的一个出发点。理论家们可能在实质的分配正义问题上存在分歧,但对于社会正义的重要性有广泛的共识。

的确,就社会基本结构而言,我们很难想象还有什么比正义更加值得追求和珍视的价值。公平正义是社会稳定的基础,依靠强力实现的稳定不仅要付出高昂的成本,而且充其量是暗含紧张的刚性稳定,一旦力量对比

---

[1]　John Rawls, *A Theory of Justice*, Cambridge MA: Harvard University Press, 1999, pp. 3 - 4.

发生变化，这种稳定状态就会被打破，所以维护稳定的最佳方式是改革制度，促进正义；一个缺乏正义的社会可能在特定时期内会实现经济的飞速增长，但以牺牲正义为代价的效率不可能长久维持，如果经济发展的成果总是无法让多数人充分享受，这种发展终将因缺乏动力而停滞。总之，正义是评判社会制度合理性的一个基本考量，证成一种制度结构，首先就要表明它（或支配它的基本原则）是正义的。

正义作为社会制度首要美德的观点，尽管富有直觉上的吸引力，但并非没有反对意见。譬如，有一种观点认为：正义只是一种补救性的美德，是对共同体中的某些缺陷的反应，而这种缺陷能够并且应当得到纠正。正义决不是社会制度的首要美德，一个真正好的共同体根本不需要正义。只有当我们处于正义的条件下（the circumstance of justice）时，正义的问题才产生。

关于正义起源和产生条件的论述最早是由休谟做出的，罗尔斯借鉴和发展了他的观点。简单来说，正义的条件分为客观条件和主观条件。客观条件是指人们的身体和精神方面的能力大致相当，没有人强大到足以支配和奴役其他所有人的地步，自然和社会资源存在中等程度的匮乏；主观条件是说人们既有相近的需求和利益，也有不同的生活计划和善观念（the conception of good），对社会利益的划分有相互冲突的要求。照此推理，在资源极其充裕以至于能够保证每个人各取所需的情况下，就不存在公平分配的问题；或者，即使资源存在一定程度的匮乏，但若所有人都拥有相同的人生计划，分享一个良好生活的观念，同时又都是利他主义者，那就不需要诉诸正义原则来调节社会资源的分配。在那些声称发现了"正义的局限"的哲学家们看来，只要消除正义环境中的任何一个，我们就无需追求正义，而且共同体的品质将变得更好。

桑德尔（Michael Sandel）指出，虽然在民族国家这样的大规模共同体中，正义的条件毫无疑问是存在的，但在一些小型的联合体中，这些条件的存在至少就不那么明显了，最典型的例子是家庭。在那里，成员之间具有比较牢固的情感纽带，都把对方的利益当作自己的利益，生活计划协调一致，目标和价值高度同一。在家庭内部，人们一般很少强调个人权利或公平的分配份额，而一旦开始纠缠于这些问题，就表明家庭关系已出现重大危机（想象一下夫妇离婚的场面）。正义的诉求从来不主宰家庭生活，爱和团结才是核心价值，它们被赋予更加重要的地位。因此，正义不是在所有情况下都是社会建制的首要美德，正义成为核心价值要求具备特定条件，正如勇敢这种美德只有在危险重重的环境下才有突出显示的机会。

不可否认，在某些场合下，的确有一些至少和正义同样值得我们向往的价值。但是，问题在于，我们现在的主题是社会基本结构，是一个政治共同体中的基本制度。正是在这个语境中，我们说"正义是社会制度的首要美德"。物质利益的冲突和善观念的多元化是现代政治共同体的基本特征。解决社会合作的利益和负担、权利和义务的分配，始终是社会制度的首要任务。只要让社会成员自由地运用理性，价值多元的格局不会发生改变，除非是政府动用强制性的力量迫使人们接受同一种价值观念，不过这种做法在现代民主社会是不可接受的。一句话，正义的确是有条件的，而这些条件实实在在地就存于我们的社会中，而且必将长期存在。至少在目前看来，我们很难找到经验证据来论证消除正义条件的可能性，也没有好的理由认为正义的条件有朝一日会消失。事实恰好相反，正义的条件——无论是客观条件还是主观条件——越来越突出，人们对正义的渴望也越来越迫切。在这种情况下，指望达到一个"超越正义"的社会只是一个不切实际的幻想。

按照桑德尔的看法，如果人们能够出于爱或共同目标和价值，对他人的需要予以自发的关注，就没有必要强调自己的正当权利。对正义关注的增加，不一定带来整体上的道德提升；有时恰恰标志着道德状况的恶化。如果正义取代先前存在的不正义，那么道德的改善是显而易见的；但如果正义取代的是慷慨、仁爱这样一些看起来"更崇高"的品质，就会带来无法弥补的伦理上的缺失。[①] 举个例子，你盛情款待一个远道而来的朋友，他却坚持要 AA 制，并精确计算各自要支付的费用。在这种情况下，你在感到尴尬的同时还可能重新考虑你们之间的关系，友谊的削弱也就不可避免。

桑德尔关于正义有限性的论证似乎依赖于这样一个假定：正义和慷

---

① Michael J. Sandel, *Liberalism and the Limits of Justice*, Cambridge：Cambridge University Press, 1998, pp. 32 – 35.

慨、友爱之类的美德不能兼容、无法共存，但这个假定并不合理。我们认为，关注社会正义并不阻碍人们发展那些所谓"更崇高"的道德品质。关于这一点，金里卡（Will Kymlicka）的评论堪称一针见血："正义并不取代爱或团结，正义理念中并没有什么内容会阻止人们做出这样的选择——为了帮助他人而放弃自己的正当权利。正义只是为了确保，这些决定的确以自愿为基础；正义还要确保，没有人能够强迫他人并把他人置于从属地位。正义支持爱的关系，但却要确保爱的关系不会蜕变成支配与屈从。"① 回到上面的例子。你可以换个角度来理解：那个朋友坚持 AA 制，也许只是出于他多年养成的一个处事习惯，而并非要让你难堪。这样一来，你就不会认为你们之间的友谊存在什么问题。正义和团结可以共存，"亲兄弟明算账"这句俗语暗示了这个道理。真正对爱和团结构成威胁的不是正义，而是不正义。试想，你的一个朋友明知你经济状况不佳，却总是借钱不还。这时，你就有充分的理由考虑是否应该和这种人交朋友。损害友谊的不是你要求还钱这个正当诉求，而是他赖钱不还的行为。在某种意义上，正义是维持爱和团结的基础和前提。没有正义，就没有健康的爱的关系；没有正义，友谊和团结都将瓦解。

（二）稳定性：制度证成的一个重要考量

社会制度及其实现的政治观念要得到证成，除了要满足正义这个条件，还必须被证明是稳定的。这是罗尔斯的一个核心洞见，在他看来，缺少一个稳定性的论证，一个正义理论就是不完整的。众所周知，在《正义论》之后，罗尔斯对自己的思想做出了重大调整。值得注意的是，他主要修正的不是两个正义原则的具体内容，也不是那个饱受争议的原初状态的论证，而是较少被人关注的稳定性论证。可以说，不理解稳定性问题，就不可能很好地把握罗尔斯从《正义论》到《政治自由主义》的思想转变。

那么，稳定性作为制度证成的一个重要考量，究竟有哪些特殊含义？对我们来说，重要的不是制度获得所有人认可和支持，进而实现稳定这个事实，而是稳定性的来源和基础，即它是如何得以确立的。罗尔斯区分了两种形式的稳定性：一种是基于强制或无知的稳定，一部分人根据在自己

---

① ［加］威尔·金里卡：《当代政治哲学》，刘莘译，上海三联书店 2003 年版，第 381 页。

看来最恰当的政治观念建立制度，然后借助各种手段和策略，比如强迫、欺骗、灌输，使得其他人也接受和遵从这一制度的要求；另一种情形是罗尔斯所说的"出于正当理由的稳定"（stability for the right reasons），即生活在这种制度下的具有理性能力的人们，在自由、知情的情况下，都能获得一种正义感，形成服从正义制度的动机，自觉抵制不正义的倾向。

　　我们要追求的稳定性不是一般意义上的社会秩序，而是特指建立在制度相关者意愿之上的稳定性。在很多时候，社会秩序的实现只是一个纯粹的实践事务，即采取最有效的手段确保制度得到普遍服从，而这个手段可能是违反道德的；后一种稳定性是内在的，说一个制度结构是稳定的，就是说从生活在这个制度结构之下的个人的观点看，它的存在本身就是有吸引力的，他们发自内心地愿意按制度要求行事，无需别人的命令和强迫。当然，这两种稳定性在概念上并不相互排斥。前者未必蕴含后者，但后者往往支持前者。如果一个社会大部分公民都能培养起强烈的正义感，自觉自愿地服从制度，那么这个制度必然能够稳定地存在下去，社会秩序也就不难实现。

　　正义和稳定性构成制度证成的两个不可缺少的考量。从概念上说，它们是彼此独立的，正义并不蕴含稳定，稳定也不暗示正义。正义是一回事，正义的制度在一个社会中持续存在是另一回事。既然稳定不是正义的应有之义，那么下面这些话就不是没有意义的："这个社会暂时是正义的，但它可能很快失去那个特征（指正义性）：正义是如此脆弱的一项成就……我们不想我们的社会只在当下是正义的，我们要正义长存"。①

---

①　G. A. Cohen, *Rescuing Justice and Equality*, Cambridge MA: Harvard University Press, 2008, p. 328. 根据柯亨的解读，罗尔斯持这样一种观点：稳定性是正义必须满足的一个要求，是正义本身的一个特征。考虑到正义和稳定在概念上的相互独立性，这个观点当然没什么道理。但为了公平起见，必须指出，罗尔斯从来没有提出过这样的观点。在罗尔斯那里，稳定性是评价支配社会基本结构的正义原则的一个重要考量。正义原则及其规范的制度结构的合理性或者吸引力表现在缺一不可的两方面：正义和稳定。一种正义原则缺乏稳定性，并不因此削弱它的正义性。罗尔斯不否认这种情况的存在，即一种正义原则是正义的，但却是不稳定的。此外，说正义原则是正义的，并非同义反复。正义原则这个概念本身并不蕴含实质的正义性，在罗尔斯那里，说一种制度原则是正义原则，只是说它满足了正义原则的形式标准（如一般性、普遍性、公开性等），而非已经达到了实质正义。也就是说，它是否具有正义性，还是个有待论证的问题。罗尔斯提出的那个著名的原初状态的论证，目的就是表明，他的两个正义原则比其它正义原则（或正义观念）更具正义性。

　　需要强调的是，尽管正义和稳定都属于制度合理性（或可证成性）范畴，但正义具有优先性。也就是说，在评价社会制度的合理性时，我们总是先考虑它是否正义，然后再考虑它是否可行，能否实现稳定。如果一种制度被确定为不正义，那么它就不在我们进一步考虑的范围之内了，即使它有可能是稳定的。换言之，只有当一个具有正义性的制度原则在手时，稳定性问题才能提上日程。

　　搞清楚稳定性的确切含义，以及它和正义的关系之后，摆在我们面前的是一个更为关键和紧迫的问题：为什么说我们应该把稳定性当作制度证成的一个重要方面？事实上，在当代政治哲学的讨论中，很少有哲学家像罗尔斯这样重视稳定性问题。绝大多数论者认为，稳定性问题与关于社会制度的规范证成毫不相关。在和罗尔斯的那场著名争论中，哈贝马斯提出这样一个问题：重叠共识是促进了正义观念的进一步证成，还是用于阐明社会稳定的一个必要条件？在他看来，重叠共识要么具有证成的意义，要么就只有工具性的意义，证成和稳定是互不相干的两个问题。哈贝马斯分析指出："由于罗尔斯将'稳定性问题'放在突出位置，重叠共识仅仅表现出正义理论对于社会合作的和平制度化的促进作用；但在这个过程中，必须已经预设一个得到证成的（justified）理论的内在价值。"① 既然重叠共识只能表明政治原则的稳定性，那就意味着它就和对这个原则的证成无关。稳定性是对一个已经得到证成的政治原则加以运用而获得的一个良好结果，属于效用方面的考虑。从一个康德主义的立场看，效用考量不能用于证明原则本身的道德有效性。哈贝马斯认为，罗尔斯把重叠共识当作整个理论论证的一部分，实际上是混淆了稳定和证成、接受和可接受性的问题。

　　在罗尔斯那里，与稳定性问题相联系的是"现实的乌托邦"（realistically Utopian）的观念。罗尔斯认为，政治哲学追求现实的乌托邦，探究"可行的政治可能性的界限"。这个观念抓住了政治理论的两个基本特征：一方面，政治观念也是一种道德观念，政治哲学所做的主要是一套规范性

---

① Jürgen Habermas, "Reconciliation through the public use of reason", in Jürgen Habermas, *The Inclusion of the other*, edited by Ciaran Cronin and Pablo De Greiff, Cambridge MA: The MIT Press, 1999, p. 62.

的论述，它所导向的制度建构的规范或原则必须是道德上可接受的，尽可能地体现和吻合我们的道德理想（如正义）；另一方面，政治观念是一种特殊的道德观念，它的主题是社会制度，而理想制度安排的原则必须可行、适用；进一步说，制度原则应和人性的一般事实相容，对人的要求应在普通人的心理承受范围之内。如果一种制度原则对人的要求过于严苛，以至于人们无法产生出稳定的动机按它的要求行事，这种原则就被认为是一个乌托邦式的空想，以此为规范的社会就难以长治久安。

内格尔很好地呼应了罗尔斯的观点，他写道："通常来说，政治理论既有一个理想的功能，也有一个说服的功能。它展示一个集体生活的理想，又试图逐个地向人们表明，他们应当会想要在这个理想下生活……一个理想，不管它细想起来有多么大的吸引力，如果讲理的（reasonable）个人不能够获得动机去依靠它生活，这个理想就是乌托邦。但是，一个完全受制于个人动机的政治体系，也许根本无法体现任何理想。"[1]

可能有人反驳说，我们不应把个人动机纳入政治理论考虑的范围。个人达不到政治原则的要求，无法产生出按这种原则行动的动机和欲望，反映的是个人在道德能力方面的缺陷，而不是原则本身的问题。就好比，学生的心理和教师讲授的数学或科学命题的真理性无关。你不能因为学生一时无法接受一个科学理论（原因也许是缺乏必要的背景知识或理解能力），而说这个理论是不切实际的空想。然而，这个类比并不恰当，它忽视了理论命题与实践原则的区分。政治原则除了有道德上的对错可言，还具有实践的品格。核心的政治原则提供实践指南，指导人们应该如何行动；在基本的社会政治问题上，提供公共理由，从而使公共讨论乃至社会共识得以可能。要发挥它们在实践中的作用，政治原则必须对于公民个人而言是可以合理地接受的。否则，即使有道德上的吸引力，它也只是理论家头脑中的空中楼阁，无法付诸实践。而一旦强制推行这些原则，势必遭到激烈的抵制和排斥，社会将不可避免地陷入混乱无序之中。

一旦我们同意政治哲学的实践取向，稳定对于制度证成的重要性就很清楚了。正义是社会制度必须体现的道德理想，而稳定（基于制度相关者的动机）则关系到制度的现实可能性和可行性。这个思想给我们的启

---

① Thomas Nagel, *Equality and Partiality*, New York: Oxford University Press, 1991, p. 21.

示是：一种可证成的、合理的制度结构，需要兼顾正义和稳定两个方面，在两者之间寻求恰当的平衡。

简要总结本章的两个主要结论：（1）证成性是道德评价社会制度的一个维度，在概念上区别于正当性。正当性关注的是制度的产生方式，具体到自由主义的脉络中，就是制度和个人的实际互动关系，证成性指的是社会制度可能具备的那些值得向往的优点和品格，它与制度实际上是如何建立起来的没有关系；（2）正义和稳定是制度证成性的两个不可缺少的方面。为一种制度原则提供证成，就要表明它不仅是正义的，而且具有"出于正当理由的稳定性"。

从下一章开始，我们将探讨制度证成的几种彼此竞争的理论进路：功利主义（utilitarianism）、契约论（contractarianism）和能力进路（capability approach）。

第三章　功利主义的制度证成

在道德哲学的历史上，功利主义展示了一个颇具影响力的道德理论进路。它被广泛地讨论，遭受无数的批评和反驳。在回应这些批评的过程中，功利主义自身也在不断地调整、修正、更新，产生出各种不同的版本。一种反驳可能切中了某些版本的要害，但不一定适用于另一些。本章将在分析功利主义理论结构的基础上，对其作出批判性的考察。

第一节　早期功利主义的制度关切

我们现在最为熟悉的一个功利主义版本是行为功利主义（act utilitarianism），根据这种观点：一个行动的正当性标准是它促进了效用（utility）的最大化；或者说，如果一个行动促进了效用最大化，它就在道德上得到了证成。行为功利主义有时会与我们的直觉相冲突。我们发现，很多时候，牺牲少数人权益的行为的确符合大多数人的利益。但我们深信，这样做即便满足总体效用最大化的要求，也是道德上不可接受的。为了容纳这个直觉，一些功利主义者主张将效用原则的应用层次从行为提升到规则。这样，判断一个行动的正当性，就是看它是否符合那些在普遍遵守的情况下能够实现效用最大化的规则，这就是所谓的规则功利主义（rule utilitarianism）。违背规则的行为就算能产生最大的效用，它也无法得到证成。规则功利主义者乐观地相信，在普遍遵守的前提下，我们的道德常识所支持的那些规则（如信守承诺、不应伤害无辜），从长远来看，与效用最大化的方向是一致的。原因在于，这些规则对于维系社会合作有不可替代的作用；而一旦缺少这些规则，每个人都担心可能在特定场合沦为实现他人利益的工具和牺牲品，所有人都会缺乏安全感，猜忌、恐惧和不安的情绪将散布于整个社会，人际交往与合作就变得格外困难。与行为功利主义相比，规则功利主义为道德常识提供了更多的支持。

功利主义是一种综合性的道德理论，它既可评价个人行动，也可评价社会制度和公共政策。由于本书的主题是制度证成，我们将重点讨论作为一种政治哲学的功利主义。这个理论将功利原则用于评价社会建制，而非个人行为，因而也可以称之为"制度功利主义"（institutional utilitarianism）。

在当代道德哲学的讨论中，人们主要是把功利主义当作一种关于个人道德的学说来加以捍卫或批评。但事实上，功利主义有一个关注公共制度的传统。甚至可以说，正是对社会制度和政策问题的关注，推动了系统的功利主义理论的产生。功利主义的奠基人——边沁（Jeremy Bentham）和密尔（John Stuart Mill）——在他们各自所处的时代，都作为法律和社会改革的倡导者而闻名于世。

在为边沁的那本经典著作撰写的导言中，哈特（H. L. A. Hart）对功利主义的产生背景有这样一段论述："自 18 世纪中叶以后，欧洲的开明舆论开始确信，时代的一大要求是：改革（即使不是彻底更换）从往昔继承下来的暴虐的刑法制度。这些法律不仅内容野蛮落后，形式大多杂乱，而且效果很差，因为它们颇为虚妄地注重严刑重罚，忽视法律在形式上明晰精确和在运用中确凿无疑有多么重要。"① 一个规范的道德理论，可以为改革问题重重的法律制度提供指导。边沁正是主张诉诸功利原则，对法律制度进行批判和改革。所谓功利原则，"是按照看来势必增大或减小利益相关者之幸福的倾向，亦即促进或妨碍此种幸福的倾向，来赞成或非难任何一项行动"。② 边沁随即强调指出："我说的是无论什么行动，因而不仅是私人的每项行动，而且是政府的每项措施。"③ 同许多欧洲启蒙思想家一样，边沁认为，以往法律的糟糕之处在于缺乏效用，总是导致更多的痛苦而非幸福；而法律制裁应当发挥的作用是以最小的痛苦为代价来防止犯罪。只有在这种惩罚观念和对人性的科学理解（趋乐避苦）指导

---

① ［英］边沁：《道德与立法原理导论》，时殷弘译，商务印书馆 2005 年版，第 4—5 页。

② 同上书，第 58 页。

③ 同上。

下的立法，才能促进社会进步。此外，由于法律制度的效果可能随着时间的推移发生变化，因而它们的道德品质也会随之改变，在一定历史时期公认为好的法律可能在另一个时期就不那么尽如人意。大部分法律都存在变革的可能性，立法者应对变化着的社会环境保持敏感。

密尔是维多利亚时代最有影响力的政治和社会思想家之一。他提出了一系列"现代世界的原则"，我们可以把这些原则当作规范社会基本结构的政治和社会正义的原则，主要包括：平等的基本权利原则、自由原则、开放社会和职业、生活方式的自由选择原则、机会平等原则、自由和公平的竞争原则、平等人的社会合作原则、夫妇平等的现代婚姻原则、公共慈善的原则。[①] 密尔秉承功利主义的基本立场，拒绝运用抽象的自然权利观念为这些原则证成，认为任何诉诸效用之外的考量的论证都是神秘难解、含混不清的。批评者通常会指出运用功利主义会造成的一些反直觉的后果，比如它至少原则上可能容许对合理限度的个人自由或私有财产权的限制，因为在某些特殊情况下，这样做的确符合社会整体的利益。不过，值得强调的是，密尔意义上的效用或功利是一个更为宏大的概念，它是指"人类作为一种不断前进的存在者的永恒利益"（the permanent interests of man as a progressive being）。就利益相关者的范围而言，它涵盖整个人类；从时间跨度上来说，它指向无限的未来。密尔相信，只要那些正义和自由的原则在社会基本制度得到实现，就将促进人类永恒利益的最大化。

我们可以从密尔对思想和言论自由的论证来领略其功利主义思想的一些特点。首先要指出的是，在密尔看来，不是所有言论都在制度保护的范围之内。自由的前提是不伤害他人、不造成祸害，因此有些言论需要明确地予以限制和禁止。密尔给出的一个例子是："有个意见说粮商是使穷人遭受饥饿的人，或者说私有财产是一种掠夺，它们如果仅仅是通过报纸在流传，那是不应遭到妨害的，但如果是对着一大群麕聚在粮商门前的愤激的群众以口头方式宣讲或者以标语方式宣传，那就可加以惩罚而不失为正当。"[②]

---

① John Rawls, *Lectures on the History of Political Philosophy*, Cambridge, Mass. : Harvard University Press, 2008, pp. 297 – 298.

② ［英］密尔：《论自由》，许宝骙译，商务印书馆 2007 年版，第 65 页。

密尔关注的思想和言论的主题涉及到宗教、哲学、道德、科学学说，以及一般的政治和社会问题。密尔认为，认识这些领域的真理对人类有益而无害，认识真理是我们的一项永恒利益。借助法律和社会制度，确保思想自由和讨论自由，是发现上述所有领域的真理的必要条件。纠正我们自己观点的错误，离不开他人意见的自由表达和讨论；就算我们原来就持有正确的观点，通过和不同意见者的自由讨论，我们能够加强对这些观点的合理信念和理解。如果一个社会的法律和制度禁止对特定问题的讨论，就意味着这个社会假定它已经确定无疑地获得了关于这些问题的真理；换句话说，它假定自己在这些问题上的认识是不可错的。这种假定显然没什么道理。总之，思想自由和讨论自由的制度保障，有助于我们接近和认识真理，符合我们的永恒利益。

功利主义有无数的版本和变种，这里无法一一介绍和探讨。需要指出的是，所有版本都分享同一个理论结构，这种结构赋予功利主义某种优点，也使它不得不面对难以克服的困难和挑战。下面，我将考察功利主义的理论结构。希望这个讨论不仅能够表明功利主义和其他规范理论的区别，而且为进一步揭示它的内在缺陷做好准备。

第二节　功利主义的理论结构

功利主义主张根据行动和制度使人获得的福利或效用来思考正义问题。这个主张包含了两个要点：第一，行为或制度正义的标准是它造成的后果；第二，正确评价事态好坏的基础是人的福利。这表明，功利主义实际上代表了两种理论的结合：后果论（consequentialism）和福利主义（welfarism）。无论功利主义证成的对象是行动还是制度，它都包含这两个要素。

一　目的论和后果论

后果论是关于道德正当性的规范的道德理论，它和目的论有很深的渊源。要了解什么是后果论，最好先对目的论做些勾勒。

正当（right）和善（good）是道德哲学的两个基本概念。如罗尔斯所言，"道德理论的结构，很大程度上取决于如何定义和勾连这两个基本概念"。① 20 世纪的哲学家将道德理论划分为目的论（teleology）和义务论（deontology）。根据弗兰克纳（W. K. Frankena）的经典定义，目的论主张：善独立于正当得到界定，而正当的界定依据的是善的最大化。② 具体来说，如果一个行为或制度能够产生最多的善，它就是正当或正义的。义务论则宣称：正当不能按照善的最大化来界定，而且，对善的追求应受到正当的制约，当正当和善发生冲突时，应坚持"正当对于善的优先性"。相应地，行动和制度的正当性不取决于它所产生的善。义务论是作为目的论的对立面提出来的，它没有一个正面的定义。在现代道德哲学中，不属于目的论的道德理论，大多可以归为义务论，尽管它们看上去没有太多共同之处，比如康德的道德哲学、罗斯（W. D. Ross）的理性直觉主义。

目的论这个标签容易掩盖两种截然不同的理论之间的差异。为了避免混淆，有必要做进一步的区分。我们知道，古代伦理学——比如亚里士多德的伦理学——也被称为目的论。根据古代目的论，人的终极目的是幸福。幸福不是财富、权力、荣誉，而是人性的充分实现或完善。人们通过践行美德而达到幸福。古代目的论与现代目的论的差异有几个方面：第一，古代目的论主要关注的是人的品格，它的核心概念是各种美德；现代目的论关注的是行动和制度，核心概念是正当和正义。第二，古代目的论把践行美德看成是人性的完善和幸福，道德价值本身就值得追求，不只是实现善的手段；而在现代目的论者看来，道德价值是纯粹工具性的。第三，古代目的论认为美好生活的很大一部分就在于践行美德，做一个有道德的人，对幸福生活的充分理解无法脱离美德的观念；现代目的论主张可以独立于道德价值来界定善观念。总之，在古代目的论那里，根本不存在正当和善的概念区分，而这恰恰是现代目的论赖以存在的前提。

有意思的是，就强调评价对象的道德价值的非工具性而言，古代目的论更接近于义务论。不过，区别在于：义务论承认存在着独立于道德价值、并可能与之发生冲突的善，故而会强调有些行为即使能产生最大的善，也是不正当的；而古代目的论认为道德价值与善是和谐一致的，否定

---

① John Rawls, *A Theory of Justice*, Cambridge MA：Harvard University Press, 1999, p. 21.

② W. K. Frankena, *Ethics*, Englewood Cliffs, N. J., Prentice Hall, Inc., 1963, p. 13. 罗尔斯追随弗兰克纳的定义，参阅 John Rawls, *A Theory of Justice*, Cambridge MA：Harvard University Press, 1999, p. 22.

两者之间产生冲突的可能性。

为了避免歧义，明确显示现代道德理论和古代伦理学的差异，人们现在更多地采用后果论这个术语取代目的论。这样，后果论／义务论就构成了道德理论中的基本区分。后果论也是指一种关于行动正当性和制度正义的理论，顾名思义，主张参照行为和制度产生的后果来评价它们的道德正当性。现在的问题是：现代目的论能否和后果论等同起来？如上所述，目的论有两个核心主张：（1）善独立于正当得到界定；（2）正当就是善的最大化。在大多数情况下，我们所了解的后果论也持有这两个主张。但严格来说，根据定义，后果论承诺了（2），没有承诺（1）。这样看来，目的论一定是后果论，而后果论不一定是目的论。可以设想一个比较复杂的后果论版本，我们暂且把它称为非标准的后果论观点。这种观点宣称，制度的正义性，取决于它产生的后果事态中是否包含了最大的善，而这里需要纳入考虑的善不仅包括自然的或独立于道德价值的善，而且还包括道德价值内在的善。这样，分配正义和偏好的满足的总和一样成为评价事态好坏的考量，甚至是更重要的考量。

这个观点避免了将道德价值工具化，看起来似乎比标准的后果论观点更有吸引力。但是，它也为此付出了昂贵的代价，以至于我们有理由怀疑，它是否还能继续作为一个融贯的后果论观点而存在。既然正义的分配是在后果评价中必须考虑的一种善，我们就要判断一个制度选项对于合作的利益和负担的分配能否实现正义，而这要求我们诉诸一个正义的标准。如果这个标准是后果论的，这个问题无疑就会陷入无穷倒退、恶性循环；如果这个标准是非后果论的，那么，这个观点就背离了后果论的基本精神，它在什么意义上能被称之为后果论就不是那么清楚了。考虑到这里遇到的困难，本书仍然以标准的后果论观点作为分析评判的对象。在本书的语境中，后果论和（现代）目的论标识的是同一种理论。

二　福利主义

功利主义蕴含了福利主义的思想，它主张用人的福利（welfare）或效用（utility）来评价事态的好坏，进而检验行动或制度的正当性。① 在日

---

① 　在这个上下文中，我将交替使用福利、幸福、效用、利益这几个概念。

常语言中，功利主义和利己主义经常被当成一回事。例如，常有人说"当前大学生入党存在功利主义的倾向"，这句话的意思是，大学生选择入党，往往是基于现实利益的考虑：为了相对便利地报考公务员，进入事业单位，进而获得一份稳定的收入，较高的社会地位等。不过，需要立即指出，道德哲学中的功利主义诉诸的不是行动者个人的福利，而是所有行动相关者的福利，是所有人福利的总和。在评价后果的好坏时，所有人的福利都需纳入考虑，每个人的福利都同等重要，没有一个人（包括自己）的福利比其他人的福利更重要。在这个意义上，功利主义表达了一种"不偏不倚""平等待人"的思想，这使它区别于利己主义（egoism）。事实上，对功利主义者而言，如果一个行动能促进总体利益的最大化，那么，即使这个行动以牺牲行动者的自我利益为代价，它也是正当的。功利主义者的道德选择是以总体利益的最大化为导向的，它非但不能等同于利己主义，而且是和利己主义针锋相对的一种思想。功利主义对个人品性提出了极高的要求，仁爱、慷慨、无私是一个合格的功利主义者应具备的品质。认识到这一点，我们就可以理解，为什么毛泽东会说"我们（共产党人）是无产阶级的革命的功利主义者"。

功利主义要求计算所有人的福利总和，作为道德评价和证成一个行动或制度的根据。在此之前，先要确定什么是人的福利。对福利的界定，是各种形式的功利主义相互区别的一个关键所在。一般来说，有三种界定福利的方式。①

第一种观点是典型的享乐主义（hedonism）：福利是人的一种快乐的感觉和体验，这个观点首先是由边沁提出来的。边沁认为，快乐和痛苦支配着人们的所思所想、所作所为，而人天生就是趋乐避苦。快乐是首要的利益，其他利益都是达到快乐的手段。追求幸福，实质上就是最大限度地增加快乐，减少痛苦。衡量快乐的大小，主要参照快乐的强度、持续时间、确定性、纯粹性等。

边沁的观点有一个经常被人诟病的缺陷：只承认快乐在数量上的差

---

① 参见［加］威尔·金里卡《当代政治哲学》，刘莘译，上海三联书店 2004 年版，第 25—39 页；Roger Crisp, "Utilitarianism", in *Routledge Encyclopedia of Philosophy*, Version 1.0, London and New York: Routledge, 1998.

异，无视其在质量上的差异。按照他的观点，就内在本性而言，单纯的感官快乐和更加复杂的精神、心灵上的快乐没有什么不同。如果强度和持续时间一样，那么，享受美食、畅饮美酒的快乐，不低于解决一道数学难题、设想出一个巧妙的哲学论证的快乐。密尔试图弥补这个缺陷，他主张：在评价快乐的价值时，质量也是一个必须考虑的因素。密尔进一步论证指出，理智的快乐（包括其他运用高级官能的快乐）比纯粹的感官的快乐更值得欲求，更有价值。如果两种类型的快乐在质量上有高下之分，那么数量上的比较就可以忽略不计了。因此，"做一个不满足的人胜于做一只满足的猪；做不满足的苏格拉底胜于做一个满足的傻瓜"。① 虽然密尔对边沁的观点有所修正，但他没有超出享乐主义的界限。也就是说，他仍然用快乐这种意识状态来界定福利。

稍作反思，就会发现享乐主义的解释是可疑的。在很多情况下，被认为是有价值或者好的生活，并不一味地给人带来快乐；"痛，并快乐着"也许更适合于对幸福生活的描述。哲学研究绝不是一件轻松容易的事，哲学家尽管也能体会到灵感突来的狂喜，但更多时候是为解决理智上的困惑而冥思苦想、心力交瘁，这不妨碍他们认为自己的生活是幸福的；同样地，诗人的创作往往伴随着痛苦和折磨，但诗人仍然把写诗当作一件幸福的事。这样看来，我们没有理由认为幸福和快乐的感觉有本质上的联系。用快乐感来界定幸福至少显得过于狭隘了。

对享乐主义更有力、更彻底的反驳来自诺奇克的一个思想实验。设想有这样一台体验机（experience machine），神经心理学家能够把我们关进这台机器，并为我们注射药物，这些药物可以让我们产生出各种快乐的心理状态。如果幸福就是一种快乐感的话，我们就会愿意不停地服药，在这台机器中度过一生。显然，几乎没有人会做出这样的选择。正如金里卡所评论的，"这种'生活'不仅不是最好的生活，它甚至几乎不能算作是生活。这种生活不仅没有价值，许多人反而会认为这简直就是在糟蹋生活的价值"。②

---

① ［英］约翰·穆勒：《功利主义》，徐大建译，上海人民出版社 2008 年版，第 10 页。

② ［加］威尔·金里卡：《当代政治哲学》，刘莘译，上海三联书店 2004 年版，第 26—27 页。

　　这个思想实验足以摧毁任何试图用意识状态或内心体验来界定福利的方案。

　　我们可以赋予体验机更多的功能，假定它结合药物可以使人产生任何可欲的心理状态：事业成功的喜悦、宗教冥想的平静、艺术创作的成就感等。然而，无论体验机的功能有多强大，有健全常识的人都不会愿意整日在这台机器中生活。这就意味着：幸福不是单纯的主观感受，它必须和客观世界中的情形相联系。我们常在梦境中获得各种令人愉悦的体验，但谁也不会认为睡梦中的自己就是幸福的，更不会希望自己整天沉浸在梦境中。我们不只是想要有钱的感觉，更想要实实在在地有钱；我们不只是想获得世界和平的内心感受，更想要世界和平真正地到来。

　　享乐主义以及其他形式经验主义的问题，使功利主义者转向第二种界定福利的方式，根据这种观点：福利是指偏好或欲望的满足；增进人的福利，就是满足他们的偏好，实现了他们的欲望，无论这种偏好或欲望是什么。与单纯的心理感受不同，偏好的满足包含了一个客观世界的维度。我们说一个人考上大学的愿望得到实现，就是说就是他已经被一所大学录取；如果这个人实际上已经名落孙山、榜上无名，那么，即使我们能够骗他相信自己被录取，也不能说他的愿望或偏好因此就得到了满足。"偏好的满足"和"感觉上的偏好满足"是两码事。这样，要提升人的福利水平，体验机就起不到什么作用了。福利的增加或减少与意识状态没什么关系。换言之，即使我们的内心体验没有发生任何变化，我们的福利水平也可能在增加或降低。

　　不过，我们很快就会发现，这种福利定义也存在自身的问题。"偏好的满足"是个过于宽泛的概念，不是一切偏好的满足都能增进人的福祉。我们来考虑两个反例：错误偏好和适应性偏好（adapative preference）。

　　偏好只反映了当下的信念，随着时间的推移，这种信念可能被证明是错的。由于缺乏足够的信息和审慎的思考，我们常常会形成错误的偏好。满足建立在错误信念之上的偏好，不能增加我们的福利。设想，你想喝面前摆放的一瓶酸奶，以为它不仅口感绝佳，还富有营养，而事实上，这瓶牛奶早已过期变质。这时，满足你的欲望，不符合你的利益，只会恶化你的境况。

　　"适应性偏好"是由心理学和社会科学的研究揭示出来的一种现象：

如果发现在现实条件下某些偏好难以实现，人们就会逐渐放弃这些偏好，转而形成一些比较容易满足的偏好。"吃不到葡萄就说葡萄酸"是对这个现象的通俗表达。这个现象的最极端例子就是"满意的奴隶"：奴隶为了适应被奴役的状态，干脆声称自己根本就不需要自由。① 很明显，人身自由在任何时候，对任何人来说都是一项十分重要的福利，即使失去对自由的欲望也无法改变这个事实；相反，被奴役的生活无论如何都是糟糕的，满足对这种生活的偏好，不能提升人的福利水平。调整自己的偏好，是人在特殊环境下的无奈之举。关心人的福利，不是要去满足他的适应性偏好，而是要消除导致形成适应性偏好的背景条件。

对福利的第三种解释，在第二种解释的基础上增加了限制性条件，把福利定义为理性的（rational）或有理据的（informed）偏好的满足。理性的偏好区别于人们的实际偏好，是人们在信息充分、判断正确、不受干扰的理想条件下形成的偏好。哈桑依（John C. Harsanyi）甚至将理性的偏好看成是"真正的偏好"（true preference），他写道："社会效用必须根据人们真正的偏好而非明示的偏好（manifest preference）来得到界定。"② 与真正的偏好相区分的是明示的偏好，就是在人的实际行为中所体现出来的偏好，它可能包含一些基于虚假信念和错误推理的偏好。

理性偏好的观念规避了错误偏好和适应性偏好的问题，看似无懈可击，但却经不起进一步的反思。一般来说，偏好是对我们利益的预期。认定一件事有益于增进福祉，就会产生做这件事的偏好。相关信息的缺乏和推理能力的局限，导致偏好的满足和福利不一定总保持一致。不同于实际偏好，理性偏好的满足和人的福利有本质上的联系，理性偏好的满足必然增进人的福利。关键问题是，如何辨别理性偏好？我们根据什么标准，把一些偏好归为理性偏好，把另一些偏好归为非理性偏好？

对这个问题的回答通常是从偏好的形成机制入手，即在理想条件（包括充分信息、正确推理、无外部干扰等）下形成的偏好就是理性的。理想条件不是随意罗列的，因而我们不妨继续追问：理想条件的标准是什

① ［加］威尔·金里卡：《当代政治哲学》，刘莘译，上海三联书店 2004 年版，第 30 页。

② John C. Harsanyi, "Morality and the theory of rational behavior", in *Utilitarianism and beyond*, ed. Amartya Sen and Bernard Williams, Cambridge：Cambridge University Press, 1982, p. 55.

么？为什么我们把一些条件看作是理想的，把另一些看成是不理想的？比如说，为什么缺乏足够的信息是一个不理想的条件？

回答一般是这样：看一个条件是不是理想的，就是看在这个条件下，人们能否形成符合自己利益的欲望和偏好。如果人们在一个条件下竟然形成了对受奴役状态的偏好，那么这个条件肯定是不理想的，应该尽可能地消除。于是就很清楚：理想条件，进而理性偏好，归根到底都是参照福利来界定的。只有先对人的福利有一个直觉的理解，我们才能确定哪些偏好是理性的，哪些偏好是非理性的。我们之所以把喝变质酸奶、在受奴役状态中生活的欲望当作是非理性的，是因为我们坚信，健康、自由是重要的、不能轻易放弃的福祉。

假设上文的分析正确，我们就不难发现理性偏好和福利相互定义的问题：一方面，福利是理性偏好的满足；另一方面，理性偏好就是能增加福利的偏好。既然理性偏好的观念已经预设了我们对福利有一个正确的认识和把握，我们就不能通过它来对福利下定义。

上面介绍的这几种界定福利的方式，都有这样那样的问题，但这些问题对功利主义并不致命。我们不能因为对福利或效用还没有一个令人满意的解释，就认定福利主义乃至功利主义的逻辑本身有缺陷。考虑到制度评价和人类福祉的关系，每一种合理的政治理论都会遇到如何恰当解释福利的问题。如果一个理论能够提供更好的福利解释，那么功利主义也能予以借鉴并采纳。要准确评判功利主义，必须考虑这样一系列问题：功利主义是一个合理的证成方式吗？功利主义能否为制度提供恰当的评价和证成？效用（福利）最大化是否构成一个检验制度正义的标准？

第三节　对功利原则的论证及其问题

在大量讨论功利主义的文献中，我们发现，被贴上功利主义标签的其实有两种观点：（1）在选择个人行为、制定公共政策或设计基本制度时，我们应当追求（总体）福利的最大化；（2）（总体）福利的最大化是道德正当性的标准，正当的行为是使福利最大化的行为，正义的制度是使福利最大化的制度。尽管这两种观点——无论在捍卫者还是在批评者那里——都被当作功利主义加以对待，但它们具有不同的含义。简言之，前者表达的是一个理性选择、决策的程序，后者表达的是一个道德评价和证成的方式。值得强调的是，功利主义之为道德理论，在于第二个观点，而不是第一个观点。不难看出，和眼下的论题——制度评价和证成——更相关的也是第二种观点。

在功利主义的奠基人边沁看来，功利原则是不证自明的，他写道："它（功利原则）是否能由任何直接的证据来证明？应当认为不能，因为被用来证明其他每个事物的，其本身无法被证明：证据之链必定有其始端。给予这样的证据既无可能亦无必要。"① 不过，边沁的后继者们为了更好地捍卫功利主义，还是提供了各种对功利原则的证明。对应着上述两种观点，我们可以辨识出两条论证和反驳的路线。

一　基于个人理性选择的论证

具体到制度层面，第一种观点主张：我们应该这样安排制度，使得社会成员的利益最大化。利益最大化是一个可欲的事态，我们应当尽可能地促进这个事态的产生。为什么要促进利益最大化？正如罗尔斯所指出的，功利主义是将个人理性选择原则扩展到社会选择的情形中。②

对个人而言，追求幸福最大化是理性的选择。个人应当审慎地权衡自己的各种利益得失，为了最大利益而行动。在理性地追求自我利益时，一个人应当是时间上中立的。也就是说，得到某个利益在生命史中的时间位置——不管是当下还是未来——对理性的选择者而言没有特殊的意义，他看重的是整个生命历程中的总体利益。如果牺牲当下的某个利益可以获取将来更大的利益，这样做就是理性的。按照这个观点，学生为了以后有更好的职业发展前景而避免沉溺于当下的玩乐，应被视为理性之举。相反，在未来利益极不确定的情况下，理性就要求我们抓紧实现当下的利益。总之，理性的行动就是使各个时间段的利益总和最大化的行动。

个人选择要取舍的是属于单个人的各种利益，而社会选择要平衡的则是不同个人的利益得失。功利主义者认为，权衡个人的各种利益得失的方式同样适用于权衡不同个人的利益。以个人的理性选择原则为参照，社会

---

① ［英］边沁：《道德与立法原理导论》，时殷弘译，商务印书馆 2005 年版，第 59 页。

② 参阅 John Rawls, *A Theory of Justice*, Cambridge MA: Harvard University Press, 1999, p. 21.

选择的原则就是尽可能地推进全体社会成员的利益最大化。在利益相冲突的情况下，为了保证一些成员的更大利益而牺牲另一些成员的利益是理性的。

将个人理性选择的原则运用于整个社会的想象，通过"理想观察者"的模式得到了强化。理想观察者置身于社会之外，但知道所有相关的事实，能做出准确无误的计算和推理。最重要的是，他了解并关注所有社会成员的利益，他的"同情心"确保把所有人的利益当成自己的利益。功利主义者相信，理性的公共选择就是理想观察者会做出的选择。理想观察者的利益是社会上所有个人利益的总和，故而他的选择毫无疑问以实现所有人利益总和的最大化为导向。

有充分的理由反对这种类推，因为这仿佛把社会当作了一个人，忽视了某人就自己的各种利益所进行的权衡与在不同个人利益之间所进行的权衡的区别。对此，罗尔斯一针见血地指出："功利主义没有认真对待人与人之间的区分。"[1] 内格尔则写道："为了一个人的生命而牺牲另一个人的生命，或者，为了一个人的幸福而牺牲另一个人的幸福，与在一个单一的生命中为了一个满足而牺牲另一个满足是截然不同的。"[2] 权衡个人之间的利益得失要比权衡一个人自己的利益得失复杂得多，它关系到社会合作的维持、社会秩序的稳定，需要更加谨慎的处理。个人为了一些对他而言至关重要的利益而放弃其它利益，可以被看作是理性的；而社会仅仅为了总体利益的最大化而伤害某些个人的利益，这样做是否合乎理性就不是那么清楚了。因为，在前一种情况下，个人所做的牺牲从长远看是可以补偿的；而在后一种情况下，这样的牺牲无法得到补偿。假设一个人十分痴迷于篮球，认为成为一个职业球员是他人生的首要目标；同时他也受过良好的科学训练，具备成为一个科学家的潜质。暂且假定，科学家的社会贡献一般比一个普通篮球运动员更大。这样，按照总体利益最大化的原则，他所在的社会可能要求他放弃篮球理想，以科学研究作为一生的职业。人的生命只有一次，假如这个人不得不接受这个要求，他所做的牺牲将是无法补偿的。

① John Rawls, *A Theory of Justice*, Cambridge MA：Harvard University Press, 1999, p. 24.

② Thomas Nagel, *The Possibility of Altruism*, Princeton：Princeton University Press, 1970, p. 138.

退一步说，就算功利主义者依赖的那种类推是有效的，他们能论证的也只是：按照福利的最大化来安排社会制度是理性的；或者在理性选择的意义上，我们应该这样安排制度，使得社会成员的福利最大化。福利最大化是理性选择的标准，是恰当的决策程序，不意味着我们可以诉诸它对制度进行道德评价。要表明福利最大化是制度正义的标准，需要另外的论证。

当代道德哲学中对功利主义的批评遵循这样一个思路，即将功利主义的决策程序加以运用时，会引出一系列直觉上不可接受的结果。例如，在个人选择问题上，伯纳德·威廉姆斯（Bernard Williams）批评功利主义削弱了人的完整性（integrity）。按照功利主义的观点，行动者并非不考虑自己的筹划（project）和承诺（commitment），但问题在于，这些筹划和承诺在他看来只是效用计算中的一个因素，没有特殊的重要性。"作为一个功利主义行动者，他自己的决策，是一个关于他在当时的处境下能影响到的所有满足的函数：而这意味着，他人的筹划，在一个不确定大的程度上，制约着他的决策。"① 如果这个决策和自己的某些承诺（例如友谊、爱情、事业等）相冲突，行动者只能舍弃后者，即使正是这些承诺赋予生命以意义，给予人生活的动力。功利主义的行动者只考虑使用哪一种因果杠杆来达到一个最可欲事态的问题，而没有机会思考自己要过一种什么样的生活，成为一个什么样的人。在这个意义上，他作为一个独立的人的完整性被严重破坏了。

在社会选择问题上，功利主义违背公开性、透明性的价值。以功利主义决策方式建立起来的规则和制度，很可能会牺牲某些个人或团体的利益。假定大多数人都没有利他倾向，都不愿意为了他人的利益而做出自我牺牲，那么可以想象，一旦人们发现自己是功利主义决策下的牺牲品，就倾向于违反那些规则和制度，更谈不上对制度的忠诚。于是，为了使制度得以稳定地运行，必须设法阻止普通民众了解制度背后的根据。因此，功利主义只能由少数制定社会规则的政治精英掌握，而广大民众不能接受功利主义的教育。他们受到的教育使他们相信，社会制度是符合自身利益

---

① Bernard Williams, "A critique of utilitarianism", in *Utilitarianism: for and against*, ed. J. J. C. Smart and Bernard Williams, Cambridge: Cambridge University Press, 1973, p. 115.

的，或者说这些制度体现了上帝的意志。威廉姆斯将这种包含精英主义理念的理论形象地称为政府大厦功利主义（government house utilitarianism）。

二　诉求直觉的论证

然而，功利主义之为一种道德或正义的理论，主要在于它提出了一个对行动和制度进行道德评价的标准。如果只是从决策方式这个方面去论证和反驳功利主义，功利主义作为一个道德理论的性质就变得无法理解了，我们也就不知道功利主义在什么意义上能够称为道德理论。

功利主义主要是一种道德证成的方式。现在的问题是：一种道德证成的方式本身如何得到证成？如何证明一种道德证成的方式是恰当的？这里，最好的办法似乎就是诉诸罗尔斯所说的"反思的平衡"（reflective e-quilibrium）。根据这种方法，我们首先确定一个或一组深思熟虑的判断（considered judgment），把它们视为暂时的固定之点。这些判断代表了我们内心深处最深刻的道德直觉，它们具有不同程度的抽象性，可以是关于特定行动和制度的对错的判断，可以是关于一般道德规则正确性的判断，也可以是关于各种考量的道德相关性的判断。然后，我们试图概括出与这些判断最为吻合的道德原则，或者说，道德评价的标准。判断和原则、直觉和理论之间的完美平衡不是一下子就达到的，而是不断反思的结果。在这个过程中，若是对直觉有坚定的信心，就需要修正理论以容纳直觉；若是对直觉不那么有信心，就需要调整直觉以适应理论。经过这样来回修正、双向调整，我们可以期望在两者之间获得一个"反思的平衡"。具体到对社会制度的道德证成，一种成功的理论不仅要与我们关于正义的信念相融贯，而且能够阐明和解释这些信念。例如，一旦我们经过反思确信奴隶制是不正义的，那么，一个好的理论应能充分解释为什么奴隶制不可能得到证成；相反，任何为奴隶制留有余地的证成方式都应被认为是有缺陷的。

我们相信，制度正义就是平等地关注和尊重每一个生活在这个制度之下的人的利益。"平等待人"是我们关于正义的核心直觉，任何提供正义标准的理论都应努力吻合这个直觉。事实上，正如德沃金所指出的，任何一种具有可信度的政治理论都分享着同一种基本价值——平等。在此意义上，它们都是"平等主义"理论，只是以不同的方式表达平等待人的理念罢了。① 这里所说的平等待人，当然不是指对社会资源做平均化的分配。它是一个抽象的道德理念，大致意思是：人的道德地位是平等的，共同体内每一位成员的利益都同等重要，每个公民都有获得平等关照和平等尊重的权利。

功利主义要展示自身作为道德理论的吸引力，必须解释总体效用最大化在什么意义上体现了平等待人的要求；而要对功利主义提出真正的挑战，必须表明为什么这个解释不成功。在本章的最后部分，我们将讨论从这个角度对功利主义提出的批评。

先来看功利主义的论证。黑尔（R. M. Hare）写道："如果问到，我们应该如何在不同人的彼此竞争的利益之间主持正义，那么，惟一的答案是：不偏不倚地赋予每个人的同等利益以同等的分量。除此以外，很难给出其它回答。而正是这产生了功利原则。"② 根据这条论证路线，效用最大化不是理性选择的要求，而是派生于平等待人的要求。换句话讲，要想实现平等待人，必须促进总体效用的最大化。可以将这个论证思路概括如下：

（1）制度正义是平等关注和尊重每个人的利益；

（2）平等待人要求实现总体效用的最大化；

（3）总体效用最大化是制度正义的标准。

争点在（2）。初看上去，这个论点似乎有些奇怪。因为，很多人对功利主义的批评恰恰在于，它可能赞成一种极度不平等的社会分配，比如压制不为大多数人喜欢的少数人的自由。功利主义关心总体效用的大小，而对分配是否平等的问题不敏感。对此，黑尔论证指出，功利主义有正反两方面的理由支持更加平等的分配。③ 第一，根据边际效用递减原则，趋向于平等的分配有助于增加总体效用。缺乏资源的人从一份增加的资源中所获得的效用，要多于已经占有大量资源的人从数量相同的资源中所获得的效用。从富人的财富中取走 100 元给穷人，总体效用会增加，因为穷人的所得超出富人的所失。第二，在资源分配两极分化严重的社会，容易产

---

① ［加］威尔·金里卡：《当代政治哲学》，刘莘译，上海三联书店 2004 年版，第 7 页。

② R. M. Hare, "*Ethical theory and utilitarianism*", in *Utilitarianism and beyond*, ed. Amartya Sen and Bernard Williams, Cambridge University Press, 1982, p. 26.

③ Ibid. , p. 27.

生嫉妒、怨恨等负面情绪，使得社会不稳定因素增加，导致总体效用的减少。

不过，更大的论证负担是表明，效用最大化的要求就是由平等待人的理念激发起来的。功利主义者解释说，平等待人就是将所有人的偏好纳入效用计算（假定把效用界定为偏好的满足），不管这些偏好的具体内容是什么。按照边沁的说法，"我们只把一人当作一人，不把一人当作多人"。在利益合计时，把每个人的利益都考虑进去。在功利主义者看来，这是平等待人的内在要求，是实现平等价值的唯一途径。

然而，不清楚的是，为什么平等关注和尊重的理念就只是要求将所有人的利益总和最大化？难道没有其他方式来表达平等待人的直觉了吗？为什么我们不能假定，平等地关注和尊重每个人的利益是要求一种更具个人主义色彩的评价标准，比如说诉诸每个人的合理同意？暂且撇开这些问题不谈，对于功利主义来说，更麻烦的问题是：效用最大化实际上并不吻合我们关于平等待人的直觉。

在功利主义的效用计算中，究其实质，得到平等尊重的，与其说是人，不如说是利益。人只是被视为利益的负载者，除此以外没有特殊意义，他们的重要性是派生的、附带的。事实上，如果人类之外的存在者能拥有利益、有幸福可言，也可以和人一起纳入考虑。如果把利益界定为一种快乐的感觉，那么，功利主义平等关注的就不只是所有人的利益，而是所有"有感觉的存在者"的利益。毫不奇怪，功利主义可以顺理成章地发展出一个保护动物权利的理论。[①] 当然，这里的要点不是批评功利主义将人和动物相提并论，而是显示功利主义仅仅把人当作利益载体的观点。从这个观念出发，不可能产生一个有吸引力的道德和政治理论。功利主义唯一重视的是利益最大化这个事态，因而错失了一些对于平等待人至为关键的问题：这个事态是以什么方式产生的？在这个过程中，谁的利益遭到损害？让他们蒙受损失是否是可证成的？总之，在功利主义那里，将每个人的利益纳入考虑，只是计算最大利益的一个前提和必要手段，而和尊重

----

① 功利主义者可能反驳说，就对社会基本制度的道德评价而言，我们只考虑人的利益，不必考虑动物的利益。这个反驳并不能取消功利主义把人当作利益的载体这个事实，而正是这个事实使我们有理由怀疑，功利主义不能吻合我们关于平等待人的直觉，进而不能被当作一个恰当的提供正义标准的理论。

人没什么关系。

加拿大哲学家威尔·金里卡（Will Kymlicka）进一步论证了功利主义对平等待人理念的误解。① 他的矛头所向是功利主义的这样一个假定：每一种偏好，如果能够产生相同的效用，无论它们的具体内容是什么，都应该在效用统计中被给予同等程度的考量。金里卡指出，要吻合平等待人的理想，就必须从道德上区分不同种类的偏好，那些不正当的偏好不具有道德分量。平等待人本身就要求排除那些漠视平等价值的偏好。把所有偏好都纳入考虑，其实是对平等待人的误解。

有两种类型的不正当偏好：歧视性偏好和自私偏好。歧视性偏好是一种涉他偏好（external preferences），指偏好者希望他人无法获取其所应该享有的公平份额；自私偏好是一个个人偏好（personal preferences），指偏好者希望自己占有资源的数量超过他对于资源的公平份额。

如果纳入效用计算的不正当偏好是理性的，确实能够产生效用，持这些偏好的人数又相当多，那么，我们将在效用计算中处于不利地位，我们的生活前景可能由于他人持有的这些偏好而遭到恶化。让我们为他人的不正当偏好承担风险，甚至付出代价，意味着我们的利益没有得到平等的考虑和尊重，而平等待人正是功利主义的立论前提。因此，功利主义要吻合平等待人的直觉，就应该将不正当偏好从效用计算中排除出去。种族主义者限制黑人权利和自由的欲望、他们在一个社会中所占的比例，根本不是判断种族主义是否可接受的考量；纳粹份子从折磨犹太人的恶行中获得的满足，不能用来为种族灭绝提供证成。一些功利主义者也承认，不是所有偏好都有道德分量。哈桑依（John C. Harsanyi）明确指出："我们必须排除一切明显的反社会偏好（antisocial preferences），比如虐待、嫉妒、怨恨和恶意。"②

排除不正当偏好，要求我们事先能够鉴别出哪些偏好是正当的，哪些是不正当的。因此，在效用计算之前，我们最好有一个辨别偏好正当与否的标准。然而，功利主义本身无法提供这样的标准。事实上，彻底的功利

① 参阅［加］威尔·金里卡《当代政治哲学》，刘莘译，上海三联书店 2004 年版，第 73—87 页。

② John C. Harsanyi, "Morality and the theory of rational behavior", in *Utilitarianism and beyond*, ed. Amartya Sen and Bernard Williams, Cambridge: Cambridge University Press, 1982, p. 56.

主义否认存在着独立于效用计算的正当性标准，进而否认在效用计算之前能确定不正当的偏好和利益。

功利主义面临一个两难选择：要么把平等待人的直觉放到一边，要么诉诸一个独立于效用计算的正当标准，从而排除不正当偏好。选择前者，切断与道德直觉的联系，意味着功利主义没有资格成为一个有吸引力的正义理论；选择后者，要求它必须在理论内部做出重大调整，或者用其它理论予以补充。进一步说，如果找到一个无需诉诸效用最大化的正当性标准，为什么还要继续在功利主义的框架内对制度进行道德评价呢？为什么不干脆用它来取代功利主义呢？由于歧视性偏好和自私偏好本身就是参照公平份额来定义的，因而一个能确定偏好正当与否、能鉴别出歧视性偏好和自私偏好的标准，自然也能用于判断资源是否公平分配、制度是否正义。这样一来，功利主义作为一个正义标准就显得多余了。

制度功利主义的一个优点似乎是，它在实践中总是可以为那些公认合理的规则和制度提供辩护。然而，好的制度总能促进社会上所有人的利益总和最大化，充其量表明总体利益最大化是制度合理性的必要条件，而无法推论出它同时也是充分条件。考察一种道德理论，除了要看它的应用是否会得出严重违反直觉的结论（比如说支持奴隶制），更重要的是要研究它的逻辑前提是否合理、论证过程是否融贯。考察功利原则能否作为制度选择的可靠程序、能否构成判断制度正义的充分条件，必须追究它的证明过程。以上讨论显示：制度功利主义的证明值得商榷。作为制度决策的程序，它依赖于个人选择和社会选择之间的一个不恰当的类比；作为制度正义的标准，它误解和扭曲了我们关于平等待人的道德信念。对制度功利主义的捍卫者来说，修正和完善证明过程将是他们不得不承担的一项艰巨的理论任务。

现在可以总结一下本章的内容：功利主义有一个制度关注的传统，功利原则最早是被当作批判和改革社会制度的理论工具。功利主义的理论结构是后果论和福利主义的结合，如何界定福利对于功利主义是一个难点，也是区别不同功利主义版本的关键，主要有三种界定福利的方式：感觉体验、偏好的满足、有理据的偏好的满足。作为一种制度证成的理论，功利主义之所以具有一定的可信度，是由于它试图表达"对每个人利益的平等关注和尊重"这个信念。但也正是这个信念，使我们有理由要么对它做出重要修正，要么将它彻底抛弃。

尽管功利主义在道德和政治哲学史上长期占据支配地位（尤其在英美传统中），但它不是制度评价的唯一方式。是否存在一个能更好地吻合平等待人的直觉，同时自身融贯的制度评价和证成的理论呢？我认为，契约论——尤其是罗尔斯的版本——提供了一个值得认真对待的选项。如果得到恰当的理解的话，这个理论不像人们通常认为的那样容易遭受致命的反驳。

第四章　契约论的问题域转换

契约论在政治哲学史上有着悠久的传统，它几乎支配了近代以来关于政治权威合法性和政治义务的讨论。可以说，近代以来最重要的政治哲学家，要么是这一理论的捍卫者（如霍布斯、洛克、卢梭、康德），要么是它的批评者（如休谟、黑格尔、马克思）。20 世纪下半叶，罗尔斯在复兴实践哲学的同时，也使契约论传统重新焕发了生命力。之后，人们利用契约论传统资源，思考道德哲学的一些核心问题。然而，诉诸契约论的观念，采用契约论的术语，并不意味着这些理论版本都具有相同的前提和结论。事实上，契约论这个标签往往会掩盖它们之间的重要差异。如果忽视这些差异，各种误解和困惑就会接踵而来。

下面，我将介绍和梳理关于契约论的两组区分。在问题意识上，我们区分传统契约论和当代契约论；在理论结构上，我们区分以高蒂尔和罗尔斯为代表的两种当代契约论的版本，他们分别继承了霍布斯和康德的传统。我们将看到，对契约论的一些误解，很大程度上，是由于对这两组基本区分认识不足。

第一节　政治义务

系统阐述的契约论首先是作为一种政治权威和义务的理论提出来的，我们暂且把这种理论称之为政治契约论。政治义务（political obligation）问题是政治哲学的核心论题之一。按照通行的定义，政治义务就是"公民支持所在国家、政府或政治和法律制度的道德义务"。① 就内容而言，它主要包括服从所在国法律、缴税以及保卫国家。人们一般假定，良好国家中的所有公民或大多数公民都负有政治义务。大多数政治哲学家为自己设定的任务是：解释政治义务的性质和来源，考察政治共同体的成员应在何种条件下履行政治义务。

政治义务的问题用更具体更极端的方式表述就是：为什么你有义务服从国家的法律，即使它有时并不正义。以这种方式提出政治义务问题，是否假定我们应当绝对地、毫无例外地服从政府或国家呢？约翰·西蒙斯（John Simmons）关于"有义务去做某事"和"应当去做某事"的区分，有助于打消我们这方面的担忧。西蒙斯指出，"某人有义务做某事"并不蕴含"某人应当做某事"。"应然判断"一般是通盘考虑的最终结果，在此过程中，许多因素已经被考虑在内了，包括义务很可能也包含在内。但是某人有义务做某事这个事实本身，并不一定为他以某种方式行事提供决定性的理由。换句话说，义务只是诸种考量之一。相应地，政治义务只是决定我们在一个政治共同体中应该如何行事的相关理由之一。② 在这个意义上，政治义务为公民的不服从留下了空间。在论述契约论对政治义务问题的回答之前，有必要对政治义务做进一步的分析。

第一，同其他类型的义务一样，政治义务并非产生于强力及其对违反者的制裁。与公民负有政治义务相对应的是国家或政府的统治权利与正当性（legitimacy），而统治者的正当不是能够施加惩罚的强力所赋予的。

哈特在《法律的概念》中区分了"被迫去做某事"（be obliged to do something）和"有义务去做某事"（have an obligation to do something）。③ 前者主要是一个关于行动者的信念和动机的心理陈述。当我们说一个人被迫做某事时，通常意味着：（1）他认识到，两害相权取其轻，如果不做这件事，他将遭到严厉的惩罚，付出更加沉重的代价；（2）逃脱这种惩罚的可能性微乎其微。显然，这是一个与义务完全不同类型的陈述。从

　　① John Simmons, "Political Obligation", *Routledge Encyclopedia of Philosophy* , Version 1.0, London and New York: Routledge, 1998.

　　② 约翰·西蒙斯：《道德原则与政治义务》，郭为桂、李艳丽译，江苏人民出版社 2009 年版，第 9 页。

　　③ H. L. A. Hart, *The Concept of Law*, Oxford: Oxford University Press, 1961, pp. 80 – 81.

"P 被迫做 T"无法推论出"P 有做 T 的义务"。当一个强盗拿着枪命令你把钱交出来时，你只是被迫把身上的钱交给他，而不负有交钱的义务。此外，"P 被迫做 T"也不是"P 有做 T 的义务"的必要条件。即使有理由相信偷税漏税不会给你带来严重的伤害（"被迫"的陈述不成立），也不能取消你照章纳税的义务。

第二，政治义务是一种道德义务。如前所述，政治义务的内容是支持和服从政治权威。如果政治权威在法律的基础上运作，其命令以法律的形式颁布，那么，在某种意义上，政治义务就可以视为一种服从法律的义务。① 这里需提请注意的是，我们应当区分服从法律的义务（the obligation to obey the law）与法律义务（legal obligation），前者具有道德的要求，而后者没有。② 法律义务只是法律体系施加给我们一套规则要求。这套规则体系存在的事实，并不对我们的行为施加道德压力，也不提供任何批评违法行为的道德理由。仅仅违反法律本身不足以证明道德批判的正当性。实际上，法律体系本身还有待从道德的观点进行评判。不是所有法律都能经得起道德的检验，有些法律可以毫不过分地称为"恶法"，最典型的例子莫过于纳粹推行的种族灭绝的法律。或许有人仍然不同意"法律义务本身没有道德分量"的论断，他们会争辩说，那些为了赚取高额利润雇佣奴工的"黑心矿主"，不仅违反了劳动法，而且我们有理由在道德上予以谴责。在这个例子中，道德义务和法律义务在内容上是重叠的。但需强调的是，法律和道德在概念上并不相互蕴含。我们谴责"黑心矿主"的道德理由不依赖于现实的法律体系。换言之，即使我们的法律体系存在漏洞，不能对"黑心矿主"进行有效的制裁，这些道德理由仍然成立。

如果我们把政治义务与法律义务等同起来，那么，对政治义务问题的回答，只要考查现存的政治法律制度就足够了，而这将是政治科学而非政治哲学的工作。事实上，哲学家对政治义务问题感兴趣，就是因为他们相信，政治义务具有规范性的基础，它反映的是公民之间或公民与国家之间的一种道德关系。

---

① 当然，政治义务的内容不限于服从法律。比如，抵御入侵守卫疆土，即使没有以法律条文的形式明确规定，也被当作是政治义务的一个重要方面。

② 约翰·西蒙斯：《道德原则与政治义务》，郭为桂、李艳丽译，江苏人民出版社 2009 年版，第 20 页。

　　第三，政治义务是道德要求，但它区别于一般意义上的道德责任（moral duty）。后者是适用于所有人的道德要求，不论其身份、地位如何，做出过何种举动。避免伤害无辜、对身处困境中的人给予力所能及的帮助都属于这类责任。道德责任与社会制度没有必然联系，它的内容、效力独立于制度体系的规定，这就解释了为什么我们有可能对那些法律上并没有禁止和制裁的行为——比如见死不救——提出批评。相比之下，通常人们认为政治义务具有如下特征：它是通过履行某种自愿行为而产生的道德要求；其内容一般在社会制度中有明确规定；政治义务的承担者是特定政治共同体的成员或参与者，不是一般的"自然人"或"道德主体"。

　　当然，并非所有政治哲学家都把自愿行为当作承担政治义务的必要条件。在某些社群主义者看来，只要是社群的一员，就有义务遵守社群的规则。一个特定政治社会的成员身份与政治义务有着概念上的联系。正如不能想象一个成年的家庭成员不负有赡养父母、抚养子女的义务，我们同样不能设想作为政治共同体的一分子却不负有政治义务。政治社群的成员身份决定了政治义务。我们无法自愿加入或退出某一个社群，毋宁说我们是被抛入其中的。我们不能选择社群，因为我们自己恰恰就是由社群塑造的。我们的价值观、人生规划乃至个人认同（identity）的所有基本方面，都是身处其中的社群给予的。根据这条思想路线，履行政治义务是一件自然而然的事情，根本无需寻求对政治义务的进一步解释。由此也可以看出，政治义务只有在个人主义的脉络里才成为问题。本书不打算涉及这场争论，[1] 这里只需指出，政治义务的自愿因素是政治契约论的一个重要理论前提。

第二节　对政治义务的契约论解释

　　假如以上分析正确：政治义务不来自统治者的强力、具有道德内涵、通过个人的自愿行为产生出来，那么，对"为什么我们有义务服从自己国家的法律"这个问题的最简洁的回答就是：我们已经同意这么做了。

---

　　① 关于政治义务的自愿主义因素，周濂有详细的论证，参阅周濂《现代政治的正当性基础》，生活·读书·新知三联书店 2008 年版，第 64—78 页。

遵守诺言的道德规则要求我们履行政治义务，政治义务建立在信守承诺这个道德义务之上。由此可见，契约的模式使得政治义务的道德内涵显得格外清晰。

当然，政治义务是一项代价极高、成本极大的义务，人们不可能无缘无故地赋予政府或国家对自己发号施令的权利，而使自己成为被统治的一方。按照经典社会契约论的进路，在政治社会产生之前，人们处于"自然状态"。在这个状态中，所有人都享有自由和平等，只受自然法的支配。但是，自然状态总有这样或那样的缺陷，尤其是缺乏稳定的社会秩序，并最终发展成令人无法忍受的境地。为了消除那些缺陷，人们在理性的召唤下订立契约，达成协议，建立一个具有公共权力的政治权威，从而脱离自然状态，进入政治社会。

对政治权威和义务的契约论解释，有力地挑战了君权神授的观念。启蒙之前，在西方世界中占据统治地位的是目的论和宗教神学体系。根据这些体系，每个人在这世界上都有自然的或神定的地位，政治义务产生于一个更高的自然秩序或神圣秩序。随着自由平等的观念深入人心，君权神授论不再有说服力。就是那些接受君主制的人也不再相信，君主的统治权是由上帝赋予的。君主们也是凡夫俗子，他们只是碰巧继承或篡夺了一个不寻常的位置而已。

将个人自愿的同意作为政治义务的基础，一方面，在启蒙的语境下更好地解释了为什么人有义务服从政府的统治，为什么"人生而自由却无不在枷锁之中"；另一方面，在赋予政治权威合法性的同时，最大限度地保护了个人自由。政治义务不是人天生就负有的，也不是外力强加的，而是来源于个人意志的表达。人们进入政治社会，不是为了限制和放弃自由，而是为了更好地保护和运用自由。

尽管社会契约论是现代西方政治合法性和政治义务理论的主流，但任何一个了解政治哲学史的人都知道，它不是一个无懈可击的理论。契约的历史真实性一直以来遭人质疑，契约理论家不得不面对的一个事实是：我们难以找到建立最初政府的一纸契约，而且任何现存政府和有据可考的政府都不是建立在契约的基础上。即便政府最初基于原始契约而产生，但它也只能约束当时的立约人，后来世代的人的政治义务从何而来呢？毕竟，除了在加入新国家时必须明确表示效忠的移民，其他土生土长的国民虽然不曾跟别人订立过契约，明确认可政府的权威，但也负有政治义务。为了应对这个问题，洛克引入默认（tacit consent）的概念，以作为明示同意（express consent）的补充。关键是什么样的行为可以算作对政治权威的默认，在洛克看来："只要一个人占有任何土地或享用任何政府的领地的任何部分，他就因此表示他的默认，从而在他同属于那个政府的任何人一样享用的期间，他必须服从那个政府的法律。这不管他所占有的是属于他和他的子子孙孙的土地，或只是一星期的住处，或只是在公路上自由地旅行；事实上，只要身在那个政府的领土范围以内，就构成某种程度的默认。"①

洛克提供的这个"默认"的标准也有明显的问题。休谟敏锐地指出，对于生来就处于既定政府统治之下的人而言，他们中的大部分没有选择的余地。离开故土需要付出极大的代价，以至于根本不构成一个选项。客观地说，只有极少数人有选择离开的机会和能力。因此，在一个政府的领土上生活并不一定构成对政府权威的认可和服从的承诺。休谟写道："对于一个不懂得外国语言和风俗，仅靠一些微薄收入度日的穷苦农民或工匠，我们能认真地说他有选择离开自己国家的自由吗？如果是这样的话，我们也能断言，某人通过停留在船上的方式，自由地同意了船主的支配。即使他是在睡着时被抬上船的，一旦他离开了船，就必定落入海里而溺死。"②

休谟的批评提示我们，没有自由选择就没有真正的同意。在缺少自由的情况下表示的同意只是一种虚假的同意，不具有道德约束力。哈里·贝兰（Harry Beran）列了一张清单，指出只要满足其中任何一个条件，同意或承诺的行为都是虚假的，他把这些条件称为"挫败条件"（defeating conditions）。具体来说，"挫败条件"包括：1. 自由缺失：a. 被威逼胁迫；b. 不适当的影响；c. 被催眠后的建议；d. 利用了囚徒困境。2. 信息不充分：a. 被欺骗；b. 立约人对诺言的某一重要内容处于无知的状态；c. 立约人和承诺人对于语言的内容有极大的误解。3. 能力缺失：a. 立约

---

① ［英］洛克：《政府论》（下篇），叶启芳、瞿菊农译，商务印书馆 2005 年版，第 74 页。

② Hume, "Of the original contract", in *Hume's political essays*, ed. Knud Haakonssen, Cambridge: Cambridge University Press, 1994, p.193.

人精神错乱；b. 立约人的智力暂时地或持续地处于低下状态；c. 立约人不够成熟。①

这里要强调的是，不能将"虚假的同意"与"假想的同意"混淆起来。前者尽管缺乏道德约束力，但却是在现实的情境中做出的；而后者是由理想的立约者在理想的场景中做出的，具有思想实验的性质。

第三节　当代契约论的问题域：道德证成

"假想同意"的观念在当代契约论中有广泛的运用。当代契约论主要是一种关于道德证成（moral justification）的理论，证成的对象可以是个人行动，也可以是社会制度。粗略地说，根据这种契约论的原则，如果理想的行动者（agents）在理想条件下能够就一个社会规则（或制度）达成协议，那么，这条规则就获得了证成。理想化的目的是排除道德无关因素对于行动者选择的影响，而究竟对选择情境做何种理想化的设计，取决于我们对道德或社会正义本身的理解。

也许是因为意识到原始契约的观念疑点重重，康德第一次明确把社会契约描述为一种规范性的理想，而不是一个历史事件。康德提出假想契约的观念，来检验法律制度的正义，他在一篇讨论理论和实践关系的论文中写道："我们无需假定这种契约（原始契约或社会契约）——为了正当（rightful）立法的目的，它把一个民族中所有个人的意志，联合成一个共同的公共意志——作为一个事实真的存在过，因为它不可能存在……它事实上只是一个理性的观念，然而却有毋庸置疑的实践现实性；因为它令每一个立法者在制定法律时都必须使这些法律如同产生于一个民族的统一的意志，把每一个具有公民身份的国民都看作是他已经在这个公共意志内部表示了同意。这是对每一部公共法律正当性（rightfulness）的检验。如果一项法律是如此制定的，以至于整个民族都不可能同意（比如它规定一个特定的阶级必须被赋予世袭统治的特

---

① Harry Beran, *The Consent Theory of Political Obligations*, Croom Helm Publishers Ltd, 1987, pp. 6 – 7. 转引自周濂：《现代政治的正当性基础》，生活·读书·新知三联书店 2008 年版，第 108—109 页。

权），这项法律就是不正义的。"①

　　尽管康德被看作是古典契约论传统的最后一个代表，但他的问题意识已经发生了巨大的转变。当康德追问"全体公民能够同意什么"的时候，他是在提出一个制度正义的标准，而不是政治义务适用于公民的条件。就此而言，康德的这一思想标志着契约论传统的问题域转换。

　　罗尔斯对正义原则的"原初状态"论证更加具体清晰地发展了康德的契约程序。根据罗尔斯的契约论，只要立约者是理性的，并且是在公平的、不偏不倚的条件下订立的契约，那么无论什么样的原则被选择，它都是正义的，这就是"作为公平的正义"的思想，这个思想的基础是纯粹程序正义的概念。所谓纯粹程序正义，即不存在判断结果是否正义的独立标准，而是存在一种公平的程序，如果这种程序被人们恰当地遵守，那么无论出现什么结果，它都是正义的。原初状态所显示的就是这样一个公平的程序。

　　原初状态的设计是契约论的关键环节。尽管罗尔斯承认原初状态对应于传统契约论中的自然状态，但两者的差别显而易见。在传统契约论中，自然状态充当一个底线，一个比较点。自然状态存在各种缺陷，人们在自我利益的驱动下脱离自然状态，进入一个更能让人满意的状态（政治社会）。这一点完全不适用于罗尔斯的原初状态，后者不是一个立约者希望逃避或加以改善的状态。原初状态不是人类所处的某一历史阶段，而是一个"理性的观念"，道德推理的"阿基米德点"。作为一个思想实验，只要我们遵循它所模拟的条件和约束，采取这些约束所能允许的理由进行推理，就能随时进入这个状态。原初状态下的人们订立契约的目标不是进入一种特殊社会或建立一种特殊政体，而是为了选择规范社会基本结构的正义原则。

　　在罗尔斯看来，传统契约论中的自然状态没有吻合公平的要求。一些人总比另一些拥有更高的自然天赋、更多的社会资源，他们会利用自己的优势取得有利于自己的契约结果，而在天赋、资源上处于劣势的人只好妥

---

　　①　Immanuel Kant, "On the Common Saying: 'This May Be True in Theory, But It Does not Apply in Practice'", in *Kant's Political Writings*, ed. Hans Reiss, Cambridge: Cambridge University Press, 1991, p. 79.

协让步。罗尔斯认为，这些优势是不应得的，人们不应该由于自身无法决定的因素而在订立契约时处于有利或不利的地位。为了防止人们在选择正义原则时利用自己的天然优势来为自己谋利，罗尔斯对原初状态进行了巧妙的构思，他将立约者置于"无知之幕"背后，使得他们对某些特殊事实毫不知情。他们不知道自己的自然禀赋（如智力、体力）和在社会中所处的位置（如阶级出身、社会身份），甚至不知道自己对良好生活的看法和具体的人生规划。在对这些个人信息一无所知的情况下，各方选择将深刻影响自己生活前景的正义原则。

第四节　政治义务和道德证成是两个不同的论题

对于这个著名的"原初状态"论证，人们的第一反应通常是：假想的契约没有约束力，因而不能产生义务。罗纳德·德沃金（Ronald Dworkin）在一个被无数次引用的段落中写道："假想的契约不是实际契约的某种形式；它根本就不是契约。"① 说我们在某种假想的状态下会接受某种契约，而这种契约对我们有现实的约束力，这个想法是荒谬的。德沃金的一个例子生动地显示了这一点：

想象一下，在星期一我不知道自己绘画的价值，假如在那时你出100美元我就会接受。星期二我发现自己的绘画很值钱。你不能论证说，让法院要求我在星期三按100美元卖给你，这种做法是不公平的。你没有在星期一购买我的画，这是我的运气，但这不为后来对我的强制提供证成。②

但在笔者看来，这个反驳对当代契约论构不成实质性的挑战，因为它把当代契约论与传统契约论的问题域混为一谈了。对一种政治制度之原则的假想同意，当然不能确立服从和支持这种制度的义务。但要注意的是，

---

① Ronald Dworkin, "The Original Position", in *Reading Rawls*, ed. Norman Daniels, New York：Basic Books, INC., Publishers, 1975, p. 18. 虽然这句话被人们反复引用来批评假想同意的理论，但为了公平起见，我们必须承认，德沃金本人的讨论比这要深入得多。实际上，他并不主张单单从原初状态来理解罗尔斯对正义原则的论证。在他看来，罗尔斯的契约观念背后预设着一个自然权利的理论，正是这个理论赋予契约观念证成力量。

② Ronald Dworkin, "The Original Position", in *Reading Rawls*, ed. Norman Daniels, New York：Basic Books, INC., Publishers, 1975, p. 19.

罗尔斯的契约论本来就不是对政治义务的解释，而是关于调节社会制度的规则的证成方式。罗尔斯诉诸假想同意的观念，试图向他的读者证明两个正义原则的合理性，由这些原则促成的制度是"现实的乌托邦"，而不是告诉他们有义务服从这种制度。

如果政治义务不产生于原初状态中的同意，它到底源自哪里呢？事实上，对政治义务的解释不一定要诉诸现实的同意，罗尔斯就提出了一个不同于传统契约论的解释方案，这就是所谓的"公平原则"（the principle of fairness）。按照公平原则，只要满足下面两个条件，人们就有义务遵从和支持社会制度：（1）这个制度是正义的；（2）他已经自愿接受了这个制度给他带来的好处，或利用制度提供的机会为自己谋利。①

可以说，道德证成（正义）与政治义务之间没有非常密切的概念联系。说一个社会制度是在道德上得到证成的，并不暗示我们有义务支持它。例如，为了论证的需要，我们假设美国的政治制度是正义的。但一个中国公民，即使在美国学习或工作，也不负有相关的政治义务，比如在美国军队里服兵役。正义是我们支持某一制度的好的理由，但不能由此推论出我们负有支持这个制度的义务。这是因为，政治义务具有特殊性，它反映的是特定政治共同体内部公民与公民同伴之间，或公民个体与国家之间的道德关系；而对政府、国家或社会制度的道德评价和证成，并不具有强烈的地方性特征。

也许有人会产生疑问：既然政治义务是一种特殊的道德要求，那么对政治义务的证成毫无疑问也属于道德证成，这样一来，政治义务问题就只是道德证成问题的一个特殊形式，两者之间不存在根本意义的区分。要回应这个质疑，我们需要重新审视：什么是政治义务问题，以及我们通常所谈论的政治义务理论究竟是在何种意义上探讨政治义务。

如前所述，除了无政府主义者，政治哲学家们分享一个假定：所有公民（至少很大一部分）事实上都负有政治义务。他们争论的焦点不是政治义务是否作为一个合理的道德要求而存在，而是政治义务在什么条件下

---

① John Rawls, *A Theory of Justice*, Cambridge MA: Harvard University Press, 1999, p.96. 对政治义务的公平解释，是当代政治义务理论中很有影响力的一支。由于强调个人的自主选择（主动接受好处）是获得政治义务的前提，它和契约论一起被人们贴上"自愿主义"（voluntarism）的标签。这个理论也有自身的问题，不过本书在这里不对此深入讨论。

适用于我们，或者说，我们是如何获得这个义务的。当代主流的政治义务理论，无论是社群主义的认同决定说，还是个人主义传统的契约论、公平游戏论，都是对这个问题的回应。①

为政治义务证成（justifying political obligation）又是怎么一回事呢？在自己犹疑不定时，或在持不同意见者面前，我们需要阐述理由、提供证成。如果我们要证成政治义务，那么潜在论敌应当是以拒斥政治义务为己任的无政府主义者。无政府主义者主要表达的不是他们自己作为个体不负有政治义务，而是政治义务本身就不是一个合理的道德要求，例如他们会论证政治义务侵犯人的自主性。要说服他们，我们必须表明，政治义务在什么意义上是道德上可接受的。为此，功利主义者会试图论证"履行政治义务符合一个政治社会的总体福祉"，当代契约论则尝试证明"政治义务原则能够在公平的契约情境中被立约各方一致同意。撇开证成的力量不谈，这些回答都是可能的理论选项，而前面罗列的那些政治义务理论——传统契约论、公平游戏理论、社群主义——主要不是在这个层面上讨论政治义务。那些标准政治义务理论的目标不是证成政治义务，而是在假定政治义务合理性的情况下，从发生学的角度探讨政治义务产生的条件。换言之，对政治义务的证成（证明政治义务的合理性）属于道德证成的范畴，却不属于通常意义上的政治义务论题。

现在可以总结本章的结论：当代契约论主要不是一个标准的政治义务理论。它的目标不是揭示政治义务的产生条件，而是为规则、制度、实践等提供道德证成。这些证成对象是否具有道德合理性，与人们实际的同意

---

①　很多学者把罗尔斯的"正义的自然责任"原则也解读成一种政治义务理论，例如，周濂说："《正义论》时期的罗尔斯支持政治义务的自然责任解释，这类解释也不主张政治义务的自愿主义性质。"（参阅周濂：《现代政治的正当性基础》，生活·读书·新知三联书店 2008 年版，第 62 页）根据笔者的理解，在罗尔斯那里，引入正义的责任原则，主要地与其说是解释政治义务，不如说是对政治义务的一个补充。罗尔斯在《正义论》中说得很清楚："所有的义务来自于公平原则"（John Rawls, *A Theory of Justice*, Cambridge MA：Harvard University Press, 1999, p. 97.）。但公平原则只能解释担任公职者的政治义务，而"严格说来对普通公民而言没有政治义务"。由于公平原则不能充分解释公民与社会制度之间的道德纽带，罗尔斯引入了正义的责任，这个自然责任要求我们支持和促进正义的制度。与政治义务不同，正义的责任不以履行某种自愿行为为前提。因此，在罗尔斯看来，正义的责任比政治义务更为根本。正义的责任和政治义务为人们在政治共同体中行事提供了两种不同类型的道德理由，前者的存在并不取消后者的自愿性质。

无关。假想的契约没有约束力、无法产生政治义务，对当代契约论而言不是一个缺陷。要合理评价当代契约论，真正紧要的问题是：它是否具有证成的力量，是否提供了一个恰当的对于正义原则和社会制度的证成方式，是否能够与我们关于正义的直觉信念之间达到一种"反思的平衡"。只有带着这些问题意识，我们才有可能去发现当代契约论的盲点和洞见。

第五章 契约论证成的两种进路：
高蒂尔和罗尔斯

在世界观和价值观日益呈现多元化的今天，我们对社会规则和制度的证成，无法诉诸某一个特殊的宗教传统、道德秩序和自然法。这样，如果我们既要肯定人的自主性，又要避免导向虚无主义和相对主义，那么，一个自然的想法就是：社会合作的规则应建基于这个社会上的所有个人的一致同意，这正是当代契约论的基本思想。对社会制度的契约论证成有两种进路，分别继承了霍布斯和康德的传统，高蒂尔（David Gauthier）和罗尔斯是这两个方向上最重要的推进者。我将重点讨论罗尔斯的观点。不过，作为对照，我们先来对高蒂尔的理论做一个简要的阐述和评论。

第一节 高蒂尔的道德契约论

一 契约论 VS 约定论

根据契约论的观念，社会规则和制度的合理性或正义，取决于它们是否被理想条件下的所有相关个人所接受。如果理性的各方能够同意某些规则和制度，而我们又认同这些个人和他们的关切，那么，他们所接受的东西对我们来说也就将是合理的。为什么不直接诉诸现实中人们的同意呢？这是因为，现实世界中存在太多扭曲契约程序公平性的因素，比如信息不对称、力量对比不均衡、存在强制和压迫等，在这些情况下达成的协议不可能是正义的。通过将契约场景理想化，可以屏蔽这些阻碍实现正义的因素。

有学者指出，契约论和其他道德理论的区别在于，"契约论的理论家认为，道德原则是被制作出来的，而不是被发现出来的"。① 这个概括值得商榷。契约观念的理想性、规范性提示我们，契约论不是一个关于现实道德观念如何产生和起源的理论。和其他规范的道德理论一样，契约论展示的是一个道德评价的标准。它非但不试图去说明（explain）现实的观念，而且还为批判现实观念提供根据。为了更准确地定位契约论，我们最好把契约论和约定论（conventionalism）区分开来，尽管它们都运用同意或协议这样的概念。

说道德原则是被人为地制作出来，是一个典型的约定论观点。例如，休谟认为，道德的某些方面来自于约定，他区分了两种道德义务：一种是人的本性使然，来自自然本能的驱动，比如对自己子女的关爱、对不幸者的同情、对施助者的感恩等；另一种则起源于人类的约定，比如正义。这里的约定不是指许诺，否则就会陷入"无穷倒退"，因为信守承诺本身就是正义的一部分，不能说我们信守承诺是因为我们已经承诺过了。休谟写道："如果约定是指一种对共同利益的感觉，这种感觉是人人在自己内心里感受到、在自己同胞身上觉察到、在自己和他人协力时将自己带入一个旨在促进公共的效用的一般行动计划或体系中的，那么必须承认，在这个意义上，正义起源于人类的约定。"② 在休谟看来，我们之所以信守承诺、遵守与财产权有关的那些规定，只是因为，反思和经验表明，如果不这样做，人际交往中的安全和信任就无从谈起，社会就将解体，我们也就享受不到交往与合作的巨大好处。只有通过为了公共利益的共同约定（无需做出明确承诺），正义规则和制度才得以确立。约定的达成有一个讨价还价、相互调整的过程。就好比，为了同时做出划桨动作，同一条船上的两个人必须考虑对方的情况。如果一个人想快些而另一个人想慢些，他们就不得不寻求某种妥协。

约定论的一个优点是能够解释我们现实道德观点中的一些复杂方面。根据我们通常的道德观点，伤害他人是比拒绝帮助他人更糟糕的事情。例如，我们一般认为，医生不能为了救治五个病人的生命而去摘除一个健康的人的器官，从而使他的生命遭受威胁。吉尔伯特·哈曼（Gilbert Har-

---

① 徐向东：《自我、他人与道德——道德哲学导论》，商务印书馆 2007 年版，第 441 页。
② ［英］休谟：《道德原则研究》，曾晓平译，商务印书馆 2010 年版，第 157 页。

man）指出，约定论能很好地解释这个观点。① 根据约定论，一个社会的道德观来自拥有不同资源和能力的人们之间的协议。每个人都能同等地受益于一个互不伤害的约定，但一些人将比另一些人更多地受益于一个互助的约定。资源多、能力强的人很少需要帮助，而且总是处于帮助者的位置；资源少、能力弱的人经常需要别人的帮助，而且很少具备帮助别人的条件。不难想象，弱者迫切需要一个互助的约定，而强者却希望只有一个不伤害的约定，互助的约定则最好没有。不过，对弱者来说，除非达成某种互助的原则，否则他们将拒绝接受互不伤害的原则。因此，考虑到他们的力量对比、谈判筹码，最后妥协的结果应该是一个强的不伤害原则和一个弱的互助原则，这就解释了为什么我们会认为避免伤害他人比帮助他人更加重要。值得注意的是，哈曼在分析完这个例子后做了一个意味深长的补充："我在这里只是试图*说明*（*explain*）我们道德观点中的一个方面。我并不因此就是在*赞同*（*endorse*）那个方面。"②

现在，契约论和约定论的区别已经显而易见了。从形式上看，前者一般诉诸的是假想的同意，后者诉诸真实的同意（准确说属于默认）。更加实质性的差异体现在理论目标上：契约论的目标是道德评价和证成，而约定论旨在说明道德观念的产生和形成。契约论和其他规范的道德理论一样，没有对道德的起源做出承诺，它的力量也不在于对实际道德观点的解释和说明。说契约论表达了一种"道德原则是人们制作出来的"观点，很可能是混淆了契约论和约定论。此外，约定论很容易导向道德相对主义，而我们看不出有什么理由证明契约论和道德相对主义之间有逻辑上的关联。

契约论证成的力量不只取决于同意。很明显，单单一个制度原则在假想条件下获得同意这个事实，并不能推论出我们有理由关注这个原则。设想一群习惯于被奴役的人会同意一种高度专制的政治制度，当然不意味着这种制度对我们来说就是合理的。在契约论的理论结构中，和"同意"一样至关重要的观念还有"什么样的人会同意"以及"基于什么理由同

---

① 参阅 Gilbert Harman, *The Nature of Morality*, New York: Oxford University Press, 1977, pp. 110 – 111。

② Gilbert Harman, "Moral Relativism Defended", *The Philosophical Review*, Vol. 84, No. 1 (Jan., 1975), p. 13.

意"。契约理论家要表明假想契约各方的推理和现实世界中的我们是相关的，必须提供一个恰当的人的观念和实践理性的观念。这两个观念很大程度上决定了契约论证成的力量。事实上，如何规定这两个观念，是区分不同版本契约论的关键所在。

二 高蒂尔契约论的结构

高蒂尔在一篇澄清观点并回应批评的文章中写道："虽然我们不应假定，实际的道德实践和社会制度来自于协议，但我们可以认为，如果个人是完全理性的，每个人都想促进自己的利益（或实现他的实质性目标），能够事先通过自愿的全体一致的协议来集体确定互动的条款和条件，那么，对原则、实践和制度——它们以约束个人的方式支配和架构了人类互动——的恰当的证成性检验（justificatory test）就是，看它们是否将被这些个人所接受。契约论者认为这个检验既提供一个理性的证成，也提供一个道德的证成。"① 这段话是对高蒂尔主要思想的一个提炼。

（一）囚徒困境

高蒂尔试图把一个道德评价的理论建立于理性选择理论之上。他的理性概念是工具主义的，根据这个概念，当且仅当：一个选择是实现行动者目标的最有效手段时，它才是理性的。这个目标可以用人的效用来衡量。如果行动者的选择是一个固定环境中的唯一变量，那么理性选择就是使预期效用最大化的那个选择。然而，如果行动者的选择只是复杂环境下影响结果的若干因素之一，一个使预期效用最大化的选择就未必是理性的。高蒂尔通过"囚徒困境"所展示的互动结构来说明这一点。

"囚徒困境"是博弈论中的一个简单模型。在这个例子中，甲乙两人因涉嫌抢劫被捕入狱。检察官分别告诉他们，他因缺少足够的证据而不能判他们抢劫罪，但他可以很容易地判他们非法进入他人住宅罪，有期徒刑2年。他分别向两人提出一个交易条件：如果他们中一人坦白认罪，而同伙拒绝认罪，认罪者将被释放，同伙被判有期徒刑10年；如果两人都认

---

① David Gauthier, "Rational constraint: some last words", in *Contractarianism and Rational Choice*, ed. Peter Vallentyne, New York: Cambridge University Press, 1991, p. 324.

罪，则各判有期徒刑 5 年。① 这样就可能出现四种情况：

（1）如果甲认罪而乙不认罪，那么甲被释放，乙被判 10 年徒刑；

（2）如果甲不认罪而乙认罪，那么甲被判 10 年徒刑，乙被释放；

（3）如果甲乙都认罪，那么两人都被判 5 年徒刑；

（4）如果甲乙都不认罪，那么两人都将被判 2 年徒刑。

假定甲乙两人都想尽快获得自由，他们应该如何选择——认罪还是不认罪？让我们先从甲的立场进行推理：

A 乙要么认罪，要么不认罪；

B 如果乙认罪，可能出现的情况就只有（2）和（3），对甲来说（3）比（2）更有利，所以甲选择认罪；

C 如果乙不认罪，可能出现的情况就只有（1）和（4），对甲来说（1）比（4）更有利，所以甲仍将选择认罪；

D 无论乙作何选择，甲认罪都将是理性的。

乙所能掌握的信息与甲相同，因而也会通过上述推理得出应该认罪的结论。这样，两人的实际选择将导致情况（3）的出现，即每个人都被判 5 年监禁。显然这不是一个最优的结果，因为还存在着一种可以同时改善两人境况的替代性选择——都不认罪，这样他们都只需被判 2 年就可重获自由。

囚徒困境表明，在这个互动结构中，如果每个人都不加约束地追求自己的利益最大化，那么所产生的将不是一个帕累托最优的结果。② 就如同在霍布斯的自然状态中，为了争夺有限的生存资源，每个人都只图自我保全，都想先发制人，结果导致不堪忍受的战争状态，"人的生活孤独、贫困、卑污、残忍而短寿"。③ 针对这个困境，霍布斯提出一个政治的解决方案：所有人订立契约，将除生命权以外的一切自然权利转让给一个具有绝对统治权的主权者，这个主权者以其强制力限制个人的行动，确保社会和平和秩序，实现人们的共同利益。高蒂尔也诉诸集体协议的观念，但他

---

① 这个囚徒困境的版本参见 David Gauthier, *Morals by Agreement*, Oxford：Clarendon Press, 1986，pp. 79—80。

② 所谓帕累托最优结果，即对于达到这种结果的结构而言，没有一个人的处境可以进一步得到改善，除非恶化另一些人的处境。

③ ［英］霍布斯：《利维坦》，黎思复、黎廷弼译，商务印书馆 1997 年版，第 98 页。

认为不需要建立一个强制性的政治权力来对个人的利益追求施加约束，因为只要人是理性的，就能自觉同意并遵守这些约束。

囚徒困境在人类交往互动中的普遍存在，提示人们有必要彼此合作，约束个人对自我利益的直接追求。同意自我约束是理性的，但没有一个理性的人会同意单方面地约束自己对目标的直接追求。只有假定别人也同意自我约束时，他才会这么做。约束是理性的，意味着它必须是相互的。理性的约束以同样的方式适用于所有人，因而它展示了一种不偏不倚的性质。高蒂尔认为，如果从理性协议中推导出来的约束与传统的道德规则有所重叠，或者说传统的道德规则能够通过理性协议的检测，就足以证明理性的约束就是道德。

（二）理性协议的观念

在规范的意义上，道德作为理性的相互约束通过协议的方式来建立。阐明理性协议的观念包括两个方面：一是刻画自然状态；二是解释契约各方的选择程序。

在高蒂尔那里，协议的当事人是那些有能力向别人提供好处的在世的社会成员，儿童、严重残障者、将来世代的人都被排除在外。协议各方对自己的能力和境况有充分的知识，准备利用自己的知识和能力促进自己的特殊利益。各方都是理性地追求自我利益的人，没有任何道德动机。

高蒂尔将这些人置于一个非合作的自然状态中，也就是初始谈判状态（initial bargaining position）。不过，这个状态受到洛克式条款（Lockean proviso）的限制，禁止损人利己，不允许通过恶化他人的处境来改善自己的境况。① 因此，初始谈判状态承认私有财产，保护个人权利。为什么要用洛克式条款限制初始谈判状态呢？为什么不把它简单地定义成一个非合作的状态呢？在高蒂尔看来，约束（道德规则和社会制度）必须能够被各方理性地同意并遵守，而基于非合作状态达成的协议不能满足这个条件。尤其是，对于那些非合作互动（non—cooperative interaction）的受害者——例如那些由于受到他人的侵犯而处境变糟的人——来说，遵守这种协议是不理性的，不符合自身的利益。与洛克诉求自然权利的做法不同，高蒂尔是在理性选择的基础上捍卫这个条款的。

---

① David Gauthier, *Morals by Agreement*, Oxford: Clarendon Press, 1986, p. 205.

确立了初始谈判状态，接下来的任务是就合作盈余（cooperative surplus）的分配进行讨价还价。谈判的问题是按照各方都能理性地接受的方式，从给定的一组可行的选项中挑选出一个选项。解决这个问题就是要规定一个选择的程序，最著名的一个解决方案是由约翰·纳什提出来的。[①]根据他的方案，如果一个选项使每个人从合作中获得的净效用（超出初始谈判状态的那部分效用）的乘积最大化，那么选择它就是理性的。理性协议的目标是在这样一个选项上达成共识。例如，有两个谈判者，他们有四个可行的选项：〈20，20〉、〈100，50〉、〈60，60〉和〈30，100〉[②]。按照纳什的理论，他们在〈100，50〉这个选项上达成协议是理性的，因为 $(100-20) \times (50-20) > (60-20) \times (60-20) > (30-20) \times (100-20)$。

高蒂尔声称：契约各方理性的选择方案应当是所谓的最大相对让步最小化原则（principle of minimax relative concession）。就某个选项来说，一个人的相对让步可以用这个式子表达：$(U3-U2) / (U3-U1)$。U1 表示他在初始谈判状态的效用，U2 表示他让步后实际得到的效用（如果这个选项被采取），U3 表示他起初要求的也就是最想得到的效用，$(U3-U2)$ 表示他实际所做让步的绝对数量，$(U3-U1)$ 表示他如果彻底妥协，放弃取得合作盈余的权利时，将要做出的让步的绝对数量，如果 U3 = U2，则说明他没有做任何让步。根据高蒂尔的方案，在上面的那个例子中，选择〈60，60〉这个选项是理性的，因为 $(100-60) / (100-20) < (100-50) / (100-20) < (100-30) / (100-20)$。

高蒂尔的解决方案基于如下的考虑。[③]假设有一群人，他们都同意相互合作，以产生出一个合作盈余，提升每个人的效用。在合作之前需要达成一个理性的协议来规定对合作盈余的分配。于是，他们开始讨价还价。每个人所要求的是初始谈判状态中拥有的效用与一定比例的合作盈余的效

---

①　关于纳什方案参见 Peter Vallentyne, "Gauthier's three projects", in *Contractarianism and Rational Choice*, ed. Peter Vallentyne, New York：Cambridge University Press, 1991, p. 8。

②　第一个选项表示初始谈判状态，其他三个选项表示各方根据不同规则开展合作的情况。括号内的数字分别代表了该选项使两个谈判者获得的效用值。

③　参阅 Peter Vallentyne, "Gauthier's three projects", in *Contractarianism and Rational Choice*, ed. Peter Vallentyne, New York：Cambridge University Press, 1991, p. 9。

用之和。每个人都想获得尽可能多的合作盈余，但同时也认识到，他只能提出一个别人能够接受的要求，否则就达不成共识，失去合作的机会。理性要求人们做出一些让步。如果一个人不愿意做出让步，那么他也不能期待别人做出让步。高蒂尔认为，只有在最大的相对让步最小化的情况下，理性的人们才能达成协议。在大多数情形中，这个原则要求每个人做同等的相对让步。这个方案背后的直觉观念是，一个人所作的相对让步越大，他抱怨的理由（ground of complaint）也就越强。使最大的相对让步尽可能地小，就是最大程度地削弱做出最大相对让步的一方不满的理由。只有在这种情况下达成协议才是理性的。

（三）契约论和稳定性问题

确立了初始谈判状态（受洛克式条款限制的非合作状态）和谈判方案（最大相对让步最小化原则），就可以对社会规则和制度进行道德评价，看它们能否从理性协议的观念中推导出来。正义就是各个理性主体所能集体同意的对自己利益追求的一系列约束。然而，一个制度是正义的，但却不一定稳定。也就是说，个人不一定有足够的动机来遵守这个制度。我们在第二章已经论证过：稳定性是制度证成的一个不可缺少的考量。契约论相对于功利主义的一个巨大优势就在于，它不仅关注制度的正义，而且重视制度的稳定性。契约理论家不仅考虑制度能否被理想条件中的人们所同意（正义），而且考虑制度在确立之后能否被遵守（稳定）。同意是一回事，遵守是另一回事。

由于利己主义的人性假设，稳定性问题通常被视为对霍布斯主义理论的一个重大挑战。在霍布斯主义的理论中，既然人们可能为了自我利益达成协议，那么同样有可能为了更大的自我利益而违反协议。在别人已经遵守协议约束自己行动的情况下，如果我们违反协议，显然能够获得更大的利益。举个熟悉的例子：甲、乙两人事先同意互相帮助来粉刷他们的房屋，当甲帮助乙粉刷好以后，乙决定不再帮助粉刷甲的房屋似乎就是理性的（假设他不需要担心甲的报复或惩罚）。霍布斯笔下的"愚人"无疑会支持乙的做法，他们认为"守约不守约，只要有助于个人利益，就不违反理性"。[①]单纯理性的个人缺乏足够强烈的动机去服从任何一项正义的

---

① ［英］霍布斯：《利维坦》，黎思复、黎廷弼译，商务印书馆 1997 年版，第 109 页。

制度，这意味着，霍布斯主义的契约论框架无法用于评估制度的稳定性。要想解决稳定性问题，唯一的办法似乎就是放弃那个狭隘的人的观念。为了反驳这一点，霍布斯和他的后继者试图表明：即便是自利的个人，也能够遵守协议。理性和自利不是遵守协议的障碍，相反，它正是遵守协议的动力。

先来看霍布斯对愚人的反驳。霍布斯提醒愚人，一个选择是否是理性的，取决于预期而非实际结果。一般情况下，倾向于违反协议的人不能理性地期望一个谋求和平的社会将接纳他，除非接纳他的人看走了眼，没能辨认出他的真面目。就算他侥幸得手，那也是运气帮助他达到了有利的结果，这不能证明其选择（违反协议）是理性的。此外，把自己的生存寄托于别人的错误判断上是违反自我保全的理性的，一旦别人修正了判断，他就会被逐出社会，遭到毁灭。

霍布斯的论证表明，通过诉诸直接效用最大化的考量来决定是否遵守协议的倾向本身就是不利的，原因是：这意味着他随时可能为了更大的自我利益而违反协议、破坏合作，如果别人知道或怀疑他具有这种倾向，就会把他从合作中排除出去，使其丧失合作的机会。违反协议的倾向是不理性的，即使它导致的选择有时能提升个人利益。

通常人们认为霍布斯解决稳定性问题的一个对策是，通过赋予国家惩罚背叛行为的权力，来加重违反协议的代价。这样我们在决策时就不得不把受罚的风险纳入考虑，从而迫使自己遵守协议。高蒂尔显然对这个方案并不满意。首先，利用国家权力强制人们遵守协议，是一种政治的而非道德的解决方案。在这种条件下，即使权力不会腐败，人们也不能获得一个最优的结果，因为每个人都得承担一定比例的成本，以维持权力的有效运作。相反，如果每个人都自愿遵守协议，情况会好得多。其次，这个方案面临一个逻辑上的问题。在霍布斯那里，国家本身就是原始协议的产物，它又如何能保证协议的有效性呢？实际上，国家的存在以人们遵守协议为前提，如果人人都不遵守协议，国家就不会产生。

高蒂尔区分了两种选择倾向：直接的最大化（straight maximization）和受约束的最大化（constrained maximization）。愚人就是具有直接利益最大化倾向的人，只有当合作的效用不小于违反协议的效用时，他们才会采取合作的方式，否则就会为了直接促进自我利益而违反协议，剥削那些遵守协议的人。受约束的最大化是指：在能够产生合作盈余的情况下，只要确信他人遵守协议，人们就倾向于遵守协议，在协议的约束下追求利益最大化，而不去计算背叛是否更有利。受约束的最大化者只会与和他们有同样倾向的人合作，如果确认自己所面对的是一个具有直接最大化倾向的人，他们会毫不犹豫地拒绝合作。

高蒂尔论证说，如果社会上受约束的最大者足够多，而且我们的品性充分透明（每个人都对他人的选择倾向有准确无误的认识），那么采取受约束的最大化倾向是理性的。理由是，愚人将被轻易地辨认出来，成为不受社会欢迎的人，丧失合作获利的机会。合作只会发生在受约束的最大化者之间，他们将成为受欢迎的合作者。虽然他们在遵守协议时可能放弃了本可以获取的利益，但在总体上比那些不加限制地追求效用最大化的人获益更多，因为他们拥有更多的机会。①

这样一来，霍布斯主义者不但打破了个人理性和制度稳定性之间的那种张力，而且还一劳永逸地论证了任何正义的制度都将是稳定的，因为理性的个人——也就是受约束的最大化者——会出于长远的自我利益来遵守正义的制度。在这个理论框架中，只要一种制度被证明是正义的，那么它必然就是稳定的。理性的自利既是制度正义的基础，也是稳定的保证。

（四）互利和正义并非总是一致

高蒂尔契约论的要点是：理性的人们通过讨价还价，建立约束个人行动的规则，从而达到一种帕累托最优的结果，使得每个人都从合作中获利（相对于不合作的情况），而这些规则就可以被当作是道德和正义的规则。借用布莱恩·巴瑞的术语，我们将这个理论称为"作为互利的正义"（justice as mutual advantage）。撇开高蒂尔运用博弈论和理性选择理论的一些细节，我们集中考虑这样一些问题：理性协议是否提供了一种恰当的证成方式？实现互利的规则和制度一定是正义的吗？讨价还价的契约模式能否与我们关于"平等待人"的直觉相融贯？

我们很难同意理性协议（rational agreement）的观念提供了一个恰当

---

① 这个论证是初步的，它依赖于一个很强的假定：人的品性充分透明。这明显违背我们的生活常识，具有背叛倾向的人很可能伪装起来使我们难以识别。考虑到这种情形，高蒂尔又探讨了当人的品性是半透明时，在何种条件下，受约束的最大化倾向是理性的。参见 David Gauthier, *Morals by Agreement*, Oxford：Clarendon Press, 1986, pp. 175 – 178。

的道德证成的方式。对于制度的道德评价而言，这个观念至少是不充分的，它无法为弱者的正义诉求提供证成。由于与之合作无利可图，旨在实现互利的契约一开始就把那些软弱无力的人（比如儿童、残疾人等）排除在外了。弱者被置于正义的领域之外，这显然不吻合我们关于平等待人的直觉。在我们看来，弱者无力提供好处、易受伤害，不是取消了而是强化了他们的正义诉求。一个社会对待弱势群体的方式，反映了这个社会的正义程度。

高蒂尔之所以认为理想协议产生的约束是道德的，部分是因为这些约束和传统的道德规则有重叠之处。但这个理由太弱了。我们通常理解的道德规则与旨在实现互利的相互约束之间的重叠部分相当有限。弱势群体无法在社会合作中做出实质性的贡献，并不妨碍我们应该对他们给予尊重。承认和保护弱者利益的规则和制度，对强者并不有利，因为他们本可以轻易地侵犯弱者的利益而不用担心报复。

就算遵从正义的规则能够促进互利，也不能推出促进互利的规则就是正义的。尽管达成协议后，各方的利益相对于非合作的情况都有提升，并在此意义上达到一种互利的局面，但并不因此就实现了正义。按照霍布斯主义的理论，协议的内容取决于个人讨价还价的能力。可以预见的是，它将更倾向于体现强者的利益。说一个偏向强者利益的规则和制度是正义的，严重扭曲了我们对正义的一般理解。我们相信，人与人之间的力量对比不是考虑正义问题的一个相关因素。没有理由认为正义就是要求强者得到更多的权利和自由。根据各方的力量对比来安排社会结构，意味着让很多偶然因素——诸如天赋、出身、运气——来决定人的生活前景。一个人由于缺乏运气而在社会结构中处于不利地位，这是不公平的。运气对个人命运的影响是不可避免的，而社会制度的正义取决于是否缓和而非反映这种影响。

强弱分明的人们达成的理性协议，即使带来帕累托最优的结果，也不一定是正义的。假设有两个国家 A 和 B，A 是一个超级大国，军事实力强大，B 是一个弹丸小国，只有十分有限的国防力量，但却拥有一种十分稀缺的自然资源。现在，A 国下定决心要得到这种资源。有两种互动方式朝这两个国家敞开：一是战争，二是签署协议，确定 A 国取得那种资源的所有权。在理性选择的意义上，后者是两个国家的最佳选项。对 A 国来说，尽管可以采取战争手段，但兵不血刃地达到目标无疑是上策；对 B 国来说，在抵抗无望的情况下，选择屈服至少能够减少一些生命和财产损失。两个国家签订的协议，避免了惨烈的战争，某种程度上实现了互利（以战争状态作为对照），但我们能否说它就是正义的呢？我们之所以认为这是不正义的，是因为，将 B 国拉上谈判桌的行为本身就是道德上可疑的。正是 A 国追求不正当的利益，才使得 B 国维护自己的权利不构成一个现实的选项。所谓的合作、互利，是在 B 国保护自己正当权利的可能性已经失去情况下才出现的。协议的前提不正义，决定了协议的内容不可能是正义的。

上述分析表明：互利既不是正义的必要条件，也不是正义的充分条件。不过，高蒂尔有时会加上一个限制条件："道德来自于平等者之间的理性协议。"① （粗体为笔者加）这里的平等不是人们在道德地位上的平等，而是谈判和博弈能力的平等。当然，这不是说霍布斯主义者相信现实世界中人们在这些方面的能力是平等的，而是说，在他们看来，道德只有在这种力量均衡的情况下才是可能的。高蒂尔诉诸这个明显违反事实的假定，试图避免《理想国》中色拉叙马霍斯的那个著名论断——"正义是强者的利益"。

归根到底，高蒂尔的契约论把规则和制度的正义还原成个人理性的自我利益。由此引申出来一个对道德动机的解释：我们遵守正义的规则和制度，仅仅是因为这样做符合我们的利益。当诉诸自利来考虑制度的稳定性或人服从制度的动机时，我们不仅使合作，而且使与我们合作的人只具有工具性的价值。他人被视为实现我们自己利益的手段。这表明，基于利益的契约论无法容纳一个"人具有内在价值"的观念，进而也就不能与平等待人的直觉相融贯。从道德的观点看，人的重要性不在于创造出特定的利益。人本身就是目的，平等待人要求人们赋予他人和自己同样的道德地位。简·汉普顿（Jean Hampton）认为，正是由于错失了人的内在价值这个观念，霍布斯主义的契约论难以成为一个可接受的道德理论。② 事实上，高蒂尔关于理性人的假定、对理性选择的强调，使我们不清楚，这个

---

① David Gauthier, *Morals by Agreement*, Oxford：Clarendon Press, 1986, p. 232.

② Jean Hampton, *The Intrinsic Worth of Persons：Contractarianism in Moral and Political Philosophy*, ed. Daniel Farnham , New York：Cambridge University Press, 2007, p. 11.

理论在什么意义上是一个道德理论。

第二节　阿玛蒂亚·森对"理性人假设"的批评

经济学是当今显学，被公认为科学化、精密化程度比较高的一门社会科学学科。经济学对流行观念的最大影响，非"理性人假设"莫属。[①] 不难看出，高蒂尔的道德契约论也存在这样一个"理性人假设"。根据这个假设，人是追求自身利益最大化的"理性人"。只有单纯追求自我利益最大化的选择才是理性的，行动者如果没有专注于促进自己利益的实现，他的选择就违反理性。当代著名思想家、诺贝尔经济学奖获得者阿玛蒂亚·森（Amartya Sen）对这种以自利为导向的理性观提出批评，并在此基础上阐发了一种新型的理性观。森的思想理路深刻展示了理性的复杂性和多维性，有助于我们拓展对理性这个重要哲学概念的理解，进一步反思霍布斯主义契约论的理论限度。

一　自利不是理性选择的唯一考量

基于自利的理性观通常被追溯到英国古典经济学家亚当·斯密（Adam Smith）。斯密在《国富论》中关于"看不见的手"的著名论述加深了人们的这种印象。他认为，个体追求自利的行为通过市场交换的机制可以带来利他的结果。例如，面包师起早贪黑，烤出美味的面包，使顾客受益，并非出于对顾客的关爱之心，而是为了赚钱养家。

然而，森通过细致的文本研究发现，斯密对人类动机的丰富性其实是有充分认识的，他所描述的自利行为仅限于经济领域。众所周知，斯密不仅是经济学家，也是伦理学家；他不仅是《国富论》的作者，还写出了《道德情操论》这样的伦理学经典。斯密在《道德情操论》开篇就写道："无论人们会认为某人怎样自私，这个人的天赋中总是明显地存在着这样一些本性，这些本性使他关心别人的命运，把别人的幸福看成是自己的事情，虽然他除了看到别人幸福而感到高兴以外，一无所得。这种本性就是怜悯或同情，就是当我们看到或逼真地想象到他人的不幸遭遇时所产生的

---

① 陈嘉映：《何为良好生活：行之于途而应于心》，上海文艺出版社 2015 年版，第 37 页。

感情。"① 除了同情之外，斯密还讨论了其他一些非自利的动机，例如慷慨、人道、公正、热心公益等。显然，基于这些动机展开的行为在人类生活中广泛存在，没有理由认为这些行为都是不理性或丧失理智的。这样看来，传统的理性观似乎过于狭隘，它无法为这些看上去并非出于自利的行为提供辩护。

自利的理性观试图通过拓展对自利的理解，来容纳同情之类的行为动机。根据这种解释，同情本质上仍然属于自利行为。自利不仅和个人的消费和享受相关，而且也可能涉及他人的福利状况。对于具有同情心的人来说，他人的处境会深刻影响到自己的利益。他人福利状况的改善能提升自己的利益，他人处境的恶化则会损害自己的利益。例如，当我们看到地震灾区残垣断壁的惨象、人们悲痛欲绝的场景时，通常内心会产生不适感，这种不适感降低了我们的福利水平。如果我们束手旁观，会感到良心上过意不去。为了缓解和消除不适感，我们决定对灾民施以援手，帮助他们重建家园。按照这种扩展的自利观，出于同情的援助行为，归根到底是以自我利益为导向的。同情没有超越对自我利益的追求，它仍然可以在传统理性选择理论的框架下得到解释。

森认为，传统的理性选择理论尽管有所修正，但仍然是有缺陷的，它无法涵盖一些在我们直觉看来并非不理性的行为。在一篇早期论文中，森对同情和承诺（commitment）这两个概念做了区分。"前者是指这样一种情形，对他人的关注直接影响自己的福利。如果知道折磨他人使你感到不舒服，这就是同情；如果折磨他人没有让你感到利益受损，但你认为这样做是错的，并且准备制止这种行为，这就是承诺。"② 所谓同情，就是把别人的快乐当作自己的快乐，把别人的痛苦当作自己的痛苦。出于同情的行为，本质上是为了缓解自己的痛苦、增加自己的快乐，因而可以与自利行为归为一类；而基于承诺的行为，则彻底切断了行为选择和自我利益之间的关联。具有承诺动机的人在做选择时，并没有精心计算自我利益的得失。一些动物保护主义者致力于保护某些受威胁的和濒临灭绝的物种（例如花斑

---

① ［英］亚当·斯密：《道德情操论》，蒋自强等译，商务印书馆2014年版，第5页。

② Amartya Sen, "Rational Fools: A Critique of the Behavioral Foundations of Economic Theory", *Philosophy &Public Affairs*, Vol. 6, No. 4, 1977, p. 326.

猫头鹰），并非出于自我利益的考虑，甚至也不是出于对人类利益的关切。事实上，对人类来说，这些动物在地球上的存在与否，并非是一件性命攸关的事情。当然，如果保护工作卓有成效，人们会感到欣慰和快乐；如果这些物种仍然难逃厄运，人们会感到失望和沮丧。但是，如果因此就说动物保护主义者所做的一切是出于心理上的趋乐避苦，那就严重违反了事实。

承诺在社会生活尤其是道德实践中广泛存在。我们能够观察到的很多行为，与其说是自我利益的驱动，不如说是基于责任感，而责任感正是承诺的一种类型。关于责任的考量完全有资格构成社会中理性行为的重要基础。这里，森引用了释迦牟尼关于"有效权力的责任"（the obligation of effective power）的观点。如果我们拥有能够减少社会不公的力量，那么我们就有充分的理由这样去做。释迦牟尼认为，力量越大，责任越大。我们对动物负有责任，恰恰是因为我们比它们强大很多。这种力量上的不对等关系，不是我们剥削其他物种的理由，而是强化了我们关照它们的责任。需要强调指出的是，这种将责任纳入考虑的行为决策方式并非不理性。相反，明确意识到自己的责任，是一个理性的社会成员的重要标志。由此看来，把自利视为理性选择的唯一考量是很不恰当的。

二　自我目标并非理性选择的唯一基础

鉴于自利的理性观存在种种疑点，一些学者从"自我利益"转向"自我目标"的概念，指出对理性选择具有核心意义的不是自我利益，而是自我目标。森将这种观点称之为"自我目标的选择观念"（the idea of self - goal choice）。根据自我目标的选择观念，行动者的选择应当最大限度地追求自我目标的实现，而超越自我目标的选择则是违反理性的。

同自利的理性观相比，完全建立在自我目标之上的理性观看上去更为宽泛。毕竟，自我目标这个概念能够比自我利益蕴含更多的内容。佩蒂特（Philip Pettit）论证说，森所强调的"承诺"行为可以在这种最低限度的理性选择理论中得到解释。按照佩蒂特对森的解读，"承诺意味着将自己的目标放在一边，按他人的目标行事"。① 而按他人的目标行事，实际上

---

① Philip Pettit, "Construing Sen on Commitment", in *Rationality and Commitment*, ed. Fabienne Peter and Hans Bernhard Schmid, Oxford University Press, 2007, p. 28.

也就意味着按自己的目标行事。因为，只有当人们把他人的目标当作自己的目标时，才有可能去追求他人的目标。哪怕是一个"想他人之所想、急他人之所急"的利他主义者，终究也是要推动自己目标的实现。这样看来，基于承诺的利他行为，也只是追求自我目标的一种形式。

　　然而，森认为，即使是这种最低限度的理性选择理论也无法完全容纳承诺行为。他指出："理性要求你应当一心一意根据自己的目标行事（仅仅受到非自我施加的约束），否认这一点并不意味着你必须致力于推动他人的目标。"① 在森看来，承诺的核心特征在于打破选择和自利之间的联系，而一个不去衡量和计算自我利益得失的行为，未必就是在追求他人的目标。有时，我们的行为是出于对某种社会规范的尊重（适当的妥协、宽容、让别人做他们喜欢做的事），尽管这种行为客观上有助于实现他人的目标，但这并不表明我们自己也认可和追求这种目标，并把它视为自己的目标。因此，基于承诺的行为并不局限于单纯对自我目标的追求。

　　森的一个例子能够很好地说明承诺行为偏离自我目标选择观念框架的可能性。假设你坐在飞机上一个靠窗的位置，遮阳板在这个晴天是打开的。你很享受此刻的阳光。这时坐在你旁边的人要求你拉下遮阳板，这样他可以清楚看到电脑屏幕，畅快地玩电脑游戏。在你看来，玩游戏是件无聊透顶的事情，纯属浪费时间，无益身心。你更乐意把手头最新的报纸借给他看，因为你觉得关心国家大事比玩游戏更有意义。尽管你有这些想法，但还是决定礼貌地答应那个游戏迷的要求，于是拉下了遮阳板。

　　如何评价你的这个行为？森指出，我们和很多与自己有着不同理想和趣味的人共同生活在这个世界中，这是一个需要正视的事实。我们有必要将别人的利益和目标纳入考虑。只要没有造成什么严重后果，我们在大部分时候应该成人之美，让别人追求他们喜欢的事物，决定自己的生活方式，而不是斤斤计较、逢利必争。这种宽容大度的行为对于一个体面的社会人来说是明智的，没有什么愚蠢或违反理性的地方。

　　在上面的例子里，你之所以同意邻座的要求，是因为你尊重并遵从一种礼貌、宽容的行为规范。这种规范限制了你追求自我目标（享受阳光）

---

① Amartya Sen, *The Idea of Justice*, Cambridge MA: Harvard University Press, 2009, pp. 191 – 192.

的倾向。那么，原先的自我目标受到限制，是否就意味着你转向别人的目标，据此形成新的自我目标呢？森认为并非如此。你拉下遮阳板的行为，确实有助于实现旁边那个人的目标（玩电脑游戏），但这并不意味着你自己也欣赏这个目标，并将其视为自己的目标加以推动。实际上，你对玩电脑游戏毫无兴趣，也不希望他把时间浪费在这件事上。因此，你的行为既不是追求自我目标，也不是追求他人目标，而是纯粹出于行为规范的考量。你认为这样做是得体的、恰当的，所以决定这样去做。总之，在森看来，理性选择不局限于对自我目标的追求，一味追求自我目标不是理性选择的必要条件。自我目标选择的观念尽管比自我利益的观念更加宽泛，但同样无法充分地刻画理性决策的要求。

为什么人们应当且能够超越对自我目标的追求呢？这个问题主要和认同感（the sense of identity）密切相关。人们处于种族、民族、家庭、职业、政治共同体等各种社会群体当中，这些社会群体有些是自愿加入的，有些是"被抛"（借用海德格尔的术语）进去的。无论何种群体，它都赋予人们特定的身份，而身份影响着人们看待自己的方式，它意味着人们不必把自己当作是唯一的、孤立存在的自我。人们的行为选择依赖对自己身份的理解，很多时候人们会在身份的基础上，根据对群体的认同进行选择，群体的规范、成员的责任等方面的考量会压倒自我利益、自我目标的考量。

三　批判性反思：理解理性概念的新视角

传统的理性选择理论预设的是一个能够享受和追求利益，拥有目标并努力推动目标实现的自我。在森看来，这样的自我观念反映的是对人的一种极其狭隘的认识。他指出："人不仅是一个能享受自己的消费、感受并欣赏自己的福利、拥有目标的实体，而且还能检视自己的价值和目标，并根据那些价值和目标进行选择。"[1] 人的这种自我反思和论证的能力，在传统理性选择理论那里没有得到应有的重视，而这恰恰是对理性选择来说具有根本意义的东西。归根到底，与理性选择具有概念联系的，不是追求一个既定的目标，更不是追求一种自我利益（无论采取何种方式去界定

---

[1] Amartya Sen, *Rationality and Freedom*, Cambridge MA: Harvard University Press, 2002, p. 36.

自我利益），而是一个批判性反思的过程。

　　基于这种观点，森对理性概念给出了一个正面的阐释："选择的理性就是将我们的选择或显或隐地建立在一种思考之上，在这种思考过程中，我们的选择能够经得起批判性的审视（critical scrutiny）。"① 简言之，所谓理性选择，就是对选择者而言经得起批判性审视的选择。也就是说，只要经过一番全方位、批判性的反思之后，选择的理由仍然成立、能够站得住脚，这样的选择就是理性的。在这个意义上，对我们来说理性的选择，就是我们有强有力的理由做出的选择。理由的类型是多元的，可以是自我利益，也可以是道德关切、政治理想、群体规范。没有一种考量在理性思考中占据支配性的地位或具有决定性的力量，理性选择者未必是追求自我利益最大化的"经济人"，也不一定是坚持无私奉献的道德主义者。当然，也没有一种考量被理性思考排除在外，不管是自利还是非自利的因素都能够存在于理性思考的空间。如果有人为了实现某种社会价值而牺牲自己的利益，我们绝不能草率地把这种行为称为"非理性"。森认为，面对各种理由和考量，如何权衡如何取舍，这些事情交由选择者本人完成，没有一个外在的标准对之做出规定，更没有一个简易的理性标准从一开始就对某些类型的理由和考量关上大门。

　　这种以"批判性反思"为核心的理性观既严格又宽松。严格之点在于，它要求选择者进行一种全方位的批判性反思。理性不仅用于寻找实现既定目标的最有效手段，而且也用于反思这些目标本身。目标是否正当？是否值得追求？是否和其他目标兼容？这些都是理性选择者需要考虑的问题。忽视这些问题，仅仅专注于自我目标的实现，很难算作真正的理性。设想一个人正在试图把手伸进关老虎的笼子里，别人问他为何如此鲁莽。他回答说，触摸老虎是他的目标，和"百兽之王"的近距离接触将是非常刺激和难忘的人生体验。毫无疑问，他现在的行为（把手伸进虎笼里）有助于实现这个目标。然而，我们因此就能说他的选择是理性的吗？显然不会。我们之所以不愿意承认他做出了理性的选择，原因就在于，他没有对自己的选择做出全面的批判性反思，尤其是对自己的目标考虑不周，没有想到触摸老虎可能带来的灾难性后果。事实上，如果他希望日后的生活

---

① Amartya Sen, *The Idea of Justice*, Cambridge MA: Harvard University Press, 2009, p. 180.

不至于太悲惨，就应该放弃这样的目标。

为了说明理性思考的全面性这一特征，森不仅借助手段—目标这种传统的行为分析框架，还提出了关于终极结果（culmination outcomes）与全面结果（comprehensive outcomes）的概念区分。传统理性选择理论——无论是诉诸自利还是自我目标——实质上是一种后果论，即以行为选择造成的结果作为判断其是否理性的标准。森对广义上的后果论并无异议，在他看来，对行为的结果敏感没什么错，关键是对"结果"概念的理解。我们应该对"结果"有一个更加丰富的认识。森认为，在理性选择和决策中，仅仅盯住终极结果是不够的，我们要关注的是全面结果。森写道："这种结果包括所采取的行动、相关的能动性（agency）、所经历的过程等，以及被视为与过程、能动性和关系相分离的简单结果，也就是我所说的终极结果。"[1] 这意味着，全面结果不仅只是一个最终的结局，它除了包含事态（the state of affairs），还涉及这样一些信息：谁造成了这种事态，通过什么样的方式和过程引发了这种事态等。理性选择者不仅要关注选择可能会带来的最终结果，还要考虑产生这个结果的过程，自己在这个过程中扮演的角色以及需要承担的责任。按照这种"全面后果"的观点，当决定是否要向广岛和长崎投放原子弹时，杜鲁门政府不仅要能预期日本政府宣布投降、战争结束这个理想结局的实现，还必须考虑为了达成这个结局所采取的方式和经历的过程（包括妇女儿童在内的几十万日本平民死伤），以及它对这个悲剧所要承担的责任。

从手段到目标、从终极后果到全面后果，森的理性观似乎对选择者提出了非常严苛的要求。难道我们在每次选择时，都要进行一番面面俱到的批判性思考吗？如果这就是理性的要求，生活将是难以忍受的。我们没有那么充裕的时间，可以从容地反思和审视每一个选择。现实生活中，我们有很多事要做，不可能总是进行理性的思考。很多时候我们需要追随直觉、本能和习惯。鉴于此，我们最好把森的理性观视为一种评价标准而非决策程序。批判性审视提供了衡量一个选择是否理性的标准：这个选择只要在批判性反思之后仍能成立，它就是理性的。承认这一点，并不意味着人们每次在做这个选择时都应该把所有相关因素前前后后考虑一遍。将理

① Amartya Sen, *The Idea of Justice* , Cambridge MA：Harvard University Press, 2009, p. 215.

性思考的结果转化成不断重复的习惯，是我们基本的生活经验。例如，有人经过理性的思考，相信早上起床后喝一杯清水有益于身体健康，于是他养成了这样的习惯，每天起床后都会不假思索地倒水喝。这不是不理性的行为，尽管他此时没有把喝水的理由彻彻底底地考虑一遍。森的理性选择理论并不排斥本能和习惯，前提是这些本能和习惯能够经受住批判性的反思。否则，它们就需要修正甚至放弃。

另一方面，由于森的理性观并不导向唯一的选择结果，从而又显得比较宽松。如前所述，根据这种新的理性观，选择者在选择过程中拥有相当大的自由，能够自主权衡各种理由和考量。在选择者的批判性审视开始之前，理由的空间是敞开的，没有一种类型的理由被预先屏蔽。这样一来，选择的结果很大程度上依赖于选择者本人的思考推理。如果张三经过通盘考虑，决定即使自己做出重大牺牲，也要追求所向往的社会价值，那么这个选择就不能说是不理性的；如果李四经过审慎的思考，决定尽可能实现自己的个人利益，那么我们也很难说这不是一个理性选择。选择者的关切不同，价值观不同，对理由的取舍不同，因而在相似的选择情境下也可能产生不同的选择结果。但只要这些选择能通过选择者本人批判性反思的检验，它们就都是理性的。

四　对"批判性反思"的批判性反思

这里有一个实践层面的问题，森没有给出明确的解决方案，那就是：如何判断选择者确实进行了批判性反思？如何确定选择者的行为是经过自己细致审查的结果？显然，我们无法赋予选择者自行判断的特权。因为，生活经验告诉我们，人对自己的判断难免出错。我们有时真诚地相信自己考虑得很周详，但实际上仍有疏忽。当局者迷，旁观者清。很可能出现这样的情况：选择者声称自己认真进行了反思，而在旁观者看来，他没有把某些重要的关切纳入考虑。对一个盲目自信而又拥有特权的选择者来说，他甚至会宣称任何一个选择都符合理性的要求。如此一来，理性概念就失去了它应有的评价功能，作为旁观者的我们根本无法有意义地做出他人选择是否符合理性的评论。如果不赋予选择者自行判断的特权，就需要运用一种相对客观的标准，帮助我们来确定选择者是否进行了全方位的批判性反思。当旁观者与选择者的判断出现分歧时，我们可以诉诸这个标准做出公正的裁决，也可以用它来说服那些顽固的选择者重新审查自己的行为。无论如何，对于以"批判性反思"为核心的理性观而言，缺少一个批判性反思的判断标准，不能不说是它的一个盲点。

除了实践层面的问题，还有一个理论问题更值得我们进一步反思：这种超越自利的新型理性观能否为正义理论奠定可靠的基础？

毫无疑问，理智（reason）概念在正义理论中扮演重要角色。当代不少哲学家都在理性选择理论的框架下发展道德和政治理论。罗尔斯对两个正义原则的著名论证，就是诉诸人们在"原初状态"下的理性选择。早期罗尔斯甚至宣称："正义论是理性选择理论的一部分，也许还是最重要的一部分。"① 森在《正义的理念》开篇也强调理智思考和正义理论之间的联系，他明确指出："一种正义理论要求将理智（reason）引入对正义和不正义的诊断中。"② 作为研究者，我们必须从源自正义感的泛泛而谈转向对正义问题的理智分析和判断。关键问题是，何种形式的理智思考能够支撑正义理论？

简单来说，社会正义就是指每一个社会成员都能得到平等的关注和尊重。"平等待人"是我们关于正义的核心直觉，任何正义理论都需要和这个直觉之间达成一种"反思的平衡"。事实上，正如德沃金指出的，每一个具有可信度的正义理论都分享着同一种基本价值——平等。在此意义上，它们都是"平等主义"理论，只是以不同的方式表达平等待人的理念罢了。③ 因而，关于正义的理智思考应当采取一种"不偏不倚"的形式。④ 事实上，森也意识到了这一点，他写道："用于分析正义要求的理智思考，将包含基本的不偏不倚性的要求，这也是正义和非正义思想中不可缺少的部分。"⑤ 然而，遗憾的是，森自己的理性观并没有体现正义所要求的不偏不倚。

---

① John Rawls, *A Theory of Justice*, Cambridge MA: Harvard University Press, 1999, p. 15.

② Amartya Sen, *The Idea of Justice*, Cambridge MA: Harvard University Press, 2009, p. 5.

③ ［加］威尔·金里卡：《当代政治哲学》（上），刘莘译，上海三联书店 2004 年版，第 7 页。

④ 亚当·斯密的冷静无私的观察者、罗尔斯的"原初状态"的思想实验、哈贝马斯的理想商谈情境，都在某种意义上体现了不偏不倚性。

⑤ Amartya Sen, *The Idea of Justice*, Cambridge MA: Harvard University Press, 2009, p. 42.

　　基于以上分析可以看出，森的一个重要洞见是将道德关切和社会价值纳入理性思考的空间，从而突破了自我利益和自我目标的狭隘界限。但同时我们应当看到，森的理性观赋予选择者很大的自由，使得选择者能够自主地对各种理由的力量进行权衡，决定理性选择的结果。人的批判性反思会采取不尽相同的形式。在森看来，不偏不倚的因素有可能压倒其他类型的考虑，也有可能在理性的思考后被丢到一边。批判性反思过程本身是价值中立的，它并不一定导向对每一个相关者的平等关注，一个阿玛蒂亚·森意义上的理性选择者未必会作出公平的判断。

　　就此而言，尽管以"批判性反思"为核心的理性观极大拓展了我们对理性的理解，但相对发展正义理论的要求来说显得过于宽泛。为了构建一种有吸引力的正义理论，我们需要对理性概念加以规范性的补充，使之成为可资利用的概念资源。在这方面，包括罗尔斯在内的一些学者的工作能够给我们带来有益的启发。罗尔斯在《政治自由主义》中提出了一个相对平衡的人的观念。他指出，良序社会的公民不仅理性（rational），而且讲理（reasonable）。罗尔斯所说的"理性"，接近于森批评的那种传统理性观。但需要指出，罗尔斯不仅把理智的思考（reason）理解成理性（rationality），还理解成"讲理"（reasonableness）。[1] 罗尔斯对"讲理"作出了这样的解释："人们如满足以下条件就在一个基本方面是讲理的，在与平等者相处时，他们准备提出一些原则和标准作为公平的合作条款，并且自愿遵守这些原则和标准，如果确信别人也将这么做的话。"[2] 在这个语境下，"讲理"是同正义感这种道德能力联系在一起的。说一个人是讲理的，就是说他拥有一种正义感，准备采取一种公平的立场和他人进行合作。

　　罗尔斯不是第一个区分"理性"与"讲理"的哲学家，他在阐述"讲理"概念的过程中引用了一位叫西布里（W. M. Sibley）的哲学家的观点。西布里在20世纪50年代的一篇论文中，就明确区分了"理性"与"讲理"。在西布里看来，相比"理性"，"讲理"具有更多的道德色彩。

---

　　① 从历史上看，西方哲学经历了一个从 reason 经过 rationality 再到 reasonableness 的思想演化过程。关于这段概念史的考察，参阅童世骏：《理性、合理与讲理——兼评陈嘉映的〈说理〉》，载《哲学分析》2012 年第 3 期。

　　② John Rawls, *Political Liberalism*, New York: Columbia University Press, 1996, p. 49.

西布里指出："知道一个人倾向于以讲理的方式行动，我们就可以推论出，他将以公道原则支配自己的行动，而从这种公道原则出发，他和受到这个行动影响的其他人能够共同进行理智的论辩。"① 此外，当代著名道德哲学家斯坎伦（T. M. Scanlon）对"讲理"概念也有充分的重视和发挥，他写道："在试图达成某个集体决策时，当我们说某个人不讲理，我们的意思是，他或她拒绝将他人的利益纳入考虑。"② 斯坎伦的言下之意是，讲理之人能够超越自我的视角，站在他人的立场上看问题，考虑他人的关切和利益。讲理之人不仅仅关注"什么是对自己的好"，而且关注"什么是对所有人同等地好"。讲理之人在辩护自己的观点和行动时，往往诉诸的是公共理由，而不是个人的利益和偏好。不难看出，这种"讲理"的素质和能力，正是分析评判正义问题所必备的。

总而言之，森对传统理性观的批评是具有说服力的。但在理解正义这个问题上，相比森的以批判性反思为核心的"理性"概念，"讲理"是更为可靠的理智思考形式。在发展正义理论的过程中，我们应该进一步发挥的是"讲理"而非森的"理性"概念。我们将在讨论罗尔斯的契约论时，回到"理性"与"讲理"的区分。

第三节　重新理解罗尔斯的契约论思想

罗尔斯对于当代政治哲学的重要性是毋庸置疑的。说他的理论重要，意思不是每个人都同意他的观点，而是说，几乎每个人都是在回应他的观点的基础上提出自己的观点。罗尔斯捍卫的制度理想不会使人感到陌生：宪政民主制，赋予基本权利和自由优先性，促进机会平等，关注最低收入。罗尔斯的理论创新并非是提出一种实质性的正义原则。事实上，除了调节收入和财富分配的差别原则，这些原则的内容在自由主义传统的其他哲学家那里（比如康德和密尔）都可以找到。罗尔斯的贡献在于对这些原则和制度所做出的哲学论证，而这个论证的基本框架就是契约论。罗尔

---

① W. M. Sibley, "The Rational Versus the Reasonable", *The Philosophical Review*, Vol. 62, No. 4, 1953, p. 560.

② T. M. Scanlon, *What We Owe to Each Other*, Cambridge MA: Harvard University Press, 1998, p. 33.

斯这样评论自己的工作："我的目标是提出一种正义观，这种正义观概括了人们所熟知的，并由洛克、卢梭和康德加以运用的社会契约论，并将这个理论推向一个更高的抽象层次。"① 可以说，罗尔斯的契约论是 20 世纪最引人注目的哲学成就之一。

通常，只要一提起罗尔斯的契约论，人们就会想到那个著名的原初状态论证。对罗尔斯契约论的无数分析和批判，都集中于这个论证。② 然而，我想指出的是，原初状态的论证只是罗尔斯整个契约论思想的一部分。这个论证固然重要，但如果只关注它，忽视它和其他观念之间的联系，就会遮蔽罗尔斯的很多要点。指出这一点，有助于澄清关于罗尔斯契约论的很多误解。

一　原初状态表征良序社会

罗尔斯在回应德沃金关于假想契约的反驳时，明确阐述了原初状态的作用，他写道："原初状态的意义在于，它是一个表征装置（a device of representation），或者说，一个旨在达到公共和自我澄清的思想实验。"③ 既然原初状态是一个表征装置，那么很自然地会产生一个问题：它究竟表征了什么？这个问题将我们引向良序社会（well - ordered society）的观念。

良序社会有三个基本特征：（1）每个人都接受——且知道他人都接受——相同的政治正义原则；（2）社会基本制度满足这些正义原则，每个人都有好的理由相信这一点；（3）公民拥有一种有效的正义感，使他们能够理解并运用正义原则，遵从社会基本制度。良序社会表达了一个契约论的理想，即一个社会上的所有人都能同意并服从这个社会的正义原则和制度框架。罗尔斯指出："一种正义观对于良序社会的适合性，提供了

---

① John Rawls, *A Theory of Justice*, Cambridge MA：Harvard University Press, 1999, p. 10.

② 罗尔斯的学生、《论文集》的编者塞缪尔·弗里曼是一个例外，参阅 Samuel Freeman, *Justice and the Social Contract*, New York：Oxford University Press, 2007, p. 4；Samuel Freeman, *Rawls*, London and New York：Routledge, 2007, p. xi。

③ John Rawls, *Justice as Fairness*, ed. Erin Kelly, Cambridge, MA.：Harvard University Press, 2001, p. 17.

一个比较各种政治正义观的重要标准。"① 也就是说，一种正义观及其规范的制度框架的合理性，取决于它们是否适用于一个良序社会；要为一种正义原则及其制度框架提供证成，就是要表明，它能够得到社会上每个公民的同意和服从。因此，良序社会——而非原初状态——才是我们理解罗尔斯契约论思想的一个恰当的起点。罗尔斯的契约论不可能脱离良序社会的观念得到理解。至于原初状态，我们将看到，它是对良序社会的表征、反映、模拟，它的证成力量依赖于良序社会观念的吸引力。

下面，我将从良序社会的观念出发来重构罗尔斯的契约论证，并考察原初状态在整个论证框架中所扮演的角色。我认为，只有从良序社会的观念出发，才能清楚地看到罗尔斯和高蒂尔的那个契约论版本之间的差异。同时，这番讨论有助于消除现存的误解，彰显罗尔斯思想中的洞见。

我们在上文已经提到，人的观念和实践理性的观念对于契约论的证成框架至关重要。罗尔斯从民主社会的政治文化中，提炼出一个自由、平等的道德人的观念。公民具有两种道德能力：（1）正义感的能力（a capacity for a sense of justice），指理解和运用一种正义观，并根据这个观念行事的能力；（2）善观念的能力（a capacity for a conception of the good），指形成、修正、理性地追求自己利益的能力。两种道德能力对应着实践理性的两个方面：讲理的（reasonable）与理性的（rational）。

在罗尔斯那里，区分"理性"与"讲理"的重要性怎么强调都不过分。我们在日常语言中也可以感受到这两个概念之间存在的差异。考虑这样一种情形：在奥运会的排球比赛中，一个教练在了解赛程安排和竞争对手的胜负关系后发现，他的球队已经锁定一个出线名额，而再赢下一场球的话，就会位列小组第一。不过，这样他们将在淘汰赛中首先面对一个打法相克的球队。为了避开这个难缠的对手，教练决定让球员故意输掉最后一场小组赛。对于这个教练，我们会说，就获得好名次的目的而言，他是理性的（rational）；但考虑到这样做可能扰乱正常的比赛秩序，损害其他球队的利益，我们说他并不讲理（reasonable）。

"理性的"是指单个人能够根据对于总体生活计划的重要性协调和排

① John Rawls, *Justice as Fairness*, ed. Erin Kelly, Cambridge MA. : Harvard University Press, 2001 , p. 9.

序各种目标，采取实现目标的最有效手段。理性的行动者不一定是纯粹自利的，他们所追求的目标可能也包含别人的利益。说一个人是理性的，不排除他对周围的人或所在的共同体抱有真挚的情感。在上面的那个例子中，如果把球队在奥运会上获得好名次当作是国家利益的话，我们可以说那个教练是爱国的。但是，单纯理性的行动者缺乏一种真正意义上的"道德的眼光"，即考虑正义问题——什么是对所有人同等地好的——的视角，缺乏一种跳出自己立场看问题的能力。

相比而言，"讲理的"是一个更加富有道德意义的概念。一个人是"讲理的"，就是说他愿意和人讲道理、讨论问题，愿意在他人面前为自己赞成的行动或制度提供证成，主张以理服人而非以力服人。而要讲理讨论，就必须学会诉诸公共的理由，跳出自己的个人立场，采纳他人的视角（甚至每一个人的视角），考虑行动、制度、政策对包括自己在内的每个人福祉的影响。合理或讲理的品格与利己主义无法兼容。罗尔斯从两个方面来刻画公民的"讲理"品格：首先，"准备提出原则和标准作为公平的合作条款，并且准备自愿地遵守这些原则和标准，只要确定他人也同样这么做"；① 其次，承认判断的负担，接受合理分歧的存在。讲理之人不会指望在有关哲学、宗教、人生观的任何问题上都能和别人取得共识。讲理要求人们在一些场合下，对持不同意见者采取宽容态度。

理性与讲理是可以相容的两种品质，两者对于民主社会的公民来说都是不可缺少的。单纯讲理的人缺少一个能够赋予自己人生意义的计划和目标，单纯理性的人无法把他人的利益纳入考虑，缺少一种正义感和合作精神。罗尔斯的这个思想表达了一种比较平衡的、直觉上更有吸引力的关于人的思想，它既不过分高调（讲理不等同于利他主义），也不过分低调（承认人有道德意识，拒绝经济学、社会决策理论中的那种"理性人假设"）。这样，如果我们依据良序社会的观念来看待罗尔斯契约论的话，那么，在这种契约情境中，立约者既是讲理的，也是理性的；既拥有公共的视角，也拥有个人的视角。与实践理性的两个方面相对应，存在两个契约论的论证：对制度正义的论证诉诸讲理的同意；对制度稳定性的论证诉诸理性的同意。

---

① John Rawls, *Political Liberalism*, New York: Columbia University Press, 2005, p. 49.

二　对制度正义的论证：讲理的同意（reasonable agreement）

我们首先来看对制度正义的论证方式。契约论的一个思想基础是纯粹程序正义的概念。所谓纯粹程序正义，就是说没有一个设定好的判断结果是否正义的独立标准，但存在一种公平的程序，只要人们遵循这个程序，那么，出现的任何结果都是正义的。良序社会中人们的讲理同意显示了这样一种公平的程序。在讨论正义原则的过程中，各方的目标是正义，不是自利。每个人都采纳一个道德的视角，从是否平等关注和尊重所有人利益的角度来提出和评价一个原则。基于个人视角的理由，比如说我们占据一个特殊的社会地位，属于一个特殊的社会群体，拥有一个特殊的良好生活的观念，都不能用于支持和反对一种社会制度和原则。没有人试图运用自己的知识和能力促进自己的特殊利益，不存在基于自利的讨价还价，最后达成的共识不反映各方的力量对比。这样，如果一种原则或制度能够得到有关各方的合理同意，它就是正义的。

既然我们可以诉诸良序社会中人们的"讲理的同意"来检验一种制度的正义性，为什么还要采取原初状态的论证呢？这是因为，罗尔斯不仅提供一个制度证成的方式，而且要捍卫一种实质性的正义原则。① "讲理"是一个包含大量直觉理解的概念，无法从中推导出一个确定无疑的结论。很难让人清楚地看到，罗尔斯的两个正义原则——而不是其他什么原则——是讲理之人一致同意的结果。而借助理性选择理论，可以尽量少地诉诸直觉，可以明确显示各种原则和制度孰优孰劣。因而，要想直接显示两个正义原则相对其他原则的优越性，最好的方法就是取消立约者的道德动机和视角，以便其专注于理性选择。当然，我们必须在理性选择的情境中植入"讲理"因素，使理性的各方在此限制下进行选择，否则就无法模拟出讲理同意的结果。这些考虑激发了原初状态这个思想实验的产生。

原初状态是一个分析装置，用于模拟和推导良序社会中人们讲理同意

---

① 两个正义原则的内容是：（1）每个人都应对最广泛的平等基本自由的总体系拥有一种平等的权利，这个自由体系应与所有人拥有的自由体系相容；（2）社会和经济的不平等应该这样安排，使它们（a）在与正义的储存原则相一致的情况下，符合最不幸者的最大利益；（b）在机会的公平平等条件下，向所有人开放职务和地位。参阅 John Rawls, *A Theory of Justice*, Cambridge MA: Harvard University Press, 1999, p. 266。

的结果。为了确保原初状态中的选择不偏离讲理同意的结果，公民实践理性的两个方面都必须在原初状态的设计中得到反映。首先，原初状态中各方的慎思模拟了良序社会公民的理性（rationality）。各方在理性慎思中不诉诸预先给定的正当和正义原则，而试图选择最符合自身利益的正义原则；其次，原初状态中的结构性因素模拟了良序社会中公民的讲理（reasonableness），最显著的特征是无知之幕。原初状态中的立约者对自己的个人信息几乎一无所知，他们不知道自己的自然禀赋（如智力、体力）和在社会中所处的位置（如家庭出身、社会阶层），甚至不知道自己有什么样的善观念（conception of the good），有何种具体的生活计划。在解除无知之幕之后，他可能发现自己是社会上众多人中的任何一个。各方在这种情况下选择将深刻影响自己生活前景的正义原则和制度。无知之幕模拟了良序社会中公民的合理性，使得毫无道德动机的立约者尽管只是在做理性选择，却无法偏向一己之利。为了避免一个无法忍受的生活前景，各方的选择必须同等地关照社会上每一个人，包括弱势群体的利益。无知之幕的设计旨在保证，各方理性选择的结果具有不偏不倚的性质。

这里要强调的是，在罗尔斯那里，对于制度的道德证成有根本意义的是良序社会中的"讲理的同意"，而非原初状态中的理性选择。后者作为思想实验，只是帮助我们来模拟和确定讲理同意的结果。一旦得出结果，这个分析装置就可以放到一边了。如果只是从原初状态的方面来理解罗尔斯的契约论，人们就有理由反驳说，这个选择和他们是不相干的。因为，原初状态中的人的观念和人们的自我理解相去甚远。我们为什么要关注自己根本不认同的人，在一种不可思议的假想状态中所做出的选择呢？

归根到底，就两个正义原则而言，真正的证成基础在于它们是良序社会中自由、平等、理性、讲理的公民所能够同意的。如果说两个正义原则具有一定吸引力的话，那部分是因为我们认可良序社会中的公民理想。如果原初状态不能准确地模拟良序社会的情形，不能反映与良序社会的联系，它就失去了证成力量。以原初状态作为理解和评判罗尔斯契约论的切入点，从一开始就走错了方向。而要想对罗尔斯的契约论提出真正的挑战，就得设法表明，良序社会中公民的讲理的同意不是一个恰当的检验正义的标准。

三　对制度稳定性的论证：理性的同意（rational agreement）

我们在第二章的结尾部分得出结论：稳定性是制度证成的一个不可缺少的维度。根据罗尔斯，在一种社会基本制度的正义性得到证明以后，紧接而来的工作就是论证它的稳定性。缺少一个稳定性的论证，一个制度证成理论就是不完整的。

罗尔斯认为，当一种社会基本制度及其体现的正义观念能够产生自我支持的力量，它就是稳定的。这种力量主要不是来自社会成员的物质利益，而是他们的道德动机和正义感。如果生活在一种正义制度下的人们无法形成服从这种制度的动机和欲望，这种制度就是不稳定的，进而也就不能得到证成。

罗尔斯的稳定性论证分为两个阶段：第一个阶段，是道德心理学的论证，目的是表明，在由两个正义原则所规范的良序社会中，公民能够获得一种正义感，即运用和遵守正义原则及其制度要求的欲望；第二个阶段，可以称为契合论证（congruence argument），目的是证明正义感与个人的善（personal good）相容，甚至构成个人善的一部分。和契约论进路相关的主要是契合论证。

契合论证并不试图表明无论一个人的欲望和境况如何，正义感总是理性的。如果理性（rational）的意思只是能够根据对总体生活计划的重要性对各种目标进行排序，使其融贯而不冲突，并采取实现目标的最有效的手段，那么，正如休谟认为的那样，正义和理性没有必然的联系：一个不正义的人未必是不理性的。罗尔斯写道："重要的是不要将这个问题（论证正义感的善）和向一个利己主义者证明成为一个正义的人的合理性（justifying being a just man to an egoist）混淆起来。……我们关注的是采取正义立场的确定欲望的善。我假定良序社会的成员已经具有这样的欲望。问题在于，这种规范性的情感是否和他们的善相一致。"①

这里自然会产生一个问题：生活在一种正义制度下的人们能够获得正义感，形成为正义本身而行动的欲望，似乎就足以表明这种制度的稳定

---

① John Rawls, *A Theory of Justice*, Cambridge MA: Harvard University Press, 1999, pp. 497 – 498.

性。既然如此，为什么还要诉诸契合论证呢？原因在于，在罗尔斯看来，拥有正义感并不意味着人们能够始终一贯地按正义要求行事。有时候，正义的要求对大部分人来说过于严苛。正义感可能与人们的其他欲望、目标相冲突，而一旦冲突的话，人们可能会为了后者而牺牲正义，进而损害制度的稳定性。因此，确证正义原则及其规范的制度具有稳定性，就必须表明正义本身就构成了人们善的一部分。

契合论证用契约论的语言表述就是：如果一种原则或制度能够得到所有社会成员的理性同意，它就是稳定的。良序社会的公民不仅讲理（reasonable），而且理性（rational）。"讲理"是一个判断正义的公共视角，"理性"则是一个判断个人的善的视角。理性地认可一种业已证明为正义的制度，就意味着这种正义制度和个人的善是一致的；人们遵从正义制度、根据正义感的要求行事，本身就是好生活的一部分。仅当正义和善相契合，才能期望公民一直保持正义感，遵守正义制度的要求，从而维持制度的长期稳定。

作为契合论证的背景，有必要先来了解罗尔斯提出的一个心理学的法则，这就是所谓的"亚里士多德主义原则"（Aristotelian Principle），大意是："如其他条件相同，人们总是从运用他们已经实现的能力（天生的或经过训练获得的能力）的过程中获得愉悦，而且这种愉悦随着能力的实现程度或其复杂性的增加而增加"。[①] 这个原则意味着，人们不只会追求感官上的快乐。在基本需求得到满足的情况下，在自己能力范围之内，人们更愿意运用高阶的能力，从事更加复杂精微的活动，并从中获得更大的快乐。这个原则也许并不能解释人们在某一个特殊时刻的特殊选择，但却能有效地解释人们规划自己生活的一般性目标和活动。比方说，在多数情况下，当面临两个可能的职业选择，人们会偏向技术含量更高的工作，即便它们的收入回报相同。如果亚里士多德主义原则成立的话，那么，只有将这个原则纳入考虑，一个人的生活计划才是理性的。发展和运用那些高阶能力必须在理性的生活计划中占据核心地位。

罗尔斯认为，正义感是公民的基本道德能力之一，属于高阶的能力。它包含了运用正义原则证成自己的主张，并根据正义原则行动的能力。这

---

① John Rawls, *A Theory of Justice*, Cambridge MA: Harvard University Press, 1999, p. 374.

些能力不是一下子掌握的，而是可以不断地加以训练和提升。这样，根据亚里士多德主义原则，人们把发展正义感当作生活计划中的一部分是理性的；换言之，对个人来说，正义感本身就是一种善。

然而，高阶能力不止正义感一种，科学探索、艺术创造、体育竞技都属于这样的能力。没有一个人能够把所有能力都发挥到一个很高的层次。人们发展某种能力是否是理性的，取决于他的天赋、环境、兴趣等因素。不同个人应当发展的能力是不一样的。篮球对姚明来说也许是一个理性的人生道路的选择，但对大部分人而言就并非如此。这样的话，为什么说发展和运用正义感的能力对每个人来说都是理性的呢？此外，为什么要赋予正义感相对其他人生目标和欲望的优先性？[①] 为什么我们不能以牺牲正义为代价实现其他目标？

在《正义论》中，罗尔斯对他的正义理论做出了一个康德式的解释。康德认为，人是自由平等的理性存在者。当一个人的行动原则最能充分表达这一本性时，他就是自主的（autonomous）。罗尔斯指出："原初状态可以被看作是对康德的自主观念和绝对命令的程序性解释。"[②] 对原初状态（立约者及其选择情境）的描述，模拟了康德式的人的观念，模拟了人的两种道德能力——正义感和善观念。在原初状态中被选中的原则，也就是两个正义原则，可以看成是我们作为自由平等的理性存在者，自己给自己制定的法则。根据这些原则行事，表达了道德行动者的本性，体现了康德意义上的自主。遵从正义原则的要求，是一种内在的善，而且是最高的善，因为它关系到我们每个人真实自我的实现。只有按照正义原则来行动，并赋予其优先性，才能表现出我们作为自由平等的理性存在者的本性。违背正义，就意味着丧失了人之为人的尊严，我们的自我价值感和自尊将遭到伤害。基于这种康德式的解释，依据两个正义原则及其制度要求来行动，是关注个人福祉的公民所能理性同意的。

罗尔斯在《正义论》中的稳定性论证预设了一个很强的康德主义的

---

① 正义感的优先性，说的是正义考量整体看来在实践理由的体系中所占据的地位；它并不意味着正义的要求在任何时候都要压倒个人的目标和追求。在有些情况下，自我利益的理由压倒某一种特定的道德要求是合理的。比如说，为了准备一场重要的考试而违背参加朋友聚会的承诺。

② John Rawls, *A Theory of Justice*, Cambridge MA: Harvard University Press, 1999, p. 226.

思想：道德自主是一种内在的、最高的善。然而，很明显的，在一个多元社会中，不是所有人都是康德主义者，不是每个人都会把自主当作生活中最重要的一种善。指望每一个公民对正义原则的认可都基于康德主义的理由是不现实的。在一个虔诚的基督徒看来，服从上帝的意志、增添上帝的荣耀才是一种真正的善，自主只不过反映了理性的自负。到了《政治自由主义》，罗尔斯认识到康德主义的契合论证存在严重缺陷，因而调整了稳定性论证的思路。在这个新的解决稳定性问题的方案中，核心概念是"重叠共识"（overlapping consensus），大致意思是说：各方理性地认可一种政治正义观，但却是基于各种伦理、宗教、形而上学学说所提供的不同理由。这些整全性学说（comprehensive doctrines）一般都包含了一个好生活的观念。重叠共识不是各种相互冲突的学说、观念之间相互妥协的结果，也不会随着各方力量对比的变化而变化。罗尔斯相信，他所提出的正义原则和制度框架，是社会上追求不同生活方式的人们都能加以尊重的，持不同伦理观点、价值观念的人们都能获得充分的动机来服从这些原则和制度。

内格尔指出："政治理论中的证成必须分两次向人们做出：首先是对占据非个人立场的人；然后是对在一个从非个人观点看可接受的体系中占据特殊角色的人。这并非屈从于人的邪恶或软弱，而是必要地承认人的复杂性。忽视第二个任务，就是冒一种贬义的乌托邦主义的危险。尝试第二个任务，并非放弃政治理论中道德证成的首要性，而只是承认，和非个人的证成（impersonal justification）一样，个人的证成（personal justification）也在道德中发挥作用。双重证成的要求是一个道德要求。"①

这段话可以解读成对罗尔斯整个契约论思想的一个概括。内格尔所说的非个人和个人立场，对应于罗尔斯所说的实践理性的两个方面。"讲理"代表了公民的非个人或者说公共的视角，"理性"则相当于公民的个人视角。通过这样重新解释罗尔斯的思想，我们可以看到：原初状态的论证不代表罗尔斯契约论的全部，甚至不是一个主要的方面。说罗尔斯的证成方式是契约论的，主要是因为他将良序社会中的公民的同意，当作制度证成的标准。而制度证成的两个维度——正义和稳定——通过公民的两个

---

① Thomas Nagel, *Equality and Partiality*, New York：Oxford University Press, 1991, p. 30.

视角先后得到检验。

第四节　两种契约论版本之间的一些对照

一　人的观念和理由的观念

在高蒂尔的契约论版本中，人是理性的，只有一个个人的视角。这意味着，人们能够根据对总体生活计划的重要性对自己的各种目标进行排序，并懂得采取最有效的手段达到目的。理性的人所采纳的理由是以行动者为中心的（agent - centered），必须参照行动者现有的欲望和目标。① 如果人仅仅是理性的，就不存在独立于欲望和目标的理由。这种关于人和理由的观念暗示，除非可以满足行动者既有的欲望和目标，道德规则和社会制度本身没有直接提供理由的力量。

当代一些哲学家支持类似的观点。菲丽帕·福特（Philippa Foot）和伯纳德·威廉姆斯都倾向于认为，行动的理由依赖于行动者的主观条件。一个人是否有理由按道德要求行事，取决于他是否关心正义，是否具有良善的品格，是否对别人的痛苦感同身受。如果一个人缺少这些动机和欲望，他就没有理由依照道德要求行动。这时，他是不道德的，但并非不合乎理性（rationality）。福特进一步分析指出，人们之所以把道德当成一种"绝对命令"，赋予其特殊的尊严和必然性，认为道德能够直接提供行动的理由，都是社会教育和灌输的结果。

尽管这些哲学家强调人的欲望和目标的内容是开放的，以行动者为中心的理由不一定就是自利，但这种关于人和理由的观念仍然过于狭隘。正如塞缪尔·弗里曼（Samuel Freeman）所说："实践的理由不只是激发个人行动的规范性考量，而且还有一个超出个人特殊关切的证成性的方面（justificatory aspect）。"② 说一个人有理由做某事，不只是说做这件事有很强的内在动力，能够满足行动者的特殊欲望和目标，还可能意味着：这件事符合道德规则和社会建制的要求，是可以在其他社会成员面前得到证成

---

① 参阅 Samuel Freeman, *Justice and the Social Contract*: *Essays on Rawlsian Political Philosophy*, New York: Oxford University Press, 2007, p. 20。

② Samuel Freeman, *Justice and the Social Contract*: *Essays on Rawlsian Political Philosophy*, New York: Oxford University Press, 2007, p. 21。

的；根据社会的规范系统，他的目的和手段都是正当的。如果一个人的行动偏离了社会的规范系统，我们就可以说他没有理由这样行动；或者说，这样做是"不讲理的"（unreasonable），不管他的欲望是什么。实际上，目的和欲望也是社会规范评价的对象。从这个意义上说，伤害无辜平民的恐怖行动，无论如何都是毫无道理，没有理由可言。

社会的成员身份而非孤立的行动主体的角度，是考虑理由问题的一个很自然的出发点。人本身就是社会性的存在者，很难想象，脱离了社会关系，没有一个普遍认可的规范体系，我们会变成什么样子。现在可以看出，行动的理由有两个来源：一方面是行动者个人的情感、欲望、目的、利益等；另一方面是独立于行动者的道德规则、社会建制。忽视了后者，就失落了人的社会性存在这个维度。在公共空间中从事讲理讨论、运用公共理由为自己的选择提供证成，是一个合格的社会成员必须具备的能力。不过要注意的是，社会制度提供行动理由的事实，并不意味着人们无法对社会制度本身进行评价和批判。制度和人之间有一种复杂的双向互动关系。

制度评价只对已经处于社会合作中的人们敞开，社会成员身份及其相应的公共视角是考虑制度正义问题的前提。从一个非社会状态中的孤立个体的视角出发，很难达到正义所要求的那种不偏不倚。因此，在罗尔斯那里，就正义问题达成共识的人，既不同于传统契约论中处于自然状态中的人，也不同于高蒂尔意义上的那个准备在谈判桌上讨价还价的人。罗尔斯关于人的观念，来自民主社会的政治文化。根据这个观念，人不仅是理性的，也是讲理的。协议各方能够超越个人的视角，达到公共的视角，把其他所有人的利益纳入考虑。对他们来说，不仅有行动者中心的理由，也存在着行动者中立的（agent – neutral）理由，即独立于行动者欲望和目标的公共理由。

二　契约的目标：互利 VS 正义

由于高蒂尔假定人是完全理性的，所以，契约的目标是互利，而不是正义。各方通过合作提升自己的利益（以非合作状态中的情况为比较点），达到一个帕累托最优的状态。理性的协议（rational agreement）被当成制度证成的一种方式，只是因为，在高蒂尔看来，互利的规则和通常的正义观念有所重合。这个观点的缺陷是显而易见的。我们在上文已经论证过，正义和互利的观念之间存在紧张。互利不一定导向正义，在某种意义上，互利不排除剥削和奴役。

现在的问题在于是不是所有契约的实质都是互利？如果是这样的话，我们就不得不承认，契约论很难被认为是一个恰当的制度证成的进路。日常语境中的"契约"加深了这种印象，它所显示的是这样一幅场景：人们基于各自利益的考虑，经过谈判协商，形成一种具有合作关系的联合体（association），实现经济上的互利互惠；如果不能获利，就没有订约与合作的必要。可见，霍布斯主义的契约观念和通常意义上的契约观念几乎如出一辙。玛莎·努斯鲍姆（Martha C. Nussbaum）指出："对社会契约传统来说，互利是一个核心观念：各方为了互利而脱离自然状态。罗尔斯接受了这个观念，以及与之关系紧密的对各方能力相对均等的解释。"①

努斯鲍姆的这个评论对罗尔斯并不公允。尽管罗尔斯和高蒂尔都宣称秉承契约论的传统，但他不像高蒂尔那样在日常意义上运用契约的观念。事实上，罗尔斯明确区分了在社会基本结构内部缔结的特殊协议（particular agreements）和以规范社会基本结构的正义原则为内容的初始协议（initial agreement）。②

在一个社会基本结构内部订立的特殊协议，建立在各方的资产、能力、机会和利益的基础之上。是否订立契约、参与合作、成为一个特定联合体中的成员，取决于各方的选择。如果经过审慎的计算之后，发现无利可图，人们就可以拒绝进入这种合作关系。而在对社会基本结构的原则本身进行集体选择的初始协议中，各方的社会成员身份是给定的。人从一开始就被假定为社会性的存在者，不合作不是一个可行的选项，参加社会合作对自己是否有利的问题根本就不会产生。人们关注的真正焦点在于：公平合作的条件是什么，什么样的合作规则是正义的，合作产生的利益和负担应当如何分配。与传统契约论中的"自然状态"不同，原初状态以及它模拟的良序社会中的公民地位不是一个缺陷明显、有待改善和提升的状

---

① Martha C. Nussbaum, *Frontiers of Justice Disability*, *Nationality*, *Species Membership*, Cambridge MA: The Belknap Press of Harvard University Press, 2006, p. 156.

② 参阅 John Rawls, *Political Liberalism*, New York: Columbia University Press, 2005, pp. 275 - 278。

态，不提供一个计算个人利益得失的基点。这样，通过区分特殊协议和初始协议，我们就可以看到：互利在罗尔斯的契约中并不扮演重要角色，互利并非对所有版本的契约论而言都具有核心意义。罗尔斯关于人的"讲理"（reasonableness）的假定，使得以正义为主题的契约得以可能。

三　理论立场：后果论 VS 义务论

由于提供了一种道德正当性的标准，以及对道德证成的解释，两种契约论的版本都可以视为规范的道德理论。人们通常把这些运用"同意"或"协议"概念构造的道德理论称为"契约主义的道德理论"。这个标签是高度误导的，它容易使人产生一个误解：好像契约论在后果论和义务论之外构成了一个新的道德理论的选项。道德哲学的教科书似乎都是基于这个认识来介绍契约论的观点。①

然而，契约论和后果论、义务论并不像人们通常认为的那样泾渭分明。我们先来回顾后果论和义务论这个道德理论中最基本的区分。标准的后果论是指这样一个观点：行动或制度的道德正当性取决于它所产生的事态，如果一个制度能够带来最好的后果，它就是正当或正义的；此外，关于什么是好的事态，则独立于道德价值得到界定。对照这个定义，高蒂尔的契约论版本显然属于后果论。在高蒂尔那里，契约各方同意一个约束自己行为的规则，归根到底是出于理性的利益（rational interests）。在这个意义上，规则的正义性可以还原成互利这个事态；换句话说，只有最大程度地促进互利（帕累托最优的状态）的规则才是正义的。要注意的是，在这个理论中，制度不是因为获得一致同意所以能促进互利，恰恰相反，正是因为它能促进互利才所以获得（假想的）同意。重要的不是同意这个结果，而是同意的理由。我们只有深入到同意背后的理由，才能抓住这个理论的实质。

如果单单从原初状态的论证来考察罗尔斯契约论的话，就很可能把他的理论和后果论联系起来。涛慕思·博格（Thomas Pogge）对罗尔斯的契约论做了这样的解读，他写道："这些潜在的参与者（或他们的代表）只对结果感兴趣，也就是他们在这种或那种制度框架下可以期待的生活质

---

① 参见程炼《伦理学关键词》，北京师范大学出版社 2007 年版，第 4 页。

量。他们不关心这些结果是如何产生的——出于应得或运气，出于政令或投票，出于家世或市场——除非这些机制本身影响他们的生活质量。采取一个潜在参与者的视角，我们就将把每一种制度框架的正义当作它会导致的个人生活质量的函数：$J = f (Qi)$。"[1] 博格认为，以罗尔斯为代表的标准契约论，都可以被整合进后果论的模式，以后果论的形式呈现。[2] 因此，他用"契约论—后果论"（contractarian - consequentialist）这个术语来标示罗尔斯的理论。

但是，根据前面的分析，原初状态的论证只是罗尔斯契约论中的一部分，而且并不具有核心意义。一旦我们把焦点转移到原初状态所模拟的良序社会，就会对罗尔斯的契约论做出不同的定位。如博格所说，契约论对社会制度的道德评价完全是基于承受者的（recipient - based）。但问题在于，在罗尔斯那里，制度的潜在承受者——良序社会的公民——不同于原初状态中的各方，公民不单单是理性的（rational）选择者，不只是考虑制度对自己生活质量的影响。公民本身就拥有正义感，具有道德的眼光，能够直接对制度的道德价值做出评价。同意一个制度的理由，不局限于个人福祉。进一步说，某种制度能够提升你的福祉，不是你在公共空间中为这种制度提供道德证成的好的理由。这就意味着，制度的正义不能还原成个人的福利，正义不能被简单地视为个人生活质量的函数。尽管罗尔斯在《正义论》中声称"正义论是理性选择理论的一部分"，但他后来明确放弃了这一提法。[3] 理性（the rational）与讲理（the reasonable）相辅相成，但不能相互推演。罗尔斯坚决反对的是高蒂尔的那种进路，即认为理性是最基本的概念，可以从中推导出讲理和正义的原则。由此看来，罗尔斯的立场是一种典型的义务论。用契约论—后果论来刻画罗尔斯的立场是很不恰当的。契约论不仅和后果论兼容，也能和义务论相容。

值得强调的一点是，义务论是一个很宽泛的理论立场，它是作为后果论的对立面提出来的。否认仅仅从后果的角度来衡量道德价值，不等于说

---

[1]　Thomas Pogge, "Three Problems with Contractarian - Consequentialist Ways of Assessing Social Institutions", *Social Philosophy and Policy* 12 (1995), p. 244.

[2]　博格将康德的契约论视作非标准的契约论，因为立约者从一开始就受到责任的约束，而不是简单地根据对自己生活质量的影响做出理性选择。

[3]　参阅 John Rawls, *Political Liberalism*, New York: Columbia University Press, 2005, p. 53。

就承诺了一个"不计后果"的道德观点。正如罗尔斯所言："所有值得我们注意的伦理学说，在做正当性判断时都将后果纳入考虑。不考虑后果的学说就是非理性的、疯狂的。"① 罗尔斯对制度稳定性的讨论，尤其是对正义和善的契合论证，体现了对后果问题的重视。

---

① John Rawls, *A Theory of Justice*, Cambridge MA：Harvard University Press, 1999, p. 26.

第六章　为罗尔斯的契约论辩护

众所周知，罗尔斯的契约论得到了研究者的广泛关注，也遭受了无数的批评。我认为，如果得到恰当理解的话，这个理论并不像通常人们认为的那样容易遭受致命的反驳。本章试图为罗尔斯的契约论做些辩护。首先，我们以功利主义为参照，阐发契约论的优点；其次，考察几个有代表性的反对意见，澄清对罗尔斯契约论的常见误解；最后，重点回应努斯鲍姆近年来对罗尔斯契约论提出的一个挑战。

第一节　契约论的优点

一　能动性、个人主义和对人的尊重

我们在前面已经分析过，功利主义包含一个后果论的结构。而在后果论的框架中，道德评价的最终标准是一种可欲的事态。所谓最好的结果或者可欲的事态，并非相对于某个特定的行动者而言。如果个人是重要的，那仅仅是因为他能够促进这个事态的产生。具体到功利主义，只有在总体利益最大化的前提下，个人的利益才能得到承认。当个人利益与总体利益产生冲突，牺牲个人就是道德和正义的要求。用威廉姆斯的话说，"对功利主义而言，能动性（agency）只是次要的：作为行动者（agents），我们和世界的基本伦理关系是推动可欲或不可欲的事态的产生"。[①] 功利主义的标准显然不符合我们对正义的直觉理解——正义首先关乎对个人的尊重。功利主义忽视了这一事实：每个人都有各自特殊的目标和追求，都有

---

① Bernard Williams, *Ethics and the Limits of Philosophy*, Cambridge, MA: Harvard University Press, 1985, pp. 76 – 7.

一个属于自己的生活要过。

与功利主义不同，契约论本身就蕴含了个人主义的承诺，它把正义的制度设想成个体的道德行动者一致同意的结果。罗尔斯假定，一方面，这些个人不是利他主义者，通常不会愿意为了一个和自己无关的非个人事态（比如总体利益的最大化）牺牲自己的目标和利益；另一方面，他们是通情达理的，准备提出并接受对所有人同等地好，确保每个人都能实现各自目标的规则和制度。契约论从一开始就注意到人的独特性、分离性这个事实，把制度分析的焦点集中到具体的个人，而不是从非个人观点看的所谓好的事态，从而摆脱了利益合计的倾向。在这个意义上，这种纯粹基于接受者的制度评价方式表达了对人的尊重。

二　公开性（publicity）

运用于社会基本结构的正义原则必须具有公开性。正义原则的公开性要求，每个公民都能理解和服从正义原则，不仅运用这些原则指导自己的行动，而且诉诸这些原则在公共空间中证成自己的行动和主张，或批评他人的行动。如果正义原则只局限于少数人知道，它就无法充当公共理由，提供公共证成的基础。

此外，支持正义原则的理由和论证，或者说制度证成的标准本身也必须是透明的，能够被公开。对于正义原则，道德行动者不仅要知其然，还要知其所以然。为什么说缺乏透明性和公开性的评价标准存在缺陷？首先，从长远来看，建立在无法公开的理由之上的制度是不稳定的。假如，保护财产权和现存分配制度的主要理由是为了维护既得利益集团的地位。显然，这样的理由不具有公开性，因为只有当大多数人对此一无所知的时候，它所导向的分配制度才能维持。统治阶层为了维持这种制度的存在，将不得不依赖欺骗和谎言。但是，骗局总有被揭穿的一天。一旦人们充分了解他们所服从的制度的真正依据，就会抛弃对这种制度的忠诚，转而要求实行变革。这样一来，原有制度便无法稳定地存在下去。

其次，制度证成的依据的公开性是平等待人的条件。认为评价标准只能向少数社会精英敞开，而对普通民众秘而不宣，就是不承认人们在道德地位上的平等性。不可否认，在一个文盲占有极大比重的社会中，指望每一个公民都能理解并接受社会制度所遵循的评价标准是不现实的。然而，只要社会经济、文化达到一定水准，每个公民或至少大部分公民原则上都能正确理解制度建立的理由，对这些理由的合理性做出明智判断，并对相应的制度结构做出恰当的回应。这属于公民基本的道德能力，没有理由认为在这一点上存在精英和大众的区别。拒绝公开透明地告知制度的合理性依据，意味着人为地将社会划分成两个群体，违反了平等待人的要求，不符合民主社会的理念。

功利主义难以容纳公开性的价值。以功利原则为证成依据的规则和制度，很可能会牺牲某些个人或团体的利益。假定大多数人都不是利他主义者，不认同功利主义的目标，不愿意为了他人或总体的利益而做出自我牺牲，那么可以想象，一旦这些人发现自己是以功利主义为基础的社会制度的牺牲品，就会质疑、挑战甚至违反那些规则和制度，原有的对制度的忠诚将荡然无存。于是，在功利主义者看来，为了使制度得以稳定地运行，必须设法阻止普通民众了解制度背后的真正依据。此外，运用功利原则存在技术上的困难，不是所有人都能够进行准确无误的效用计算。总之，功利主义的评价标准只能由少数制定社会规则的政治精英掌握，而广大民众不能接受功利主义的教育。民众所受到的教育使其相信，他们所服从的规则和制度的证成基础在其他方面，比如说上帝的意志。

契约论的证成方式满足公开性的要求。如果公民清楚地知道，他所在社会的基本制度能够通过契约论的检验，也就是说，这个制度是包括他在内的每个人都能够同意的，他对这个制度的忠诚度和认同感将得到提升。理由是，这种制度不仅符合平等待人的要求，而且与个人的善（personal good）相一致。事实上，在这种情况下，要确保制度的稳定性，最好的办法不是把制度的合理性根据隐藏起来；恰恰相反，应该将这个合理性根据尽可能地公之于众。社会制度的契约论基础越是清晰可见、深入人心，它的凝聚力和生命力越强。从这里可以看到一个有意思的对照：功利主义以整体利益为取向，不具有公开性，只向少数精英开放，导致社会分化，妨碍社会团结；契约论纯粹以个人为导向，但却具有高度的透明性，有利于社会制度的稳定。

三　不偏不倚

抽象地说，制度正义就是不偏不倚地考虑和尊重每一个生活在这个制度之下的人的利益。"平等待人"是我们关于正义的核心直觉，任何试图提供正义标准的理论都必须阐明这个直觉。功利主义者解释说，平等待人就是将所有人的偏好纳入效用计算，不管这些偏好的具体内容是什么。然而，正如我们已经指出的，这种解释是对平等待人理念的误解。要恰当解释平等待人的直觉，首先必须区分正当偏好和不正当偏好。平等待人要求排除明显的歧视性偏好和自私偏好，这是因为，如果这些偏好是理性的，确实能够产生效用，持这些偏好的人数又相当多，那么，我们的生活前景可能由于他人持有的这些偏好而恶化。如果我们因为他人的不正当偏好而承担风险、付出代价，就可以合理地抱怨自己的利益没有得到平等的尊重。不正当的偏好和利益不具有任何道德分量，应该从道德论证中排除出去。

功利主义从一种非个人的观点出发去解释不偏不倚和平等待人，"没有认真对待人与人之间的区分"，没有对拥有特殊生活目标和计划的个人予以足够的重视。罗尔斯的契约论在一定意义上弥补了这个缺陷，它直接借助个人或者说个体的制度参与者的视角来对社会制度做出道德评价，个人的重要性从一开始就被确定下来了。此外，对个人主义的承诺，并不意味着把正义还原成个人的开明自利。在这一点上，罗尔斯的契约论和高蒂尔的契约论划清了界限。正义与其说是理性个人相互博弈的结果，不如说是集体审议（collective deliberation）的结果。在罗尔斯的契约论版本中，不偏不倚和平等待人的观念是通过集体审议的模型来表达的。我们已经多次强调，在罗尔斯那里，参与集体审议的各方是通情达理的。合格的审议者能够考虑到他和别人共同生活的事实，能够将他人视为具有内在价值并且值得尊重的合作者，而非加以利用的潜在对象。个人的目标和计划不是一成不变的，审议者会根据与他人共在的事实，对自己的目标和计划进行批判性的反思和评价，进而做出相应的调整。既然各方懂得鉴别各自利益诉求的合理性，就不会出现在功利主义那里出现的情形：让一个人的生活前景由于他人的不合理偏好而蒙上阴影。

第二节 澄清对罗尔斯契约论的常见误解

一 契约论是否预设了一个无牵无挂的自我？

迈克尔·桑德尔（Michael Sandel）论证说，我们不可能采取原初状态的立场，进而也没有理由接受在这个假想契约中被选中的两个正义原则或其他自由主义的原则。桑德尔指出，原初状态的论证预设了一个十分可疑的道德主体的观念。无知之幕背后的选择者实际上成了"无牵无挂的自我"（unencumbered self），他们对有关自己特殊身份（identity）的信息一无所知，比如所属的社群、善观念、理性的生活计划等。这个理论设计假定，自我可以游离于他的独特个性之外。在桑德尔看来，这是难以置信的，因为我们的身份由我们特殊的目标和承诺（commitment）构成，而这些目标和承诺至少部分是由我们身处其中的社群或共同体所赋予的，而非自己选择的结果。一旦所有的个性要素都被剥离，就不再是一个真正的自我。只有在共同嵌入其中的社会背景下，我们才能发现真实的自我。把人和他们的目标和社会关系分离开来是讲不通的。

那种"无牵无挂的自我"观念和我们的自我理解不相符。罗尔斯主张"自我先于它所认肯的目的"，桑德尔反驳说，如果这样的话，我们在内省时就能透过我们的特殊目的看到一个不具任何属性、无羁绊、幽灵般的自我。事实上，我们最深刻的自我感知总是包含某些目的和善观念，这表明目的和善观念对自我来说是构成性的，我们根本无法就"我"和"我的目的"做出区分。因此，"罗尔斯的理论中所暗示的那种纯粹的自我，完全冲突于我们更加熟悉的拥有具体特征的厚实的自我观"。[①]

契约论是否预设了一个"无牵无挂的自我"观念？无知之幕的设计是否意味着存在一个可以独立于特殊目标、品格、善观念的抽象的道德主体？对此，罗尔斯回应说："作为原初状态的显著特征，无知之幕不具有关于自我本性的特殊的形而上学意味；它并没有暗示，自我在存在论意

---

① Michael J. Sandel, *Liberalism and the Limits of Justice*, Cambridge：Cambridge University Press，1998，p. 100.

上先于各方所无从知道的那些事实。"① 这里要注意的是，我们不应该把对原初状态各方的描述，当作罗尔斯对人的真正看法。我们在上一章已经指出：具有根本意义的，或者说更能显示契约论证的力量的观念，不是原初状态而是良序社会。如何刻画原初状态中的立约者及其所处的环境，取决于如何设想良序社会的公民。如果我们把目光从原初状态这个"表征装置"转向它所模拟的良序社会，就会发现：罗尔斯的契约论没有预设一个形而上学的人的观念，而是依赖一个源自民主社会政治文化的规范的公民观念——自由平等的道德人。公民很大程度上就是由两种道德能力来界定的，而其中之一就是能够拥有、修正、追求一种好生活的观念。罗尔斯承认，一个人的目的和善观念对他的自我观念至关重要。"一个人通过描述他的意图和目的，以及他在自己生命中力图去做的那些事，来表明自己是谁。"②

"自我先于目的"的命题，并非像桑德尔所认为的那样，暗示我们能够设想出一个独立于各种特殊目的的自我。这个命题的真实含义在于：没有一种目的可以免于自我的修正。③ 人的生活包含各种可能性，我们根据具体情况采取不同的目的，按照价值的大小在各种目的之间进行选择。在这个意义上，自我不受限于当前所持有的某种特殊目的，我们也无需通过这一个特定的目的来设想自我；相反，自我可以对这种特殊目的进行审视和修正。然而，这不等于说自我不受限于任何目的，不负担任何生活计划和理想。实践推理的过程不是从一个空洞的自我出发的，而是在两种负担着不同特殊目的的自我之间进行选择。

总之，契约论一方面承认人总是拥有某种独特的好生活的观念（并非"无牵无挂"）；另一方面，假定人有修正和调整善观念的能力和可能性（自我先于目的）。

事实上，在契约论的框架中，检验正义原则和制度的稳定性，就是看它们是否和每一个公民（或至少大多数公民）的善观念契合、兼容。显然，无牵无挂的道德主体无法提供检验制度稳定性的视角。

---

① John Rawls, *Political Liberalism*, New York: Columbia University Press, 2005, p. 27.

② John Rawls, *A Theory of Justice*, Cambridge MA: Harvard University Press, 1999, p. 358.

③ 参见［加］威尔·金里卡《自由主义、社群与文化》，应奇、葛水林译，上海世纪出版集团 2005 年版，第 51 页。

二　自我观和契约论是否融贯？

社群主义者不单单是要挑战契约论所预设的自我观。更为关键的是，在他们看来，这种空洞抽象的人的观念和契约论是不融贯的。各方都被抽离掉了自己的个性特征，所有人在相同的条件下进行相同的推理，于是，就如罗尔斯所说，"各方没有通常意义上讨价还价的基础"。[1] 如果讨价还价不可能发生，是否会发生其他意义上的讨论呢？桑德尔指出："讨论和讨价还价一样，预设了讨论者在理解、兴趣、知识或关注点上存在某些差异，但在原初状态中，没有这样的差异。因此，我们必须假定，各方的慎思是在沉默中进行的，并且导向一个一致同意的独一无二的观念。"[2]不清楚的是，在既没有讨价还价也没有理性讨论的情况下，原初状态中的各方是在什么意义上订立一个契约。罗尔斯运用契约论的证成策略，很大程度上是为了规避功利主义忽视人的分离性、独特性这个缺陷。然而，无知之幕的设计恰恰消解了人的分离性。诉诸一个无牵无挂的自我观念，似乎使他无法摆脱和功利主义相同的命运。在批评者看来，契约论的证成策略由于空洞抽象的自我观念而无法被理解。

既然已经澄清，契约论中所设想的人并非无牵挂、无羁绊的道德主体，那么，人的分离性、差异性就得到了肯定。这样一来，主体间的交往、互动也就成为可能。尽管我们承认每个人都有各自不同的目标和利益，但这不意味着人们之间的互动就是基于自我利益的讨价还价。除了理性的讨价还价，还有一种互动的可能性，那就是哈贝马斯所说的"道德商谈"或"合理交往"。在这种互动过程中，每个人都相互交换各自的观点，相互采纳各自的视角，从而判断原则是否具有普遍的可接受性。[3] 这样，我们就可以有意义地说，公民会就某种正义原则和制度达成协议（相反，如果缺少视角的差异、利益诉求的多元、人与人之间的互动，说自己和自己达成协议，显然是荒谬的）。

---

[1]　John Rawls, *A Theory of Justice*, Cambridge MA：Harvard University Press, 1999, p. 120.

[2]　Michael J. Sandel, *Liberalism and the Limits of Justice*, Cambridge：Cambridge University Press, 1998, p. 129.

[3]　童世骏：《批判与实践：论哈贝马斯的批判理论》，生活·读书·新知三联书店 2007 年版，第 248 页。

这样来看，就对社会制度的证成方式而言，罗尔斯和哈贝马斯观点的差异并不像通常认为的那么显著。哈贝马斯从程序主义的立场出发，批评罗尔斯在公民的公共讨论之前就提出并论证了一种实质性的正义原则，因而导致"政治家长主义"的危险，损害公民的政治自主。对于这个批评，我们可以这样来回应：民主的政治商谈向政治共同体的所有成员敞开，包括哲学家。哲学家和公民是两个完全相容的角色。哲学家作为公民提出并论证一种基本的制度原则，不是先于公民的意志——意见形成过程，而恰恰就是发生在这个过程当中。仅当这个原则及其理由能被其他所有公民合理地加以接受，对它的证成才最终获得成功。罗尔斯并不指望把两个正义原则当作专家的理论成果，直接应用于现存制度的设计和改进。事实上，它的合理性还有待公共讨论，合理性的标准是一般而广泛的反思平衡（general and wide reflective equilibrium），"这种平衡完全是主体间的：也就是说，各个公民都把每个其他公民的推理和论证考虑在内了"。① 如果公民在仔细考量了各种政治正义原则及其相关论证的力量后，他们深思熟虑的正义信念指向同一种正义观，那么，这种正义观就最终得到证成。在这个意义上，我们说罗尔斯是契约论者。至于原初状态，它只是哲学家用于模拟道德商谈的结果、推导正义原则的一个"分析装置"而已。

三　契约是多余的吗？

桑德尔区分了两种意义上的同意（agreement）。第一种是指就一个命题而言和一个人（或一群人）达成一致，第二种是指同意一个命题。② 前者主要反映的是人与人之间的关系，后者反映的是人与命题之间的关系。具体来说，前者是一种共同选择，需要多个人的参与，我们在谈论契约的时候主要涉及这种同意。当我们说两个人同意一项契约时，我们的意思是两个人彼此同意遵守特定的条款。这种同意要求一种有意图的行为，因而也可称为"唯意志论意义上的同意"。后一种同意不以多个人为必要条件，不涉及意志行为。同意一个命题就是承认它的有效性。当我说我同意

---

① John Rawls, *Political Liberalism*, New York: Columbia University Press, 2005, p. 385.

② Michael J. Sandel, *Liberalism and the Limits of Justice*, Cambridge: Cambridge University Press, 1998, p. 130. 原文为：The first involves agreement with a person (or persons) with respect to a proposition, the second agreement to a proposition.

1 + 1 = 2 时，我只是在就这个命题的正确性表明观点，同意的内容在同意之前已经存在了。由于这种同意关乎认知而非意志，所以我们可以把它称为"认知意义上的同意"。

桑德尔认为，罗尔斯所说的原初状态中的各方的同意，从表面上看是唯意志论意义上的同意，实际上属于认知意义上的同意。无知之幕背后发生的事情，与其说是意志的选择，不如说是发现和认识。既然原初状态中的每一个人都能在不与他人产生互动的情况下，在认知的意义上承认支配社会制度的两个正义原则的力量，那么，罗尔斯的制度证成在什么意义上是契约论的，就成为一个可以追问的问题，正义理论的契约论的证成基础也就不那么清楚了。桑德尔这样来总结他的论证："原初状态中的秘密——以及证成力量的关键——不在于他们在那里*做*了什么，而在于他们在那里*理解*了什么。要紧的不是他们选择了什么，而是他们看到了什么，不是他们决定了什么，而是他们发现了什么。在原初状态中所发生的终究不是一个契约，而是一个*主体间的存在者*（an intersubjective being）逐渐产生的自我意识。"①

归根到底，真正为正义原则提供证成的不是原初状态中的人们所表示的同意或签订的契约，而是人们同意这个原则的理由。当我们说同意一个正义原则时，我们的意思是这个原则能够得到合乎道理的证明，有好的理由支持这个原则。原则的合理性或可证成性，不是来源于集体的同意本身，而是来自那些有说服力的证明和理由。脱离了理由，同意本身没有证成力量。既然如此，我们为什么不能直接运用这些理由（比如说个人在这个制度下的生活质量）来为正义原则和制度提供证成呢？对契约的诉求难道不是多余的吗？

高蒂尔也认为，排除了讨价还价的契约不是真正的契约。他从类似的角度批评罗尔斯："……这个理据（指契约）是虚假的。既然初始境况是被挑选出来以保证正确选择的，那么，就为合法化原则（legitimating principle）证成而言，选择这一行为显然既不是必要条件，也不是充分条件。只有当人们要求合法化原则的理由时，这个理论的真实特征

才会出现。"①

总之，这种反对意见认为，社会契约是不必要的，它掩盖了支持正义原则和制度的真正理由。既然在契约论的框架中，各方的同意总是基于理由的，那么我们就可以直接诉诸这些理由来为原则和制度提供证成，诉诸契约或一致同意是多此一举。

对于这个批评，要分两种情况来回应。我们在第二章曾指出：制度的证成性包含两个方面——正义和稳定。先来考虑制度的正义。简单来说，罗尔斯诉诸每一个公民的讲理同意（reasonable agreement）来检验制度的正义性。批评者可能会说，既然已经假定公民具有道德的眼光，拥有公共的视角，能够跳出自己的立场，考虑"什么是对所有人同等的好"的问题，那么，单个公民就可以判断原则和制度的正义性。相应地，在原初状态的思想实验中，身处无知之幕背后的人们所做的推理完全相同，似乎意味着单个人的理性选择也足以导向两个正义原则（这里暂且假定罗尔斯的推论是正确的）。罗尔斯不同意这一点，他写道："我们能够达成契约性同意的东西少于我们能理性选择的东西。"② 理由是：当进行个人选择时，我们可以采取一种碰运气的态度，而一旦发现事情不妙，就调整原来的选择，以扭转不利的局面；而当要订立契约时，我们必须一开始就保持高度谨慎，因为契约是终极的，没有重新修正的机会，任何人都得遵守契约，不管它将给自己带来怎样的结果。与单个选择者不同，契约各方必须衡量承诺的压力（strains of commitment）。

然而，我想指出的是，即便无需诉诸契约能推导出两个正义原则，也不意味着契约就是可有可无的。一种正义理论通常由两个部分组成：证成方式和实质性的分配正义原则。评价一种证成方式是否恰当，并非看它能否推论出我们直觉上赞成的那种正义原则。完全可以设想，有若干种证成方式可以推出罗尔斯的两个正义原则。但是，我们不能说：一种证成方式因为其他方式的存在而失去了本身的重要性和意义，或者由于存在更简便的方式而显得可有可无。简便不是一个恰当的制度证成方式的必要条件。

---

① David Gauthier, "The Social Contract as Ideology", in *Contemporary Political Philosophy: An Anthology*, ed. Robert Goodin and Philip Pettit, Blackwell, 1997, p. 43.

② John Rawls, *Justice as Fairness: a restatement*, ed. Erin Kelly, Cambridge MA: Harvard University Press, 2001, p. 102.

单个人选择的问题确实比集体选择的问题更容易处理，但仅凭这一点不能断定：集体选择或一致同意作为确定正义原则的方式是多余的。

虽然个人选择和集体选择可能导向相同的原则和制度，它们表达的含义却不一样。首先，相比而言，集体选择或协议的观念更适合于民主社会人们的自我理解。对于自由而平等、具有不同价值观的人们，公平的合作条款应该如何确立？把这些条款看成是由凌驾于普通合作者之上的道德权威——例如一个能够对所有人利益都予以关注和尊重的社会管理者——提供的违背政治自主的理想，显然是不恰当的。除了诉诸合作者之间的协议，很难找到一个可接受的确立合作原则和制度的方式。

其次，我们有理由怀疑，单个主体的选择能否达到正义所要求的那种不偏不倚。尽管这个主体能超越个人的视角，对制度的可接受性进行普遍化检验，但问题在于这种检验不可避免地是以独白的、自问自答的方式进行的。对正义问题作独白的解决，必须建立在人们的利益诉求、价值观念高度同质的前提之上，而这显然和日趋多元的社会事实相冲突。现实情形是，脱离了对话和交流，我们很难了解他人的利益关切，很难真正站在他人的立场上评价制度的可接受性。只有经过讲理讨论后达成的共识才最大限度地接近正义，同时我们能够分享最好的理由和论证。缺少主体间的交往和互动，这些理由和论证是无从获得的。因此，指望直接诉诸这些理由为特定的制度提供证成，无疑是一个不切实际的空想。可见，协议是确定正义原则和制度的一个不可缺少的程序。协议或集体选择的观念比个人选择更好地吻合了平等待人和不偏不倚的道德理想，建立在契约基础上的原则和制度更具吸引力和说服力。

再来简要考虑一下制度的稳定性。就稳定性论证而言，同意的重要性似乎更加突出。契约论检验一种制度的稳定性，主要就是看这种制度能否得到每个公民的理性的同意（rational agreement），或者是否和每个公民的个人的善相契合（理性对应着公民追求善观念的道德能力）。讲理的同意是基于讲理讨论后所分享的公共理由，而善观念的多元化决定了理性的同意则是基于公民各自不同的理由。重要的不是支持某一原则和制度的各种不同的理由，而是每个人出于各种理由而表示同意，即重叠共识这一事态本身。制度的稳定性依赖于重叠共识的产生，而任何赞成制度的特殊理由都没有证明制度稳定的决定性力量。作为一个契约观念的变种，重叠共识对于制度证成来说也是必不可少的。

四 契约论错失了动机问题吗？

此外，批评者还指出一个在他们看来契约论无法回避的困难：原初状态中的不偏不倚的道德视角，和处于原初状态之外的人（充分了解自己的信念、价值和利益）之间存在不可逾越的鸿沟。[①] 这就是所谓的动机问题：为什么完全知道自己特殊身份、有着明确生活计划的现实世界中的人，会承认原初状态中的人所选中的原则，并遵守由这些原则来规范的制度安排？

一旦我们摆脱了对罗尔斯契约论版本的那种狭隘解读，就可以很清楚地看到动机问题是如何在契约论的框架中得到考虑的。动机问题和制度的稳定性问题几乎可以看成是同一个问题。根据罗尔斯，如果生活在一个制度下的人们不愿意忠诚于这个制度，或者没有遵守这个制度的动机，就可以断定这个制度是不稳定的。一个合理的正义理论必须得到人们动机上的支持。罗尔斯区别其他康德主义哲学家（比如哈贝马斯）的一个关键之点，在于他高度重视动机问题和稳定性问题。处理动机问题，不仅是理论完整性的需要，而且本身就是制度证成的内在要求。表明人们有服从的动机，是为制度原则提供证成的一个不可缺少的环节。

契约论所假定的人不只关注道德和正义，他们还拥有自己的善观念和美好人生的理想，正是这些观念和理想提供生活的动力。罗尔斯的契约论版本的一个重要优点是整合了非个人的—不偏不倚的和个人的—偏私的这两种视角，从而为解决动机问题提供了可能。

在《正义论》中，罗尔斯的方案是：从一种康德主义的观点出发，假定道德自主是一种善。按照两个正义原则行事，表达了人作为自由平等的理性存在者的本性，体现了人的道德自主，符合每个人的善观念。既然正义本身就是一种善，那就表明人们有按正义要求行事的动机。到了《政治自由主义》，罗尔斯意识到康德主义的假定与合理多元主义的事实

---

① Paul Kelly, "Justifying justice: Contractarianism, Communitarianism and the Foundations of Contemporary Liberalism", in *The Social Contract from Hobbes to Rawls*, ed. David Boucher and Paul Kelly, London and New York: Routledge, 1994, p. 232.

相冲突，于是转向重叠共识的概念：要证明一种正义原则和制度能够获得动机上的支持，就要表明持不同伦理观念和生活理想的人们，会基于各自不同的理由，对这种原则和制度表示同意。不难看出，动机问题（稳定性问题）和正义问题一样，也可以在契约论的框架下进行思考和论证。批评者之所以会认为契约论缺少处理动机问题的资源，是因为他们对罗尔斯的契约论版本做了过于狭隘的解读，以为原初状态的论证就是契约论思想的全部。

第三节　契约论并不排斥残疾人的正义权利

近年来，著名政治哲学家努斯鲍姆（Martha C. Nussbaum）对罗尔斯的契约论提出了系统的批评，指出契约论的某些核心要素和理论假定，导致它难以解决我们当前面临的一些重要而紧迫的正义问题，尤其是无法为残疾人的基本权利提供证成。[①] 本节试图通过文本和义理上的分析，来回应努斯鲍姆的挑战，表明契约论具有比批评者设想得更大的包容性，它并不削弱残疾人的正义主体地位。这番讨论不仅有助于我们继续深化对罗尔斯的理解，而且能够进一步提升契约论的理论潜力。

一　契约论和残疾人问题

如前所述，当代契约论有两种进路，高蒂尔（David Gauthier）沿着霍布斯主义的方向发展了一种道德契约论，而罗尔斯继承的是康德主义的传统。之所以以罗尔斯为矛头所向，是因为在努斯鲍姆看来，相比而言，罗尔斯的契约论更具有直觉上的吸引力，它是我们目前所拥有的最强有力的正义理论。即便如此，这个理论在某些方面、某些领域仍有严重的缺陷。尤其是，它无法妥善地解决残疾人的正义问题。由于罗尔斯吸收了道德哲学和政治哲学史上的很多重要的思想观念，这些源自不同传统的观念也不可避免地造成其理论内部的紧张。

---

① 除了对残障人士的责任外，努斯鲍姆认为契约论进路也不能很好地解决全球正义和动物权利的问题。参阅 Martha C. Nussbaum, *Frontiers of Justice Disability, Nationality, Species Membership*, Cambridge MA: The Belknap Press of Harvard University Press, 2006, pp. 14 - 22.

（一）正义的环境

罗尔斯吸收了休谟关于正义的环境（circumstance of justice）的学说。所谓正义的环境，是指"使人类合作得以可能和必要的一般条件"。[①]"除非这些环境因素存在，就不会有展现正义德性的机会；正如没有伤害生命和肢体的威胁，就没有展现勇敢的机会。"[②] 正义的环境包括客观环境和主观环境。为简化起见，罗尔斯强调的比较多的是客观环境中的中等匮乏条件，主观环境中的相互冷漠条件。然而，客观环境中有一点是罗尔斯没有详细阐述，而被努斯鲍姆反复讨论的，那就是：人们在身体和精神能力上大致相似（roughly similar）。努斯鲍姆认为，如果这种能力上的大致相似是适用正义概念的必要条件，那么，对于那些能力明显弱于所谓"正常人"的残障人士来说，他们就被排除在正义的关系之外了。按照这种"正义的环境"观点，由于能力上和"正常人"存在巨大的差异，残障人士无法享有基于正义的权利；我们对残障人士负有道德责任，但这仅仅是出于仁慈，而不是正义的要求。这个结论和我们的道德直觉是相违背的。根据我们的直觉信念，正义的权利和能力大小并无直接关联。残疾人力量弱小这个事实，并不能取消他们的正义诉求。此外，休谟主义的观点和罗尔斯理论中的康德主义之间存在紧张。罗尔斯在《正义论》开篇明确指出："每个人都拥有基于正义的不可侵犯性，这种不可侵犯性即使以社会整体福利之名也不可逾越。"[③] 也就是说，正义无条件地适用于社会上每一个人，每个人都应该得到正义的对待。不管是普通人，还是残障人士，都享有基于正义的权利。

（二）互利

根据努斯鲍姆对社会契约传统的理解，互利的观念具有核心意义。传统契约论通常假定，在政治社会出现之前，人们生活在自然状态之中。这种自然状态没有权威，没有法律，没有秩序，因而给每个人的生活都带来很多不便。为了消除自然状态的缺陷，获得社会合作的好处，人们订立契约，放弃或让渡一部分自然权利。

---

① John Rawls, *A Theory of Justice*, Cambridge MA: Harvard University Press, 1999, p. 109.

② Ibid. , p. 110.

③ Ibid. , p. 3.

努斯鲍姆认为罗尔斯在这点上追随契约论传统，互利的观念在罗尔斯的契约论中同样占据核心位置。她这样来解释罗尔斯在《正义论》中表达的观点："基于互利的理由，合作比不合作更可取。"[①] 合作的目的是互利，而这种相互利益是他们在非合作的情况下无法获得的。相比非合作的状态，合作能够改善每一个人的处境。如果没有这种对相互利益的期待，就没有契约的形成，人们宁可选择留在初始状态之中。尽管无知之幕的设计能够屏蔽掉很多道德无关的信息（例如自然天赋、家庭出身、社会阶层、种族等），确保各方选择的结果公平对待每个社会成员的利益，进而发挥某种道德观念的作用，"但一谈到为什么应当有这样一个契约的问题，答案归根到底仍然是互利，而不是仁慈或对正义的热爱。"[②] 然而，如果合作的目的和意义仅仅是互利，那么这似乎就意味着，那些与之合作无利可图的人就不应被视为合作者，我们在设计社会基本结构的正义原则时不必把他们的利益纳入考虑。社会上存在很多患有严重生理和精神残疾的人，我们不可能指望他们对我们的利益有所推进。按照契约论的逻辑，残疾人的正义权利难以得到保障。

（三）人的观念

努斯鲍姆指出，基于契约各方自由、平等、独立的假定，传统契约论没有将残障人士纳入到立约者的群体，而这点也将导致对残障人士不利的后果。"社会契约传统将两个原则上截然不同的问题——'社会基本原则由谁来设计'以及'社会基本原则是为谁而设计'——混为一谈。"[③] 根据传统契约论的这种结构性特征，参与制定基本正义原则的人，同时也是基本正义原则为之制定的人，他们之间的关系受到被选择的原则的支配。换言之，被排除在立约群体之外的残疾人，也就不是基本正义原则保护的对象，正义原则并非为他们而设计。

努斯鲍姆注意到，罗尔斯的契约论比传统契约论更为精细，"由谁"和"为谁"的问题在他那里一定程度上得到了区分。在《政治自由主义》中，原初状态中的立约者被刻画成良序社会公民的"代表"。原初状态的

[①]　Martha C. Nussbaum, *Frontiers of Justice Disability*, *Nationality*, *Species Membership*, Cambridge MA: The Belknap Press of Harvard University Press, 2006, p. 60.

[②]　Ibid. , p. 58.

[③]　Ibid. , p. 16.

各方是正义原则的选择者，良序社会的公民是正义原则的适用对象。然而，在努斯鲍姆看来，这并不表明残疾人的权益得到了充分的考虑。因为，罗尔斯假定契约各方代表的公民必须是充分合作的社会成员。在一个经常被引用的段落中，罗尔斯写道："既然我们从社会作为公平的合作体系的观念开始，那么我们假定，作为公民的个人拥有使其成为社会合作成员的一切能力。对我们而言，这样做可以获得一种关于什么是政治正义基本问题的清晰而有条理的观点。这个基本问题就是，具体规定公民——自由平等且终其一生都是正常和充分合作的社会成员——之间社会合作条款的最恰当的正义观念是什么？"① 努斯鲍姆认为，"充分合作假定"（the fully cooperating assumption）意味着，在设计社会基本结构的原则时，契约各方只会考虑能够充分参与社会合作的人的利益，而那些不具有合作能力、患有严重残疾的人的利益无法得到公平的对待。由于能力上的缺陷，残疾人不具有正义主体的地位。就此而言，罗尔斯的契约论似乎没有为残疾人的正义权利留下空间。

努斯鲍姆指出，尽管罗尔斯不赞同康德的形而上学观点，但他关于人的观念深深打上了康德的印记。② 罗尔斯把公民政治平等的基础建立在两种道德能力之上。第一种道德能力是正义感的能力（a capacity for a sense of justice），对应着罗尔斯所说的"讲理"（reasonableness），是指能够理解、运用某种公共的正义观，并愿意按照他人也能认可和遵守的正义观进行活动；第二种道德能力是善观念的能力（a capacity for a conception of good），对应着罗尔斯所说的"理性"（rationality），是指能够形成并修正自己的善观念，并采取最有效的手段实现这种善观念。③ 显然，和"充分合作假定"一样，这种理性主义的人的观念也将残疾人（尤其是患有严重精神残疾的人）排除在外了。根据努斯鲍姆对罗尔斯的解读，"有严重精神残疾的人，缺少最低限度的道德能力，丧失了平等的资格。"④

---

① John Rawls, *Political Liberalism*, New York: Columbia University Press, 2005, p. 20.

② 参阅 Martha C. Nussbaum, *Frontiers of Justice Disability*, *Nationality*, *Species Membership*, Cambridge MA: The Belknap Press of Harvard University Press, 2006, p. 133.

③ 参阅 John Rawls, *Political Liberalism*, New York: Columbia University Press, 2005, p. 19.

④ Martha C. Nussbaum, *Frontiers of Justice Disability*, *Nationality*, *Species Membership*, Cambridge MA: The Belknap Press of Harvard University Press, 2006, p. 133.

二　何谓"大致相似"？

努斯鲍姆对"正义的环境"学说的批评集中于人们身体和精神能力"大致相似"的假定。首先需要指出的是，这个假定不是罗尔斯强调的重点。罗尔斯只是在《正义论》中对此一笔带过，而在之后的著作中基本没有提及。例如，在《政治自由主义》中，他这样写道："正义的环境有两种，一种是中等匮乏的客观环境，另一种是正义的主观环境。后者一般来说就是多元论的事实。"[1] 同样地，在《作为公平的正义：重新阐述》中，罗尔斯在论述正义的环境时，也只提到了资源的中等匮乏，以及合理多元主义的事实。[2] 也就是说，只要一个社会中拥有不同的完备性学说和良好生活观念的人对有限资源的划分提出相互冲突的要求，正义的问题就产生了。[3] 当然，尽管罗尔斯在后期的文本中没有强调"大致相似"的假定，不意味着他放弃了这个契约论的理论预设。努斯鲍姆的批评仍然值得我们思考：大致相似的假定是否意味着取消了残疾人的正义主体地位？

努斯鲍姆的推论可以概括如下。（1）前提：人和人的生理和精神能力大致相似，是正义关系产生的必要条件（罗尔斯的正义的环境学说）；（2）前提：残疾人和"正常人"之间在能力上有显著差异；（3）结论：残疾人不在正义的关系之中。争论的焦点在前提（2）。要想避免努斯鲍姆从正义的环境学说中引申出来的反直觉的结论，就必须论证：就能力而言，残疾人和"正常人"在某种意义上是大致相似的，我们和残障人士之间的差异没有通常想象得那么大。这里的关键是，如何理解罗尔斯所说的"大致相似"？

关于"大致相似"，罗尔斯在《正义论》中有一段值得重视的表述："这些个人在身体和精神能力上大致相似；或无论如何，他们的能力旗鼓相当，任何一个人都无法支配所有其他的人。他们易受到攻击，每个人的

---

[1]　John Rawls, *Political Liberalism*, New York: Columbia University Press, 2005, p. 66.

[2]　参阅 John Rawls, *Justice as Fairness: a restatement*, Cambridge MA: Harvard University Press, 2001, p. 84.

[3]　值得注意的是，关于正义的主观环境，后期罗尔斯强调的重点从相互冷漠转向了合理多元主义的事实。

计划都容易受到其他人合力的阻止。"① 从这段话可以看出，罗尔斯是在一个很弱的意义上解释"大致相似"的。只要社会中没有一个人强大到能够支配和奴役所有其他人的地步，这个社会的人们就可以算作能力相当。可以说，不管是过去、现在还是可预测的将来，任何一个人类社会都能满足这个条件。一个人的力量永远无法超越其他所有人的合力。残疾人固然不可能做到这一点，正常人也无法做到。一个人就算在体力和智力上都表现出无比的卓越，他也只是凡夫俗子，不可能单凭一己之力为所欲为。在无法驾驭所有其他人的意义上，正常人和残疾人是"大致相似"的，这一点并不奇怪。

我们通常容易夸大正常人和残疾人之间的差异。麦金泰尔批评西方道德哲学假定道德主体一直健康、独立、理性、毫无困扰，而对人的脆弱性和依赖性缺少应有的重视。他指出："在考虑残疾问题时，我们倾向于把那些'残疾人'视为'他们'而不是'我们'，视为一个分离的群体，而不是我们自己曾经是、现在有时是、将来可能是的样子。"② 事实上，正如已故作家史铁生所说："如果残疾意味着不完美、困难和阻碍的话，我们每个人都是残疾人。"

如果我们把残疾理解成不同程度、不同类型的能力缺失，那么我们每个人在人生的某个阶段都是残疾的。这一点在幼年和老年格外明显。当人们处在幼年和老年时，都可能会存在一定程度的缺陷或障碍：不能随意地四处走动、不能从事基本的家务活动、不能和他人进行顺畅的交流……但即使在生命的中间阶段，我们的生活也会经常出现无能为力的情况。大多数人都可能会受到疾病的折磨，愈演愈烈的环境污染加剧了这一风险。严重的疾病会损害我们的身体和精神能力，使我们无法正常地生活和做自己想做的有价值的事情。生命在各种各样的苦难面前显得非常脆弱。"能力有限"是每一个人都不得不面对的事实，无论是残疾人还是正常人。也正是因为人的脆弱性、有限性这个事实，人们才迫切需要同心协力、相互合作。如果每个人都强大、自足，社会合作就无从谈起。人要生存下去，

---

① John Rawls, *A Theory of Justice*, Cambridge MA: Harvard University Press, 1999, pp. 109 – 110.

② Alasdair Macintyre, *Dependent Rational Animals: Why Human Beings Need the Virtues*, Chicago: Open Court, 1999, p. 2.

更不用说获得幸福，都不可能离开他人的支持。就脆弱性和依赖性而言，残疾人和正常人是"大致相似"的。和残疾人一样，正常人也需要依赖他人的帮助来应对生活中的麻烦和痛苦。如果我们从这个角度去理解罗尔斯所说的"大致相似"，那么，"正义的环境"就不像努斯鲍姆所认为的那样排斥残疾人。正义关系所要求的那种人们彼此之间的"大致相似"，并不意味着残疾人不拥有正义主体的资格。

三 互利 VS 相互性（reciprocity）

众所周知，高蒂尔是霍布斯主义契约论的坚定捍卫者，他在一篇回应批评的文章中总结了自己的核心观点："虽然我们不应假定，实际的道德实践和社会制度来自于协议，但我们可以认为，如果个人是完全理性的，每个人都想促进自己的利益（或实现他的实质性目标），且能够事先通过自愿的全体一致的协议来集体确定互动的条款和条件，那么，对原则、实践和制度——它们以约束个人的方式支配和架构了人类互动——的恰当的证成性检验（justificatory test）就是，看它们是否将被这些个人所接受。契约论者认为这个检验既提供一个理性的证成，也提供一个道德的证成。"①

在高蒂尔的契约论中，理性个人订立契约的目的是互利。正是为了实现各自的利益、改变自己在非合作状态下的不利境地，各方讨价还价并相互妥协。不难看出，高蒂尔是在日常意义上使用"契约"概念的。我们在日常语言中所说的"契约"主要发生在经济领域，它显示的就是这样一副图景：人们基于各自利益的考虑，经过谈判协商，最终达成协议，形成一种具有合作关系的联合体（association），实现经济上的互利互惠；如果不能从他人那里获利，就没有订约与合作的必要。

由于明确将互利视为合作的意义，高蒂尔版本的契约论就很难逃避努斯鲍姆的批评。事实上，高蒂尔承认，他的理论很难解决对残障人士的关怀问题。他甚至认为："这样的人不在以契约论为基础的道德关系之

---

① David Gauthier, "Rational constraint: some last words", in *Contractarianism and Rational Choice*, ed. Peter Vallentyne, New York: Cambridge University Press, 1991, p. 324.

中。"① 虽然努斯鲍姆的批评对高蒂尔的观点构成了有力的挑战，但这个批评不适用于罗尔斯。因为，罗尔斯不像高蒂尔那样在通常的意义上运用契约的观念。罗尔斯区分了以规范社会基本结构的正义原则为内容的初始协议（initial agreement）和在社会基本结构内部订立的特殊协议（particular agreements）。②

在一个社会基本结构内部订立的特殊协议，尤其是经济领域中的协议，建立在各方的谈判能力基础之上。是否达成协议、参与合作，取决于各方的选择。如果经过审慎的计算和权衡之后，发现无利可图，人们就可以拒绝进入这种合作关系。而在对社会基本结构的原则本身进行集体选择的初始协议中，各方的社会成员身份是给定的。人从一开始就被设定为社会性的存在者，不合作不是一个可行的选项。诸如为什么要合作、合作的目的是什么之类的问题，根本就不会产生。真正相关的问题是：什么样的合作方式是正义的，合作产生的利益和负担应当如何分配。与传统契约论中的"自然状态"相区别，原初状态不是一个有显著缺陷、有待改善的非合作状态，不提供一个计算个人利益得失的基点。它是思想实验和分析装置，赋予我们一种思考正义问题所需要的道德的视野。这样，通过区分特殊协议和初始协议，我们就可以清楚地看到：互利并非罗尔斯契约论中的主导观念。

尽管罗尔斯在《正义论》中将社会描述成"为了互利的合作冒险"，③ 但他后期放弃了这种提法，转向"社会作为公平的合作体系"的理念。④ 在罗尔斯看来，规范的社会合作有三个基本特征：首先，社会合作受到公共接受和认可的规则和程序的指导；其次，社会合作包含公平的合作条款；最后，合作者的理性利益（rational advantage）得以实现。⑤ 这

---

① David Gauthier, *Morals by Agreement*, Oxford: Clarendon Press, 1986, p. 18.

② 参阅 John Rawls, *Political Liberalism*, New York: Columbia University Press, 2005, pp. 275 - 278.

③ John Rawls, *A Theory of Justice*, Cambridge MA: Harvard University Press, 1999, p. 4.

④ 虽然罗尔斯在《正义论》中运用了"互利"的概念，但那里的"互利"实际上可以理解为"相互性"。在《正义论》的索引中，罗尔斯将这两个概念的条目合一。参阅 John Rawls, *A Theory of Justice*, Cambridge MA: Harvard University Press, 1999, p. 531

⑤ 参阅 John Rawls, *Justice as Fairness: a restatement*, Cambridge MA: Harvard University Press, 2001, p. 6.

种规范的合作观表达了一种相互性的理念，即"所有参与合作并按照规则和程序的要求履行职责的人，都应当以恰当的方式获益，而这种恰当性是由一种恰当的比较基准来衡量的。"① 罗尔斯认为，相互性对社会合作来说具有核心意义。如果一个人的理性利益没有得到公平的对待，那么就意味着他被剥削、被利用了，而不是真正地参与社会合作。按照相互性的要求，每一个合作者，不管其出身、性别、种族、信仰是什么，只要对社会合作做出了贡献，都有权利享有公平的分配份额。每个合作者都应从社会合作中获益，并不是说作为合作的条件，每个人都应从其他每个人那里获益。这一点使相互性区别于互利。相互性在保护合作者正义权利的同时，并不意味着将不能提供利益的弱势群体从正义的关系中排除出去。

罗尔斯也明确指出："相互性的观念和互利的观念不是一回事。"② 相互性要求合作者从社会合作中获益，但必须是以一种在道德上可以辩护的方式获益。相互性内在地体现一种道德要求，而互利和不公正、剥削是相容的。③ 达到了相互性，并不意味着实现了互利。有时，相互性的实现恰恰是以牺牲互利为代价的。假设有一个贫富悬殊的社会，且财富的不平等主要是由家庭出身而不是个人的努力造成的。现在，这个社会的决策者根据罗尔斯的两个正义原则对这个社会的基本制度进行改革。无疑，改革后的社会向相互性的方向进了一步，但很难保证每个社会成员的利益相对改革前都有所提升。事实上，那些出身权贵阶层、积累了大量财富的社会成员很可能会抵制改革，因为改革会损害他们的既得利益。

此外，实现了互利，并不意味着达到了相互性。一般说来，每个人在合作状态中的处境比在非合作状态要好。契约理论家通常设想出一种缺少社会合作的"自然状态"。在这种自然状态中，每个人自由而平等，只受自然法的支配。自然状态有这样那样的缺陷，最主要的是缺少和平和秩序。霍布斯论证说，自然状态就是一种人人相互为敌的战争状态，"最糟糕的是人们不断处于暴力死亡的恐惧和危险中，人的生活孤独、贫困、卑

---

① 参阅 John Rawls, *Political Liberalism*, New York: Columbia University Press, 2005, p. 16.

② 参阅 Rawls, *Political Liberalism*, New York: Columbia University Press, 2005, p. 17.

③ See Samuel Freeman, Frontiers of Justice: The Capabilities Approach vs. Contractarianism, *Texas Law Review*, Vol. 85（2）, 2006, p. 404.

污、残忍而短寿。"① 由于人们在自然状态中的生活极度悲惨，所以无论如何，只要进行社会合作，每个人的处境都会得到改善。在这个意义上，合作能够促进互利。然而，一种实现了互利的合作形式未必满足相互性的理念，它仍然可能包含权贵集团对弱势群体的剥削。尽管弱势群体的处境比随时可能失去性命的战争状态要好些，但并不意味着他们从社会合作中公平地获益。

总之，互利既不是实现相互性的必要条件，也非充分条件。在罗尔斯的契约论中扮演重要角色的是相互性而非霍布斯主义的互利观念。努斯鲍姆错误地把高蒂尔的互利观点归给了罗尔斯，导致她的批评一开始就失去了正确的方向。我们没有理由认为，罗尔斯的具有道德色彩的相互性观念会排斥残疾人的正义权利。

四　道德能力和正义权利

罗尔斯的社会合作观点和两种道德能力息息相关。由于社会被视为公平的合作体系，那么，根据自由主义的正当性理论，社会公平合作的条款应当对所有相关社会成员来说都是可证成的。而对合作条款的证成性进行评价，要求社会成员拥有两种道德能力。善观念的能力使人们能够看到社会合作的意义，并愿意参与合作；正义感的能力使人们能够遵守社会合作的条款，即便这样做有时不符合自己的最大利益。可见，两种道德能力是从事罗尔斯意义上的社会合作的基本条件。所谓充分合作的社会成员，必须拥有两种道德能力。而不拥有最低限度的道德能力的人，则无法有效参与社会合作。基于相互性的理念，拥有道德能力的社会合作者有权利要求获得公平分配社会资源的份额。罗尔斯明确指出："道德人格能力是获得平等正义权利的一个充分条件。除了这个基本条件之外，不需要其它条件。"② 现在的问题是，残疾人拥有罗尔斯所说的道德能力吗？

很明显，身体残疾而心智健全的残疾人是可以拥有这两种道德能力的。对于聋人、盲人来说，他们不但可以有对良好生活的设想并制定自己的生活计划，还能和外界进行某种形式的交流互动，拥有参与公共事务所

---

① ［英］霍布斯：《利维坦》，黎思复、黎廷弼译，商务印书馆1997年版，第95页。

② John Rawls, *A Theory of Justice*, Cambridge MA: Harvard University Press, 1999, p. 442.

需的正义感。真正困难的情形是那些有精神残疾的人（比如自闭症、唐氏症患者）。他们似乎在运用道德能力方面存在严重的障碍，是不是就意味着像努斯鲍姆设想的那样，被罗尔斯的理论排除出正义的范围了呢？

　　值得注意的是，罗尔斯将道德能力视为一种潜在的力量，而不是已经实现的状态。"应当看到，这里的道德人格被界定为一种通常在特定阶段实现的潜力。正是这种潜力使正义的主张发挥作用。"① 这样一来，几乎我们每一个人都具有道德人格，无论是正常人还是残疾人。即使没有充分地展示和运用道德能力，那些患有精神残疾的人仍然可能在一种潜在性的意义上拥有道德能力。事实表明，很多存在认知障碍的残疾人确实具有实现道德人格的潜力。医学界曾一度认为唐氏症患者无法学会走路、交谈甚至自己穿衣服。然而，现在不少患有唐氏症的成年人已经成为富有活力的社会成员：有的成为电视剧演员，有的学会演奏乐器，有的从事公共服务，有的创办网站。从他们的行为举止和语言文字中可以发现他们已经初步形成了一定的善观念和正义感。② 道德能力和大多数其他类型的能力一样，不完全是与生俱来的自然天赋。道德能力的形成和完善，有赖于特定的社会条件。缺乏有意识的培养和训练，道德能力是无法实现的。如果把一个出生时健康的儿童置于一个孤立的环境中，他将因为缺少关爱和交流而难以获得基本的道德感。而即便是先天不足的残疾人，也有希望发展道德能力，前提是获得有利条件的支撑，例如家庭成员的精心照顾、社会环境的支持、教育资源的投入等。实际上，那些智力障碍的残疾人得以实现某种程度的道德人格，离不开家庭和社会的强有力的支持。

　　既然罗尔斯将平等正义建立在潜在的道德人格之上，而患有精神残疾的人也具有实现道德人格的潜力，那么，他们就和心智健全的人一样拥有基于正义的不可侵犯的权利。在设计基本正义原则时，原初状态中的各方会将他们的利益纳入考虑。由此可见，一旦我们从"潜在性"的观点去理解道德能力，契约论对残疾人的包容性就增强了。

　　然而，可能有人反驳说，"潜在性"的观点太乐观了，不是所有人都

---

① John Rawls, *A Theory of Justice*, Cambridge MA: Harvard University Press, 1999, p. 442.

② 关于唐氏症患者拥有道德潜力的例证，参阅 Sophia Isako Wong, The Moral Personhood of Individuals Labeled "Mentally Retarded": A Rawlsian Response to Nussbaum, *Social Theory and Practice*, Vol. 33, No. 4 (October 2007), pp. 586 – 587.

可以被视为具有道德潜力。不可否认，有些残疾人的认知障碍非常严重，以至于在现有的医疗和教育条件下不可能发展出任何形式的道德能力。他们不仅现在不是合作者，而且将来也不可能参与社会合作。这些明显缺乏道德潜力的非合作者，是否被罗尔斯排除出正义的范围呢？答案是否定的。必须强调指出，罗尔斯只是确认道德能力或道德人格是人们获得正义权利的充分条件。至于它是否构成必要条件，罗尔斯的观点表现得相当谨慎："道德人格是不是一个必要条件的问题，我先放在一边。我假定正义感的能力是绝大多数人所具有的，因而这不会带来严重的实践问题。具有根本意义的是，道德人格足以使人成为权利的主体。我们在假定这个充分条件通常得到满足时不会有太大错误。即使道德能力是必要条件，根据这一点在实践中不给予（不具备这一条件的人）正义是不明智的。那样的话，正义的制度将会面临巨大的风险。"①

一方面，罗尔斯坚持充分合作假定，强调原初状态的立约者代表的只是具有道德能力、充分合作的社会成员；另一方面，他又不愿否认那些不具有道德能力、患有严重残疾的人的正义主体地位。这里看似矛盾，其实不然。罗尔斯认为，严重残疾者也有权利得到公平的对待，只不过这不是原初状态要解决的问题。等到立法阶段，我们可以根据对社会事实（比如经济社会发展状况、可利用的资源、严重残疾者的数量）的了解，制定出补偿严重残疾者的法律制度。在罗尔斯那里，合作者之间的正义问题和非合作者（严重残疾者）的正义问题是分开处理的。对于这种分开处理的策略，有两点考量予以支持。

第一，从正义的主题看，正义的首要主题是社会基本结构。所谓社会基本结构，就是指对维系社会合作不可缺少的宪法，以及一系列社会和经济安排，如保护思想言论自由的法律、市场制度、财产制度等。缺少了这些制度，一个社会就无法正常运转。社会基本结构对每一个社会成员的生活前景影响深远。更重要的是，在维护社会背景正义方面，社会基本结构的作用不可替代。原初状态各方要选择的正义原则，正是规范社会基本结构的原则。然而，不是所有的社会制度都可以纳入社会基本结构的范畴。

① John Rawls, *A Theory of Justice*, Cambridge MA: Harvard University Press, 1999, pp. 442 - 443.

补偿和救助严重残疾者的制度，尽管具有道德重要性，但不属于社会基本结构。关于如何补偿严重残疾者的正义原则也不属于背景正义的原则，因而不是原初状态各方考虑的对象。

第二，从正义的类型看，正义包括相互性的正义和基于需要的正义。这两种类型的正义对应着我们关于正义的两个深刻的直觉：（1）每一个合作者都有权利公平获得社会合作产生的好处；（2）任何一个人，无论他是否具有社会合作需要的道德能力，社会都应当满足他的基本需要。①我们难以"毕其功于一役"，一次性就制定出既满足相互性又满足特殊需要的正义原则。不同类型的正义问题只有在不同的阶段得到处理。原初状态主要处理的是相互性的正义问题，罗尔斯的两个正义原则表达了相互性的理念，回应了合作者的正义诉求。而非合作者或严重残疾者的正义问题，则要等到"无知之幕"进一步打开、社会信息逐步明朗之后再予以讨论。这种分开处理的策略，与其说是排斥严重残疾者的正义权利，不如说是关注他们不同类型的正义要求。

不可否认，努斯鲍姆对契约论的批评是有价值的。努斯鲍姆的批评提示我们关注并反思契约论的理论预设及其理论限度，而且也确实切中了某些契约论版本的要害。然而，这个批评对罗尔斯的契约论并不构成致命的威胁。一旦我们对"大致平等""相互性""道德能力"这些观念做了澄清，就会发现罗尔斯的契约论并不排斥残疾人的正义权利。如果得到恰当的理解和诠释，罗尔斯的契约论仍然是一个富有包容性的制度证成的理论进路。

---

① 参阅 Cynthia A. Stark, Contractarianism and Cooperation, *Politics, Philosophy&Economics* 8 (1), 2009, p. 90.

第七章　能力进路的正义理论及其面临的挑战

1979 年，经济学家阿玛蒂亚·森（Amartya Sen）在坦纳讲座发表题为《什么的平等》的演讲，批评罗尔斯用基本益品（primary goods）衡量个人优势的观点，并初步提出了"基本能力"的概念，指出正义研究应当从关注个人获得的资源转向个人的能力，即人们实际上能够做什么或成为什么样的人。此后，森把这一思想理路称之为能力进路（capability approach），并以此来研究贫困、发展、性别歧视等问题。近些年来，著名哲学家、公共知识分子玛莎·努斯鲍姆（Martha Nussbaum）试图在批判罗尔斯契约论的基础上，运用能力进路来构建一种新的正义理论，以纠正契约论无法克服的缺陷。[①] 可以说，努斯鲍姆的理论探索开启了正义问题研究的新视野和新方向。本章试图对能力进路的正义理论作一个批判性的考察，在彰显其要点和洞见的同时，指出这一理论面临的困境和挑战。

---

① 森和努斯鲍姆是捍卫能力进路的两位最重要的理论家。尽管森在正义问题上也有不少论述，但他主要是将能力作为评价社会正义和生活质量的关注焦点和信息基础，而没有提出明确的分配正义规则，其倡导的能力进路并不直接带有公共政策的含义。森拒斥所谓"先验制度主义"（transcendental institutionalism）的主张，他认为重要而迫切的问题不是制定完美的规则、实现绝对的正义，而是鉴别和消除明显的不正义。（参见阿玛蒂亚·森：《正义的理念》，王磊等译，中国人民大学出版社 2012 年版，第 4—22 页。）相比而言，努斯鲍姆的理论旨趣更接近主流的正义理论，她致力于构建一个包含正义规则的"最低限度的"正义理论，并希望以此对制度设计和政策制定发挥影响。在运用能力进路发展规范的正义理论方面，努斯鲍姆比森走得更远。森本人也承认，努斯鲍姆在这一领域作出了开创性的贡献。本书对能力进路的考察，将主要关注努斯鲍姆的版本。

第一节　正义的尺度：效用、资源还是能力？

　　一个完整的分配正义理论通常要解决两个问题：正义的尺度和正义的规则。① 正义的尺度关注的是，在评价一个社会正义与否时，我们需要着眼于何种类型的善（good）；而正义的规则规定这种善应当如何分配。

　　能力进路的先驱阿玛蒂亚·森主要关心的就是正义的尺度问题。他指出："任何关于伦理学和政治哲学的实质性理论，尤其是正义理论，必须要选择一个信息焦点（informational focus），也就是说，必须决定，在评判一个社会和评价正义与非正义的过程中，我们应当聚焦世界的哪些特征。"② 毫无疑问，我们在进行社会正义与否的判断时，需要考虑的不只是精英人群的生活状态，也不是这个社会总体的财富规模，而是在这个社会中生活的每个人的境况和福祉。关键问题是，什么指标最能准确反映个人的生活境况，进而成为我们衡量正义的尺度，也就是阿玛蒂亚·森所说的正义判断的"信息焦点"？

一　效用尺度及其问题

　　正义的尺度可以分为两种类型：主观尺度和客观尺度。效用主义进路提供了一种典型的主观尺度，它以经济学上的效用概念界定人的生活品质，而这里的效用经常等同于愉悦感或偏好的满足。③ 根据效用主义，一个人过得好不好，很大程度上取决于他的主观经验。效用主义的优点是关注人本身，它根据人们所报告的对生活的感受来评估生活质量。然而，这个优点无法掩盖作为正义尺度的效用主义进路存在的缺陷。努斯鲍姆梳理

---

　　① Elizabeth Anderson, "Justifying the capabilities approach to justice", in *Measuring Justice*: *Primary Goods and Capabilities*, eds. Harry Brighouse and Ingrid Robeyns, Cambridge : Cambridge University Press, 2010, p. 81.

　　② Amartya Sen, *The Idea of Justice*, Cambridge MA: Harvard University Press, 2009, p. 231.

　　③ 值得强调的是，这里所说的效用主义只是关于正义尺度或生活质量的理论，它并不涉及正义分配的规则或道德正当的标准。而我们通常在政治哲学中讨论的效用主义是兼顾正义尺度和正义规则的规范理论。后者一般蕴含了前者，但前者并不一定承诺后者的某些观点。

了对效用主义进路的几个主要的反对意见。①

首先，效用无法合理地用于生活境况的人际比较。人生包含了很多不同类型的愉悦感或满足感，而这些愉悦感或满足感往往是不可通约、无法比较的。设想当下有甲乙丙三人，甲享用了一顿美味大餐，乙读完了一部精彩的悬疑小说，丙欣赏了一场高水平的交响音乐会。三人都从各自的活动中获得了愉悦感，三人的偏好也都得到了满足，但很难据此判断谁的处境更好一些。效用尺度过于单薄，不能反映现实生活的多元性、复杂性、不可通约性。

其次，效用主义的进路低估了选择和行动的价值。一个人的福祉绝不限于他的主观状态，光有愉悦和满足的感觉还谈不上生活质量。努斯鲍姆指出，一般情况下，愉悦感或满足感是人在行动之后的一种状态。然而在某些时候，即便没有相关的行动，人们照样可以获得美妙的感觉体验。②关于这一点，诺齐克（Robert Nozick）通过一个著名的思想实验予以生动形象的说明：设想有一台"体验机"，科学家能够把我们连接上这台机器并为我们注射药物，这些药物可以让我们产生各种各样快乐满足的心理状态，比如陷入爱河的兴奋、事业成功的喜悦、宗教冥想的平静、文学创作的成就感等。但是，无论"体验机"的功能有多强大，我们大多数人并不愿意靠这台机器度过一生。事实上，正如金里卡所评论的，"这种'生活'不仅不是最好的生活，它甚至几乎不能算作是生活。这种生活不仅没有价值，许多人反而会认为这简直就是在糟蹋生活的价值"。③

这个思想实验表明，除了快乐的主观感受，人生中还有很多其他值得珍视、不容放弃的东西。我们想要快乐，但这不意味着我们要做快乐的奴隶。有价值的生活必定包含一个涉及选择和行动的现实维度。缺少选择和

---

① Martha C. Nussbaum, *Creating Capabilities*：*The Human Development Approach*, Cambridge MA：Harvard University Press, 2011, pp. 50 – 56. 努斯鲍姆对效用主义的批评之一是，它要求对所有人的效用进行加总统计，因而对分配问题不敏感，在某些情形下可能为了总体效用的最大化而牺牲某些特定人群的效用。显然，这个批评针对的是规范的效用主义的观点，和我们当下对正义尺度的讨论并不相关。这里讨论的问题是，效用能否充分地刻画人的生活境况？

② Martha C. Nussbaum, *Creating Capabilities*：*The Human Development Approach*, Cambridge MA：Harvard University Press, 2011, p. 55.

③ ［加］威尔·金里卡：《当代政治哲学》（上），刘莘译，上海三联书店 2004 年版，第 26—27 页。

行动，人顶多是在生存而不是生活，更谈不上良好的生活。尽管选择和行动可能给我们带来无尽的挫折和失落感，但我们依然会追求有选择和行动的生活。"体验机"的思想实验足以摧毁任何试图用纯粹的主观感受来刻画生活质量的方案。

一个主观性稍有弱化的效用主义的版本，是用偏好的满足代替满足感作为评价个人福祉乃至社会正义的尺度。很显然，"偏好的满足"是一种事态，而不仅仅是主观体验。因此，这个方案可以规避来自"体验机"例子的反驳，但它面临的挑战也十分尖锐。这里，努斯鲍姆主要借助阿玛蒂亚·森和乔·埃尔斯特（Jon Elster）的研究成果，提出了适应性偏好（adaptive preferences）的问题。努斯鲍姆写道："偏好不是不可改变的，它们对社会环境作出反应。当社会使得某些人无法触及一些物品时，这些人通常就学会不去追求这些物品；他们形成了埃尔斯特和森所说的*适应性偏好*。"① 比方说，在一个严重歧视女性的社会中，女性在成长过程中从一开始就被灌输"女子无才便是德"的信念，而且社会制度和社会风尚都不鼓励甚至阻碍女性接受教育。在这样的社会条件下，女性就会放弃对上学读书的欲望，转而向往一种相夫教子的生活。不过问题在于：即使这些女性的适应性偏好得到满足、她们过上了自己想要的那种完全以家庭为中心的生活，也并不意味着她们的生活质量得到了保证，当然更不能以此作为判断社会正义实现的依据。对于一个社会中受到歧视和剥削的人来说，就算他适应了这样的社会环境，对现状感到满足，也无法表明他得到了公正的对待。由此看来，这种效用主义的进路非但不能恰当地衡量正义，反而只会遮蔽现实中可能存在的严重的不正义。

二　社会基本益品尺度及其问题

正是因为发现了上述问题，理论家的关注点从正义的主观尺度转向客观尺度。罗尔斯的社会基本益品（social primary goods）进路提供了一种

---

① Martha C. Nussbaum, *Creating Capabilities: The Human Development Approach*, Cambridge MA: Harvard University Press, 2011, p. 54.

典型的客观尺度。① 根据罗尔斯的差别原则，社会和经济的不平等应当符合最弱势者（the least advantaged）的最大利益。因此，要阐明差别原则，就必须界定谁是社会中最弱势的人，而这需要进行福祉状况的人际比较。对此，罗尔斯提出要以社会基本益品作为指标来衡量人的生活境况。所谓基本益品，"就是那些被假定为理性的人都需要的东西，不管他在其他方面有什么需求"。② 无论一个人拥有何种良好生活的观念、拥有何种理性的生活规划，基本益品都是他所需要的。因此，"原初状态"中的理性立约者在选择制度原则时，出发点都是获得较多而非较少的社会基本益品。社会基本益品直接由社会基本制度来加以分配，包括权利、自由、机会、收入和财富等。③ 按照罗尔斯的观点，只要两个人占有相似的社会基本益品，他们的生活质量就处在同一个层次。在一个由两个正义原则规范的社会体系中，最弱势者就是那些收入最低的人。④

　　努斯鲍姆对社会基本益品进路的批评基本沿袭了阿玛蒂亚·森的思路。森论证说："看起来，基本益品进路没有注意到人的多样性……如果人与人之间总的来说非常相似，那么基本益品的指标也许是评价优势的一

---

　　① 努斯鲍姆有时也把罗尔斯的这一观点归到基于资源的进路（resource – based approach），不过她也意识到罗尔斯的观点是资源进路的一个比较复杂的版本。参阅 Martha C. Nussbaum, *Creating Capabilities*：*The Human Development Approach*, Cambridge MA：Harvard University Press, 2011, pp. 56 – 57. 总的来看，在正义尺度问题上，目前的争论主要就集中在资源进路和能力进路之间。

　　② John Rawls, *A Theory of Justice*, Cambridge MA：Harvard University Press, 1999, p. 79.

　　③ 其实，基本益品除了包括社会基本益品，还包括自然的基本益品。自然的基本益品是指虽受社会制度影响但却不直接由其分配的益品，比如健康、智力、创造力、想象力以及其他自然天赋。金里卡对罗尔斯有一个深刻的质疑：既然自然基本益品和社会基本益品一样会影响人们的生活前景，那么，为什么只依据社会基本益品去界定最弱势者的地位？按照罗尔斯的理论，如果一个先天残障人士的收入水平和正常人差不多，那么他就不属于最弱势者，也就没有权利要求社会对他予以特殊的关照，尽管事实上他的生活要比正常人艰难得多。但一个深刻的道德直觉告诉我们，一个正义的社会不应放任自然天赋这种非选择的因素去影响人们的生活前景，人们不应该仅仅因为自然资质的差异就处于有利或不利的处境。尽管矛头所向都是罗尔斯，但金里卡和能力理论家们略有不同。金里卡并不主张彻底放弃资源进路，而是试图对其予以补充完善。参见威尔·金里卡：《当代政治哲学》（上），刘莘译，上海三联书店，2004 年，第 132—136 页。

　　④ 罗尔斯的这个观点需要放在其整个正义理论的体系中来理解。这里，罗尔斯之所以将收入作为衡量最弱势者的指标，是因为在他所设想的由两个正义原则调节的社会中，每个人都享有平等的自由和权利。也就是说，在社会基本益品方面，人际差异主要体现在收入和财富水平上。一些评论者认为罗尔斯就是纯粹以收入作为分配正义的尺度，这是对罗尔斯的误解。

种不错的方式。但事实上，由于在健康、寿命、气候条件、居住地、工作条件、性格甚至体型（影响食物和穿衣需求）等方面存在差异，人们的需要有很多不同。"① 在森和努斯鲍姆看来，罗尔斯的社会基本益品进路乃至一般意义的资源进路的缺陷就在于忽视了人与人之间客观存在的那种显著差异。人们的自然禀赋不同，面临的社会条件也不同。这些差异又进一步导致个人将资源转化为功能性活动（functioning）的能力存在差异。这意味着，即使是拥有相同社会资源的两个人，能够达到的功能性活动水平也未必相同。一个先天腿部残疾的人也许和另一个四肢健全的人拥有相同的基本政治权利和经济收入，但却难以像后者那样行动自如。另一方面，要达到相同的功能性活动水平，两个具有不同特征的人可能需要不同的资源。例如，怀孕或哺乳的妇女比没有怀孕的妇女需要更多的营养；儿童比成年人需要更多的蛋白质。②

归根到底，社会基本益品本身不是目的，只是实现有价值生活的手段之一。正如亚里士多德所说："财富显然不是我们在寻求的善。因为，它只是获得某种其他事物的有用的手段。"③ 影响生活质量的因素，除了由强制性社会制度来分配的权利、自由、机会、收入外，还包括非强制性的风尚习俗、文化传统，以及人的自身条件（生理的和精神的）等。一种不体面、没有尊严的生活状态可能不是由资源分配不公造成的，而是源于非正式的社会规范。④ 由此看来，用社会基本益品或资源来衡量人的生活境况很不充分。资源并不是反映人们实际生活状况的一个恰当的指标，也

---

① Amartya Sen, "Equality of What?", in *The Tanner Lectures on Human Values*. ed. S. McMurrin, Salt Lake City: University of Utah Press and Cambridge University Press, 1980, pp. 215 – 216.

② Martha Nussbaum, "Capabilities and Social Justice", *International Studies Review*, Vol. 4, No. 2 (Summer, 2002), p. 127.

③ ［古希腊］亚里士多德：《尼各马可伦理学》，廖申白译，商务印书馆 2006 年版，第 13 页。

④ 伊丽莎白·安德森（Elizabeth Anderson）举的一个关于同性恋的例子很能说明问题。在敌视同性恋的社会中，尽管一些同性恋者可能享有基本的权利和自由，拥有体面的工作和收入，但他们同时面临强烈的歧视和社会压力，以至于不得不隐藏自己的性取向。他们受到了不公平的对待，但这显然和资源无关，也无法通过资源的再分配来纠正其所承受的不正义。参阅 Elizabeth Anderson, "Justifying the capabilities approach to justice", in *Measuring Justice*: *Primary Goods and Capabilities*, ed. Harry Brighouse and Ingrid Robeyns, Cambridge : Cambridge University Press, 2010, p. 89.

不是我们在评价社会正义时所需要的可靠信息焦点。仅仅凭借对一个人拥有资源情况的了解，我们还无法判断出他是否得到了社会公平的对待。以资源作为正义尺度，还是会遮蔽一些重要的不正义问题。

三　能力尺度

能力理论家认为，与其关注手段，不如关注目的本身。重要的不是人们拥有的资源，而是人们能够利用这些资源做到哪些事情，达到何种状态，成为何种人。一句话，能够充分反映福祉并且作为正义判断之信息焦点的是人们的能力。这样，在衡量个人的生活品质和社会正义时，能力理论家要追问的问题就不是"人的偏好是否得到了满足"或"人获得了多少资源"，而是"他能够做什么，能够成为什么样的人"。

无疑，"能力"概念对于理解能力进路格外重要。尽管"能力"从字面上说属于日常语言，但在能力理论家那里具有特定的含义。阿玛蒂亚·森这样来定义能力："一个人的能力指的是此人有可能实现的、各种可能的功能性活动组合。能力因此是一种自由，是实现各种可能的功能性活动组合的实质自由。"[①] 所谓"功能性活动"就是指人们认为有理由珍视的事情或达到的状态。[②] 有价值的功能性活动种类很多，例如维持足够的营养、保持健康、接受良好的教育、参与社会文化生活等。森把能力和自由联系在一起，认为能力反映了自由，拓展能力就是拓展自由。值得强调的是，这里的自由是一种"实质自由"。一个人拥有某种实质自由意味着，他不仅在形式上拥有这种自由，而且能够有效地运用这种自由。拥有自由是一回事，运用自由是另外一回事。可以设想，一个人拥有宪法赋予他的就公共事务发表言论的自由，但如果他是个文盲，或者对公共事务缺乏最基本的了解，那么，他就无法运用这项自由。在这种情况下，自由对他来说只是形式上、名义上的，而不是实质性的。

努斯鲍姆进一步发挥了森关于"实质自由"的思想，她评论说："它

---

① ［印］阿玛蒂亚·森：《以自由看待发展》，任赜、于真译，中国人民大学出版社 2012 年版，第 63 页。

② 功能性活动（function）这个概念来自亚里士多德。亚里士多德认为，事物的善（good）要从功能性活动的角度来理解。任何事物都有一种功能性活动，它的善就在于完美地展现这个功能性活动。

们（指实质自由）不仅仅是居于个人身上的能力，而且还是由个人能力和政治、社会及经济环境共同创造的自由或机会。"① 因此，努斯鲍姆把"实质自由"也称之为"组合能力"（combined capabilities）。

为了清晰起见，努斯鲍姆区分了组合能力和内在能力（internal capabilities）。能力进路关注的是组合能力，而我们日常语言中所说的能力通常是指内在能力。内在能力是人的某些特质，包括人的身体状态、健康状况、性格倾向、智商情商、知识水平、运动技巧等。内在能力不是固定不变的，而是处在动态发展过程中。内在能力不是自然天赋，而是在天赋基础上加以培养和训练的结果。② 一个人要去运用和实践其内在能力，离不开外界环境的支持。社会、政治、经济和家庭条件，都会在一定程度上决定内在能力的发挥。要拥有所谓的组合能力，不仅要具有一定的内在能力，而且还要求满足让内在能力得以发挥的社会、政治、经济等外部条件。在能力理论家看来，即使一个人对公共事务有基本了解且具有一定语言表达能力，但如果他的政府强势压制言论自由，那么在这种情况下，就不能说他有能力就公共事务发表言论。严格意义上，此时的他仍然存在一种能力缺陷。从组合能力的视角看，要提升一个人的能力，不仅要着眼于发展他的内在能力（知识和技能），还需关注其外部环境的改善（变革社会制度、改变社会风尚等）。

一个拥有做某件事的组合能力的人，必定具有做这件事的内在能力；而一个拥有做某件事的内在能力的人，未必具有做这件事的组合能力。如果说一个人能够信仰某种宗教（在组合能力的意义上），那就表明他能够理解该宗教的核心教义，了解并参与相关的宗教仪式（内在能力）。而从一个人拥有信仰宗教的内在能力的事实，并不能推论出他能够真正地去信仰一种宗教。因为，在一个拒斥任何宗教、强制推行无神论的社会中，人

---

① Martha C. Nussbaum, *Creating Capabilities：The Human Development Approach*, Cambridge MA：Harvard University Press, 2011, p. 20.

② 和天赋有关的是努斯鲍姆提出的另一个概念——基本能力（basic capabilities）。基本能力是人与生俱来的潜能，它是后期发展和训练的基础。不过，在能力进路中，基本能力概念并不扮演重要角色。努斯鲍姆认为应当非常谨慎地使用基本能力概念，因为这个概念很容易被用于发展一种违背平等尊重的理论，该理论主张民众的社会和政治权利应当和天赋能力成正比，天赋越高，权利越大。参阅 Martha C. Nussbaum, *Creating Capabilities：The Human Development Approach*, Cambridge MA：Harvard University Press, 2011, p. 24.

们即便拥有一系列相关的内在能力，也没有机会成为真正意义上的宗教徒。

努斯鲍姆也意识到，从经验上说，内在能力和组合能力的区别并非泾渭分明。[①] 尽管我们可以对两者进行概念上的区分，进而设想出这样的情形：一个人具有从事某个活动的内在能力，但由于外部条件的限制，不具有从事这个活动的组合能力。然而事实上，外部条件不仅会影响内在能力的运用，还会影响内在能力本身的得失。因为，不下水就无法学会游泳，一个人总是要经由一定的实践才会养成一种内在能力。假如外部条件变得十分不利，乃至剥夺了实践的机会，这种内在能力很可能就会遭到削弱，甚至得而复失；而假如外部条件一开始就杜绝了人们实践的可能性，我们就有理由怀疑内在能力能否真正形成。既然内在能力其实和组合能力一样仰仗外部条件，那么，在实践中两者的区分就并不是那么清楚。

不管怎么说，在努斯鲍姆看来，评价个人福祉和社会正义的尺度不是内在能力，而是信息量更大的组合能力。根据能力进路，在进行正义判断时，我们不仅要考虑个人的内在能力，而且还要考察，他所处的外部环境是否提供了其展现和运用内在能力的机会。以组合能力为正义判断的信息焦点，是能力进路的正义理论的核心观点之一。

研究能力进路的学者经常争论这样一个问题，究竟应该以能力还是功能性活动作为衡量福祉和正义的尺度？能力是一种潜在的状态，而功能性活动是实际达到的成就。能力之所以重要，很大程度上是因为它们可以转化成各种有价值的功能性活动。如果能力从未得到运用，那么它们将是无意义的。提升能力的目的就在于增加人们过有价值生活的机会。既然如此，为什么不是以人们业已实现的功能性活动来作为衡量其生活质量的尺度呢？

努斯鲍姆认为，反映生活品质的不只有功能性活动的水平，还有自由选择。能力进路的一个重要洞见是，自由选择本身就具有内在价值，而且是良好生活不可缺少的构成要素。一个人也许在某些功能性活动方面达到了很高的水平（比如受过良好教育、从事体面工作），但如果这一切都是

---

① Martha C. Nussbaum, *Creating Capabilities: The Human Development Approach*, Cambridge MA: Harvard University Press, 2011, p. 23.

在外部的强制下达成的，那么他的生活质量就要大打折扣。此外，在特定功能性活动方面水平相似的两个人，生活境况可能相差甚远。在此，努斯鲍姆借用了阿玛蒂亚·森的一个例子。设想一个正在挨饿的穷人和一个为了减肥而节食的富人，他们都处于营养不良的状态，但后者的处境显然要比前者好很多。① 原因就在于，这种状态是富人自主选择的结果。只要他愿意，他随时可以结束节食，改善自己的营养状态。相比之下，穷人无从选择，他的经济条件决定了他根本没有改善营养的机会。从这个例子可以看出，能够恰当反映人的福祉，不是特定的营养状态本身（功能性活动），而是实现这种营养状态的能力。在这个例子中，之所以说富人的处境较之穷人更为有利，主要是因为富人获得良好营养的能力更强。鉴于能力尺度为自由选择留下空间，它比功能性活动更适合作为衡量生活质量的指标。

在制度设计和政策制定过程中，聚焦能力而非功能性活动，能够有效避免"家长主义"的倾向。考虑下促进健康和促进健康能力这两种政策存在的区别。一项旨在促进公众健康的政策可能明确禁止人们吸烟，哪怕在私人场合也不允许，因为吸烟已经被证明对人体健康有严重危害。这项政策明显带有家长主义的倾向，它强制推行一种生活方式，不给人们选择的余地。而一项旨在促进健康能力的政策，不会作出如此强制性的规定。它可能会通过广泛的宣传教育，向公众传达吸烟有害健康的信息，使公众认识到吸烟的危害。或者，规定政府向戒烟者提供帮助服务。这种政策提升了人们远离烟草的机会和能力，但并不把吸烟从个人的选项中彻底排除出去。由此可见，两种不同类型的公共政策蕴含的道德涵义有显著差异。促进能力的政策尊重人们对生活方式的选择，而直接促进功能性活动的政策却并非如此。

当然，努斯鲍姆不否认，对于那些缺乏成熟的心智和选择能力的人（例如儿童）来说，我们最好根据他们的功能性活动水平来评价其福祉，相应的社会政策也应该直接以提升他们的功能性活动水平为目标。此外，

---

① 参阅 Martha C. Nussbaum, *Creating Capabilities*: *The Human Development Approach*, Cambridge MA: Harvard University Press, 2011, p. 25.

当事关尊严和尊重时，政府也不应当放任民众自由选择。① 负责任的政府要确保每一个公民不被奴役，而不只是具有不被奴役的能力。一个心甘情愿成为他人奴隶的人，他的生活无论如何都不值一过。针对特定人群、特定领域，以功能性活动为焦点、具有家长主义倾向的公共政策是可以得到辩护的。

四　支持能力尺度的考量

在正义的尺度这个论题上，能力进路的主要竞争对手是资源主义的进路。目前看来，主要有三方面的考量支持能力进路。

第一，衡量正义的尺度，应该是推进正义的目标而非手段。判断一个社会正义是否实现以及实现的程度，主要是看正义的目标是否达成。在进行正义评价时，如果能够对正义目标的实现情况形成可靠的认知，就没有理由不将目标视为正义的尺度。在这种情况下，坚持把手段当作正义的尺度是不明智的。那么，作为社会制度的首要价值，正义的目标是什么？人们关注和追求社会正义，归根到底是因为人们关注在这样的社会中，自己以及自己关心的人能够过一种什么样的生活。社会正义深刻影响人们的生活前景，和每个人的生活品质息息相关。一旦遭受歧视、剥削和不公平对待，个人的福祉就不可避免地受到威胁，人们就难以有机会去追求自己认为有价值的那种生活。所以，从根本上说，推动社会正义的目标就是保障社会上的每个人都能够过上一种有尊严的生活。至于权利和自由、收入和财富的分配，只是推进社会正义的手段。而且值得强调的是，通过社会基本制度进行资源的分配，是促进社会正义的重要手段，但不是唯一手段。因此，能力比资源更适合作为正义的尺度，也就是阿玛蒂亚·森所说的评价正义的信息焦点。

第二，能力进路反映出对人的差异性和多样性的敏感，而这正是资源进路所缺乏的。资源进路往往关注的是一些"通用"的资源，而对一些特殊人群的特殊需要视而不见或存而不论。例如，罗尔斯对基本益品的解释就是基于一种政治的人的观念。罗尔斯写道："既然我们从社会作为公

---

① Martha C. Nussbaum, *Creating Capabilities*: *The Human Development Approach*, Cambridge MA: Harvard University Press, 2011, p. 26.

平的合作体系的观念开始，那么我们假定，作为公民的个人拥有使其成为社会合作成员的一切能力。"① 作为分配对象的基本益品，就是充分合作的社会成员追求各自生活方式所必不可少的东西。但问题在于不是所有社会成员都能充分参与社会合作。不管我们如何界定社会合作的含义，总会有一些人由于生理或心理的缺陷而无法被视为充分的合作者。进而他们所需要的资源（如特殊的照顾和教育）无法出现在基本益品的清单中。也就是说，由正义原则来规范的社会基本结构，不会着力于分配残障人士迫切需要的那些资源。在罗尔斯那里，所有残疾人的特殊需要，只有在社会基本结构设计出来后才能被予以考虑。

　　不同于资源主义的进路，能力进路并非预先设定一个"通用资源"的清单，然后再考虑这些资源的分配。能力进路强调结果导向，它从一开始关注的就是每个人现实的生活境况——能够做什么，能够达到何种状态。在推动社会正义和个人能力提升的过程中，能力进路要求考虑每个人的实际情况，包括生理和心理方面的所有特征。人们在生理特征、身体条件、心智发展程度等方面存在的显著差异，导致他们对资源的需求有所不同。有些资源对于某些人的生活来说无关紧要，但对其他人而言却是必不可少，以至于一旦缺失，他们就不能体面地立足于社会。正是基于这样一个考虑，能力理论家要求针对不同人的不同需要，进行资源的分配。这样，就不是所有人都分配到相似的资源（只是在数量上有所区别），而是不同的人获得不同类型的资源。对于残障人士来说，诸如政治权利和经济收入之类的"通用资源"当然也是必要的，但并不足以保证他们有能力过上一种有尊严的生活。能力进路旗帜鲜明地主张，除了分配收入、权利等"通用资源"，社会还需在医疗服务、公共空间的设置上对残障人士予以特殊的关照，以确保其有机会追求自己认为有价值的生活方式。在这个意义上，能力进路体现出对人的多样性和差异性的尊重。不难理解，为什么很多关注边缘人士正义权利的哲学家，都是能力进路的坚定捍卫者。

　　第三，能力进路能够处理资源进路无法处理的不正义问题。有些类型的不正义，不是由资源分配造成的，也无法通过资源的分配来得以纠正。一些人不能以一种有尊严的方式立足于社会，并非是由于被法律剥夺了基

---

① John Rawls, *Political Liberalism*, New York: Columbia University Press, 2005, p. 20.

本权利或占有极少的财富份额。导致他们遭受不公平对待的，不是正式的社会政治经济制度，而是非正式的陈规陋俗、落后的思想观念等。

　　设想有一个经济文化都很落后的地区。学校很少，办学条件无法满足基本需求，师资极度缺乏。居住在这个地区的人们普遍贫困，收入微薄。此外，这个地方的人极其贬低女性，认为女孩最好待在家里帮助干家务，让她们出去上学读书纯属浪费金钱。一系列的因素导致该地区女孩的入学率非常低。显然，那些无学可上的女孩承受了严重的不正义。问题是，如何纠正这里的不正义呢？根据资源主义的进路，正义的尺度是个人拥有的资源，推动正义的方式就是资源的再分配。因而，资源主义者可能会赞成这样一些解决方案，比如：制定相关法律，明确规定未成年人拥有受教育的权利；在该地区兴建学校，完善配套设施，加强师资力量；学校给每个学生安排免费午餐；政府给每个家庭发放助学金，用于支付学费和书本费等。这些政策和措施无疑极大充实了该地区的教育资源，但未必能使所有失学女孩重返校园。就算这些政策措施全部落实到位，也仍然可能出现这样的情况：在"重男轻女"社会风尚的影响下，这些女孩的父母无法理解女性受教育的价值。除了生儿育女、照顾家庭，他们无法想象女性在社会中还能承担何种角色。他们宁可把政府发放的助学金挪作他用，也不愿意把自己的女儿送到学校接受教育。这个例子表明，资源主义进路无法处理所有类型的不正义问题。①

　　对于这种由陈规陋俗导致的不正义问题，能力进路会提供什么样的解决方案呢？能力进路的分析焦点是能力。从能力视角看，人们某些重要能力的缺失——这些重要能力对于有尊严的生活是不可缺少的——反映出社会的不正义，而推动正义的方式是提升能力，资源再分配只是提升能力的环节之一。在刚才那个例子中，落后地区的女孩之所以不具备上学受教育的能力或机会，原因不仅在于教育资源的极度匮乏，还在于一种根深蒂固的歧视女性的习俗观念。在某种意义上，后者是女孩受教育的最大障碍。这意味着，要提升女孩受教育的能力和机会，我们不仅要在教育资源方面向其倾斜，而且更重要的是要通过广泛而深入的宣传教育和公共讨论，打

---

　　①　关于这个例子的一个更加详细的版本，参阅 Sandrine Berges, "Why the Capability Approach is Justified", *Journal of Applied Philosophy*, Vol. 24, No. 1, 2007, pp. 18 – 19.

破陈旧的习俗和错误的思想观念，推行"男女平等"的价值观，使该地区的民众充分认识到女性受教育的意义。只有这样，才能真正将失学女孩从困境中解放出来，得到平等尊重和公平对待。不难看出，相比资源主义的进路，能力进路对此种不正义问题的处理更加完备和充分。这是支持能力进路的一个强有力的理由。

第二节　能力清单：兼论阿玛蒂亚·森和努斯鲍姆的共识和分歧

是否列出能力清单，被很多研究者视为阿玛蒂亚·森和努斯鲍姆这两种版本能力进路的一个重要分歧。学者的一个通常看法是：努斯鲍姆列出了一份核心能力清单，而森拒绝这么做。[1] 然而在笔者试图指出，在能力清单问题上，森和努斯鲍姆的差异没有人们理解得那么大。

一　为什么要列出能力清单？

根据能力进路，判断正义的信息焦点是能力，促进正义的方式是保障和推进每个人的能力。然而，笼统地把保障和推进能力作为正义的目标，并不是很恰当。努斯鲍姆指出："推进自由的观念是否是一个融贯的政治规划，这一点并不清楚。"[2] 因为，不同人的自由之间会产生冲突，一些自由会限制另外一些自由。同时推进所有人的自由，在现实中是不可能的。比如，工厂随意排放污染物的自由会损害周边居民享有清洁环境的自由。要推进居民享有清洁环境的自由，就必须限制工厂排放污染物的自由。其实从概念上说，自由本来就蕴含着限制和约束的观念。只有在禁止他人干涉的前提下，一个人才有可能自由地做某事。保障一个人的自由，

---

[1] 参见杨兴华、张格尔：《阿玛蒂亚·森和玛莎·努斯鲍姆关于可行能力理论的比较研究》，载《学术论坛》2014 年第 2 期，第 32 页；于莲：《来自尊严的正义——试析基本可行能力清单》，载《华中科技大学学报》2015 年第 4 期，第 33 页。努斯鲍姆本人也从这个角度谈到她和阿玛蒂亚·森之间的理论差异，参阅 Martha Nussbaum, "Capabilities as Fundamental Entitlements: Sen and Social Justice", *Feminist Economics*, 9 (2/3), 2003, p. 40.

[2] Martha Nussbaum, "Capabilities as Fundamental Entitlements: Sen and Social Justice", *Feminist Economics*, 9 (2/3), 2003, p. 44.

意味着对其他人施加某种限制。因此，单单说要推进所有人的自由在逻辑上也不可能。

此外，就社会正义这个主题来说，不是所有能力都是相关的。在关于正义的讨论中，一些能力无疑具有核心意义，比如参与政治、表达言论、获取劳动报酬。相比之下，有些能力极其琐碎、微不足道，比如下国际象棋的能力。对于热衷国际象棋或有志以此为职业的人来说，这项能力是他们追求良好生活的构成要素，重要性不言而喻。不过，对于以推进正义为目标的政府来说，这项能力几乎就不会在考虑范围之内。如果一个政府提出要确保每个公民都能够自如地下国际象棋，就会显得十分荒唐。还有一些能力属于"恶性能力"的范畴，它们也不是正义要求保障的能力。相反，为了促进社会正义，就必须限制和消除这些能力。比如盗窃他人钱财的能力、以权谋私的能力等。

由此可见，视角仅仅停留在一般性的"自由"或"能力"上，对正义的评价而言是远远不够的。要发展一个正义理论，我们必须更进一步，列出一份核心能力的清单。既然我们的主题是正义，那么清单上的能力应当属于正义要求保障的那些方面的能力。换句话说，如果人们在那些方面出现能力缺失，我们就有理由判断，这个社会还存在有待纠正的不正义。这些核心能力的缺失，不仅对相关个人而言是个缺憾，而且也是社会整体的缺陷。

很多学者认为，森坚决反对列出能力清单。然而事实上，森在讨论平等、正义乃至一般意义的社会评价问题时，也提到过各种能力清单。例如，在最早提出"能力"概念的著名讲演《什么的平等》中，森讨论了一系列所谓"基本能力"（basic capabilities），包括四处走动的能力、满足营养需求的能力、着装和居住能力、参与社群的社交生活的能力等。[①]在这篇讲演中，他指出，相比之下这些基本能力的平等要比效用主义的平

[①]   Amartya Sen, "Equality of What?", in *The Tanner Lectures on Human Values*. ed. S. McMurrin, Salt Lake City: University of Utah Press and Cambridge University Press, 1980, p. 218. 森的"基本能力"和努斯鲍姆的"基本能力"概念含义有所不同，两者不可混淆。在森那里，基本能力是指从事某些基本活动的自由，这些自由对于维持生存和避免贫困是必要的。森的"基本能力"概念主要用于分析贫困，研究发展中国家人们的福祉问题。而努斯鲍姆的"基本能力"指的是人们与生俱来的、固有的能力，这种能力使后期的训练和发展成为可能，例如说话的能力。

等和罗尔斯主义的平等（基本益品的平等）更能把握道德平等的含义。可见，森清楚地认识到在进行社会评价时，我们不可能笼统地以"能力"作为信息基础，而是必须列出能力清单，指出哪些能力是相关的，哪些能力具有核心意义。列出能力清单的工作，对任何一个将能力进路付诸应用的理论家都是必经之路。

值得强调的是，森并不反对列出能力清单，而是拒绝列出一个永久固定、绝对完整、丝毫没有调整余地的终极能力清单。在一篇关注不多的访谈文章中，森明确指出："有问题的不是列出重要的能力，而是坚持在没有进行普遍的社会讨论或公共论辩的情况下，由理论家选择一个预先设定的、标准的能力清单。"①

首先，对能力清单的使用必须考虑实践意图。作为一个经济学家，森非常强调理论对现实的关怀和影响。从评价一国的贫穷和发展程度，到促进一个社会的公平正义，能力进路都可以发挥作用。如果实践意图不同，能力清单的选择也应该不同。在某种类型社会评价中非常重要的能力，可能对另外一种类型的社会评价来说就是不相关的。我们绝不能固守一份始终不变的能力清单，指望其一劳永逸地解决所有的社会评价问题。考虑到不同的实践意图，能力清单不可能是单一的，而是应该有许多种。

其次，社会不断发展进步，社会生活发生日新月异的变化，能力清单也需要随着社会条件的变化而作出相应调整。一些原本无法想象的能力会随着技术进步而进入到能力理论家的视野。森举例说，在 1947 年的印度，人们研究贫困问题时，主要聚焦的是基础教育、基本的健康等方面的能力，而不太会考虑个人能否有效地进行跨国交流。然而，随着互联网的发展和广泛运用，以及信息技术的进步，使用网络成为对印度人来说十分重要的一项能力。② 在今天这个时代，如果不能有效地使用网络，多多少少会反映出一个人的贫困。可见，能力清单的内容不是固定不变的，它需要对社会生活的变化保持敏感。

最后，公共讨论有助于更好地理解某些能力的作用和意义。关于衡量

---

① Amartya Sen, "Capabilities, Lists, and Public Reasoning: Continuing the Conversation", *Feminist Economics*, 10 (3), 2004, p. 77.

② Ibid., p. 79.

哪些能力具有相关性的问题，由于理性的有限和个人可能带有的偏见，理论家的独自思考未必每次都能给出完美的答案。而在经过开放自由的对话和交流之后，理论家有望对某些能力的重要性形成新的、更加准确的认识。在这种情况下，就需要对原有的能力清单进行修正。在列出能力清单的问题上，没有一个理论家拥有至高无上、无可挑战的权威。理论家必须保持谦逊开明的态度，随时准备在公共讨论之后修正能力清单。如果一个理论家敢于声称自己提供的能力清单是无需修正、永久不变的最终版本，那么他就是在否认公共讨论的价值，以及通过公共讨论取得知识进步的可能性。

二　能力清单的内容及其开放性

前面的讨论已经表明，要以能力作为衡量正义的尺度，必须进一步澄清，哪些能力是相关的、重要的。列出能力清单，是推进正义理论的一项重要工作。和同时关注多个研究领域的森不同，努斯鲍姆专注于把能力进路运用于发展正义理论，从而明确提出了一份包含十项核心能力的能力清单。努斯鲍姆在不少论著中阐述过这份能力清单，尽管表述上略有微调，但基本框架和内容大体一致。这里，我们展示一个最新的版本，具体内容如下：

（1）*生命*。能够活到人的正常寿命的终结；不过早死亡，或不在人生沦落到不值一过的境地之前结束生命。

（2）*身体健康*。能够拥有良好的健康状况，包括生殖健康；能够有充足的营养；能够有适当的住所。

（3）*身体完整*。能够自由地四处活动；能够受到保护，免于包括性侵犯和家庭暴力在内的暴力袭击；有机会得到性满足，并在生育事务上有选择的机会。

（4）*感觉、想象和思想*。能够以一种"真正的人"的方式，以一种被充分的教育——包括但绝不限于文学、基础数学和科学的训练——所告知和培养的方式，来运用感官、想象、思考和推理。在体验和创作自己选择的作品——宗教、文学作品等时，能够运用想象力和思维。能够在关于政治和艺术的表达自由和宗教自由得到保护的情况下，运用自己的心智。能够拥有愉悦的体验，避免毫无价值的痛苦。

（5）*情感*。能够对外在于自身的人和物产生喜爱之情；能够爱那些同样爱并关心我们的人，为他们的离去感到悲伤；总之，能够去爱、悲伤，能够去体验渴望、感激和有正当理由的愤怒。不让恐惧和焦虑妨害一个人的情感发展。（支持这项能力，意味着支持各种形式的社团，只要可以证明这些社团在他们的情感发展中扮演关键角色。）

（6）*实践理性*。能够形成一种善观念，对自己的生活计划进行批判性反思。（这意味着保护良心自由和宗教仪式的自由。）

（7）*归属*。A 能够和他人共同生活在一起，承认他人，并表现出对他人的关切，参与各种形式的社会互动；能够设身处地地想象他人的处境。（保护这项能力，意味着保护那些构成并且培育此类形式归属的制度，同时保护集会和政治言论的自由。）B 拥有自尊和避免羞辱的社会基础；能够被当作一个和他人具有同等价值的有尊严的存在者来加以对待。这意味着禁止基于民族、性别、性取向、种族、种姓、宗教、原始国籍的歧视。

（8）*其他物种*。能够在生活中关注动物、植物和自然界，并与它们保持联系。

（9）*游戏*。能够欢笑、游戏、享受休闲活动。

（10）*控制自身的环境*。A *在政治上*，能够有效参与支配自己生活的政治选择；有政治参与的权利，言论和集会自由得到保护。B *在物质上*，能够拥有财产（包括动产和不动产），拥有和他人平等的财产权；拥有和他人平等的就业权利；拥有免于不正当搜查和没收的自由。在工作中，能够作为一个人进行工作，运用实践理性，加入和其他同事相互承认的有意义的关系。[①]

努斯鲍姆认为，能力清单上的十项核心能力具有不可通约的异质性。每一项能力都是独特的，都必须以独特的方式得到培育和保护。公民在某个方面的能力需求，无法通过推进其他能力的方式来得到满足；一种能力

---

① Martha C. Nussbaum, *Creating Capabilities：The Human Development Approach*, Cambridge MA：Harvard University Press, 2011, pp. 33 – 34. 关于核心能力清单的表述，还可参阅 Martha C. Nussbaum, *Women and Human Development—The Capabilities Approach*, Cambridge：Cambridge University Press, 2000, pp. 78 – 80；Martha C. Nussbaum, *Frontiers of Justice：Disability, Nationality, Species Membership*, Cambridge MA：The Belknap Press of Harvard University Press, 2006, pp. 76 – 78.

的缺失，不可能由其他方面能力的强化得到补偿。对于社会正义而言，每一项能力的实现都是必不可少、不可替代。如果一个国家公民的宗教自由遭到侵犯，那么，即使这个公民的其他方面的能力都得到了培育和保护（能够拥有足够的营养、体面的工作、有效的社会参与等），他也仍然有权利向政府提出基于正义的主张。

有时，资源相对匮乏的社会现实决定了人们无法使得所有方面的能力都同时达到一个令人满意的充裕水平。换言之，不同类型能力的实现之间可能存在冲突。你想获得某项能力，恰恰需要以牺牲其他方面的能力为代价。一些贫困家庭的父母为了维持生计，不得不考虑让子女辍学打工。在这种情况下，人们就会面临努斯鲍姆所说的"悲剧性选择"（tragic choice）。诚然，一些选择比另一些选择更为可取，但这个事实并不意味着不同类型能力的道德地位有高下之分。因为，每一种能力都是人性尊严所要求的。无论在悲剧性情境中怎样选择，都会对人造成伤害，从而阻碍人去过一种有尊严的生活。既然如此，我们要思考的就不是对各种能力的道德重要性进行高低排序，而是如何消除悲剧性情境，使人们不再面对那些让人痛苦而无奈的选择。

努斯鲍姆指出，核心能力之间除了有潜在的冲突，也有相互的关联和支持。尽管在理论上，能力清单上的每一项能力都有其独特的重要性，但在实践中，尤其在制定公共政策时，我们需要对某些特定的能力予以优先考虑。为了取得最佳的政策干预效果、最大限度地提升人民的福祉、消除社会不公，我们应该把有限的资源优先用于培育这些能力上。努斯鲍姆把这些居于优先地位的能力称为孵化性能力（fertile capability），也就是有助于促进其他能力的能力。① 至于何种能力能够发挥孵化性作用，对这个问题的回答取决于具体的语境。但一般说来，在大多数语境中，受教育可以被视为一种孵化性能力。教育开启了人生无数的可能性。接受良好的教育，使人有机会获得体面的工作和收入、有效参与公共事务、发展和谐的人际关系、合理筹划自己的人生等。教育不仅是传承文化的手段，也是提

---

① 关于孵化性能力的概念，努斯鲍姆主要借鉴了沃尔夫和德夏利特的研究成果，但后者没有严格区分能力（capability）和功能性活动（functioning）。参阅 Jonathan Wolff and Avner De - Shalit, *Disadvantage*, New York: Oxford University Press, 2007, pp. 121 - 122.

升人们生活品质的驱动力。从这个意义上说，一个明智而负责任的政府，应该把教育当作头等大事来抓，确保每个公民都能接受基本的教育。孵化性能力的概念为我们思考悲剧性选择问题提供了有益的启示。如果面临悲剧性的选择情境（只能保障两种核心能力中的一种时），合理的选项应该是尽可能保障更具孵化性的那种能力。

和孵化性能力相对的一个概念是腐蚀性劣势（corrosive disadvantage）。腐蚀性劣势不仅本身是一种不利的境地，而且这种不利境地具有极强的传染性，会恶化人们在其他方面的处境。在努斯鲍姆看来，女性遭受家庭暴力就是一种腐蚀性劣势。家庭暴力不仅威胁到妇女的身体健全，而且也损害她的心理健康、人际关系、职业发展等。在这种情况下，要改善女性的悲惨处境，首要的就不是给予物质资源的支持，而是消除家庭暴力。总之，对一个有志于推进社会正义的决策者来说，公共政策要取得立竿见影的效果，就必须以提升孵化性能力和消除腐蚀性劣势为首要切入点。

人作为社会存在者和理性存在者，其归属和实践理性能力在十项核心能力中发挥了架构性（architectonic）的作用。"只要其他能力以符合人性尊严的方式呈现出来，归属和实践理性能力就已经内含其中了。在此意义上，这两种能力渗透于其他能力。"[①] 以休闲能力为例。根据努斯鲍姆的思路，重要的不只是能够享受休闲，而是以人特有的方式去享受休闲。说一个人能够以符合人的尊严的方式享受休闲娱乐活动，就意味着：一方面，他能够对自己的休闲时间、休闲方式进行理性的规划（实践理性）；另一方面，他能够与他人进行良好的互动（归属）。如果一个人能享受休闲活动，但却没有能力进行理性规划和社会交往，这种情形就不能算作是实现了人的尊严。同样地，如果一个人能获得良好的营养，但却没有能力对自己的营养水平作出理性的判断，没有能力对汲取营养的方式作出理性的安排，那么，这个人实际上就处在一个动物的水平，而没有达到人之为人的自由和尊严。

值得强调指出，努斯鲍姆展示的这份能力清单不是森坚决反对的那种永久固定、拒绝修正的终极清单。相反，努斯鲍姆一直强调清单的开放

---

① Martha C. Nussbaum, *Creating Capabilities*: *The Human Development Approach*, Cambridge MA: Harvard University Press, 2011, p. 39.

性、可修正性。

从实践意图上说，努斯鲍姆对其能力清单有清晰的定位。她把自己的目标和森的能力进路版本作了对照。"森的主要关注是，将能力确定为评价生活质量的最佳比较空间，进而改变发展政策辩论的方向。"① 而努斯鲍姆列出能力清单，是为了建构一个基本社会正义的理论，以此评估最低限度的社会正义。森高度评价了努斯鲍姆这方面的工作，认为努斯鲍姆运用了一个旨在保护最低限度的权利免于被剥夺的特定能力清单，在实践中大有用处。② 可以肯定的是，努斯鲍姆并不打算运用这个清单去研究生活质量之类的问题。当然，她也没有否认，如果研究涉及社会评价的其他维度，就会要求列出一份不同的能力清单。

从内容上来说，努斯鲍姆的能力清单具有对社会语境的敏感性。努斯鲍姆以一种抽象的方式来阐述能力清单的内容。在这些抽象原则在宪法或其他政治文件中得到落实之前，需要公民、法院和立法机关对其进行阐释。在阐释的过程中，相关方面可以将各国的文化、历史、传统、境遇纳入考虑。不同国家和社会的人们对能力清单可以有不同的阐释。在这个意义上，对能力清单内容的理解是开放的。努斯鲍姆以德国和美国对政治表达自由（能力）的不同解释为例。德国对言论自由的解释，鉴于该国法西斯主义疯狂迫害犹太人的历史，对反犹主义的言论有很多限制。相比之下，美国对言论自由的解释，倾向于保护反犹主义的言论，除非它会对公共秩序产生紧迫的威胁。这两种解释在不同的社会语境下都具有合理性。③

从性质上来说，努斯鲍姆的能力清单是哲学论证的产物。哲学本质上就具有公共性，它向所有热爱智慧、追求真理的人们敞开。任何一种哲学论证，必然能够容纳公共讨论。如果这个论证有说服力，我们就接受它；如果没有，我们就会对它进行质疑、批评和修正。哲学论证就是在批判性

---

① Martha C. Nussbaum, *Creating Capabilities: The Human Development Approach*, Cambridge MA: Harvard University Press, 2011, p. 19. 努斯鲍姆的这个评论对森来说并不十分公允，因为森的研究领域十分广泛，除了生活质量，他还关注贫穷、性别歧视、平等、正义等问题。

② Amartya Sen, "Capabilities, Lists, and Public Reasoning: Continuing the Conversation", *Feminist Economics*, 10 (3), 2004, p. 79.

③ Martha C. Nussbaum, *Frontiers of Justice: Disability, Nationality, Species Membership*, Cambridge MA: The Belknap Press of Harvard University Press, 2006, p. 79.

讨论的过程中不断得到修正和完善。不接受批评和讨论、拒绝作任何调整和完善的学说，只能说是独断。显然，作为哲学论证的产物，努斯鲍姆的能力清单不是一种独断。努斯鲍姆明确指出："这一清单是开放的，随时接受修正和反思。"① 值得注意的是，能力清单的表述也确实一直在调整的过程中。尽管每次改动不大，但足以反映出努斯鲍姆对批评的重视，以及她本人对这个问题的不断思考。

至此，我们应当认识到，在关于能力清单的问题上，能力理论家（主要是阿玛蒂亚·森和努斯鲍姆）其实是有共识的：其一，列出能力清单，对于任何一个维度的社会评价都十分必要；其二，能力清单必须是多样、开放、可修正的。

三　哲学家和能力清单

森和努斯鲍姆真正的分歧点在于能力清单是否可以由哲学家来列出？森论证说，能力清单应该交由民主的公共讨论来达成，而哲学家或理论家列出清单是对民主的破坏，对公民政治自主的侵犯。② 森的这个观点值得商榷。首先，它和森的实际做法明显不一致。如前所述，作为一个跨学科领域的理论家，森在不同语境下提出过各种能力清单。如果这个观点成立的话，森就是一边强调民主的重要性，一边破坏民主。当然，更要紧的疑点是：哲学家试图论证正义的宪法应当保护的那些核心能力，真的会威胁到民主吗？

首先可以肯定，作为一国宪法之基础的能力清单，其正当性（legitimacy）的来源只能是民主的公共讨论。③ 也就是说，如果要把能力清单付诸实践，以此为基础作为制定宪法的依据，那么它必须是公共讨论的结

① Martha C. Nussbaum, *Creating Capabilities: The Human Development Approach*, Cambridge MA: Harvard University Press, 2011, p. 108.

② 关于两种观点的对立，Rutger Claassen, "Making Capability Lists: Philosophy versus Democracy", *Political Studies*, 2011, 59 (3), p. 491。

③ 道德评价社会制度具有两个维度：正当性（legitimacy）和证成性（justifiability）。正当性是涉及权利和义务的关系型概念，任何制度的正当性都必须经由一定的程序来获得；证成性就是指制度的一些有吸引力的品质特性，如正义。一项制度是否正义，和它是如何建立起来的程序无关。当代政治哲学家（包括能力理论家）主要关注的主题是制度的证成性而非正当性。参阅任俊：《政治哲学视野中的制度评价》，载《华东师范大学学报》2013 年第 1 期，第 46—52 页。

果，否则就缺乏正当性。在这点上，森是正确的。

但不清楚的是，为什么说哲学家证成一种能力清单，就会影响民主过程？应该看到，哲学家的理论论证本身就可以看作是公共讨论的一部分。哲学家的论证不是先于公共讨论，而就是发生在公共讨论的过程当中。努斯鲍姆不仅是哲学家，也是普通公民。哲学家和公民的角色完全可以兼容。和其他公民一样，哲学家的论证向所有人开放，允许进一步的反思和批评。其他人可以接受，也可以反驳（前提是提出更好的论证）。在公共讨论过程中，哲学家不会因为自身的特殊角色而拥有更大的权威。在"哲学王"的理想越来越不切实际的现代社会，哲学家没有意愿、也没有条件去干涉民主过程。

努斯鲍姆明确区分了证成（justification）和实施（implementation）。[①]为能力清单提供证成是一回事，将能力清单作为专家的理论成果直接用于宪法的制定是另外一回事。无疑，后者跳过了民主审议的程序，构成了对民主的破坏，体现了某种专家治国或精英主义的思想。然而我们看到，努斯鲍姆始终关注的是证成而非实施。证成的目的是说服，借助理由的力量使别人接受自己的观点。努斯鲍姆当然希望她的能力清单能够被公众接受，进而各国的宪法都能有效保障在她看来非常重要的一些人类能力。但是，如果公众对她的能力清单采取怀疑甚至不接受的态度，她也无法将她设想的正义宪法强加在公众身上。她的选择只能是，要么提出更好、更有力的论证，要么对能力清单的内容作出修正。无论如何，哲学家提出并证成一种能力清单，都不会造成对民主的伤害。哲学家既没有意愿，也没有力量做到这一点。

四　能力清单和政治自由主义

努斯鲍姆在很多方面对罗尔斯提出了挑战，但她同时也支持并发展了罗尔斯正义理论的一个重要维度——政治自由主义的理念。[②]

在当代自由主义的政治哲学中，与政治自由主义相竞争的主要是以约

---

① Martha C. Nussbaum, *Frontiers of Justice: Disability, Nationality, Species Membership*, Cambridge MA: The Belknap Press of Harvard University Press, 2006, p. 80.

② 关于努斯鲍姆对政治自由主义的详细阐释和辩护，参阅 Martha Nussbaum, "Perfectionist Liberalism and Political Liberalism", *Philosophy & Public Affairs*, Vol. 39, No. 1 (Winter 2011), pp. 3–45.

瑟夫·拉兹（Joseph Raz）为代表的至善论自由主义（perfectionist liberal-ism）。这种至善论自由主义将自由主义的政治原则建立在两个主张之上：一是自主（autonomy）应当成为自由社会的核心价值和道德理想；二是多元论。① 按照多元论的主张，关于人应当如何生活的问题，存在多种多样的解释，所有这些解释都是有效或正确的。在拉兹那里，这两个主张在逻辑上密切相关。要实现自主的道德理想，必须坚持多元论。因为，只有面对多种选项，才能体现自主。而且，这些选项必须都具有道德上的价值。自主的善（goodness）依赖于选择的价值。一个人的自主是不是好事，取决于他自主地选择做什么。如果选择谋杀，自主就没有任何价值。拉兹指出："仅当自主的生活是用于追求可接受、有价值的规划和关系，它才是有价值的。自主性原则允许，甚至要求政府创造出多种道德上有价值的机会，排除那些令人厌恶的机会。"② 这后一句话其实就包含着多元论的承诺。如果只有一种有价值的生活形式，政府就不需要创造出多种选项。

在努斯鲍姆看来，至善论自由主义的两个基础主张是可疑的。现代社会充斥着各种各样宗教和世俗的人生观。很多人不会像拉兹那样，将自主视为一种至高无上的道德理想加以追求。某些宗教也许会赋予其信徒一定程度的自主，但肯定不会将自主上升到核心价值的高度。此外，几乎不会有一种宗教会接受多元论的观点。大多数世俗的人生观也是如此，很难给它们贴上多元论的标签。例如，一个严肃的马克思主义者就不会认为非马克思主义或资产阶级的宗教和伦理学说是正确的；一个亚里士多德主义者会说功利主义者和康德主义者的人生观都是道德上不可接受的。

既然自主的观念和多元论都是有争议的，那么，以这两个主张作为基础的政治体系就会暴露出不稳定的问题。除非动用国家机器的强制力量，那些拒绝自主观念和多元论的公民，难以切实遵守至善论自由主义所支持的政治原则。罗尔斯就是基于对稳定性问题的考虑，引入了政治自由主义

---

① 努斯鲍姆将柏林和拉兹的多元论与一种所谓的内在多元论（internal pluralism）区别开来。内在多元论是指这样一种观点：良好的人生是由一些具有显著差异和内在价值的要素构成，不能把所有的价值还原成某种单一的价值。柏林和拉兹关注的不是单一生活内部的问题，而是多种不同的整体生活观念的问题。

② Joseph Raz, "Autonomy, Toleration, and the Harm Principle", in *Issues in Contemporary Legal Philosophy*, ed. Ruth Gavison, New York and Oxford: Oxford University Press, 1987, p. 173.

的理念。但在努斯鲍姆看来，比稳定性更严重的是道德问题，具体而言就是，至善论自由主义的政治体系没有充分尊重那些持有不同观点的公民。对于那些拒绝接受自主价值的宗教信徒，政府会反复表明他们的人生观是错误的，甚至还可能想方设法说服其接受所谓正确的人生观。努斯鲍姆指出："如果全面支配你的生活的那些制度，建立在一种你良心上无法赞同的观点之上，那就意味着，你事实上处于二等公民的地位。"① 支持至善论自由主义的一个理由是，它所蕴含的道德理想是正确而重要的。然而，努斯鲍姆论证说，为了追求所谓的"理想"，至善论自由主义付出的代价太高了。它将一部分愿意与他人平等相处的公民边缘化，这就削弱了自身的道德基础。

赞成至善论的另一个理由是其深刻的理性主义。在包括康德和密尔在内的理性主义传统的哲学家看来，大多数社会的错误之处，就在于将政治原则建立在对传统或权威的非理性的服从之上。要改变这一局面，就必须用整全性的理性主义来建构政治原则。按照这一思路，理性是解决人生问题的最佳方式，不能将理性的论证仅仅限定在政治领域。然而，说理性总是比信仰更好，要求人们按照理性而非信仰去生活，对那些虔诚的宗教信徒是不公平的，在某种意义上是对他们的贬低。

至善论自由主义的支持者还可能论证说，传统社会中的大多数观点都在一定程度上包含种族主义、性别歧视和等级观念。只有将一种整全性的自由主义作为国家学说加以推广，才能消除那些观点带来的不良政治影响。著名女性主义政治理论家苏珊·欧金（Susan Moller Okin）采取的就是类似于这样的一个思路。欧金认为，大多数的宗教和传统文化本质上都包含性别歧视的观念，要从根本上解决问题，就必须通过公共论辩，促使公众接受一个整全性的至善论学说。这个学说应当旗帜鲜明地指出，女性不仅在政治方面是平等的，而且在人类生活的一切领域都是平等的。在欧金看来，罗尔斯对宗教的要求太低了，他只要求宗教接受女性作为公民必须得到平等对待的观点，而不是神学意义上的女性平等。如果不进行一个彻底的文化变革，仅仅依靠政治自由主义的理论和实践，想要破除那些歧

---

① Martha Nussbaum, "Perfectionist Liberalism and Political Liberalism", *Philosophy & Public Affairs*, Vol. 39, No. 1（Winter 2011）, p. 35.

视女性的陈规陋习恐怕困难重重。努斯鲍姆指出，欧金对宗教的看法过于悲观了，她低估了宗教自身进行调整的能力和可能性。根据努斯鲍姆的观察，在当今社会，大多数宗教已经参与到性别平等的讨论中，并且逐步在推动性别平等。其他原本包含性别歧视因素的世俗学说也是如此。更重要的是，神学意义上的性别关系，本身就不是一个属于公共领域的话题。因此，恰当的做法是，对政治领域之外的议题存而不论，不试图去挑战和取代现存的整全性宗教和世俗学说，而是寻求这些学说之间的重叠共识。

　　不难看出，无论在稳定性，还是在道德基础上，政治自由主义都要优于至善论自由主义。努斯鲍姆捍卫政治自由主义，反对将政治原则建立在任何有争议的形而上学、认识论和整全性的伦理学说之上。尽管对很多宗教和形而上学议题存而不论，但不可否认的是，政治自由主义具有明确的道德立场，那就是平等尊重每一个人。不同于自主性，平等尊重的观念对所有主要的整全性学说都是可接受的，它就像罗尔斯所说的"模块"，可以无缝对接形形色色的合理的人生观。例如，即使是天主教徒也会同意，我们应该将宗教宽容原则建立在平等尊重的观念之上，与此同时，他仍然可以坚持自己信仰的宗教是唯一正确的。努斯鲍姆相信，在平等尊重观念基础上展开的能力清单和政治原则有望成为重叠共识的对象（尽管这种重叠共识在现实中还未达成），而这也是支持能力进路的一个重要理由。就此而言，能力进路展示了一种政治的正义观，是政治自由主义的一种形式。

　　当然，任何一个社会总会有一些人，不能加入到重叠共识中去。比如，有些人歧视女性的观念根深蒂固，坚决反对赋予女性平等的公民权。努斯鲍姆认为，重叠共识并不要求动用国家机器压制这些人的观点。只要他们没有在现实中侵犯别人的权利，或使用暴力破坏社会稳定，给社会秩序带来危险，就允许他们在社会中生活，自由表达自己的观点。无论如何，努斯鲍姆和罗尔斯一样，对重叠共识的达成抱有谨慎的乐观态度。他们相信，现代社会绝大多数整全性学说，不管是世俗的还是宗教的，在经历一个漫长的历史过程之后，最终都会接受并支持他们所捍卫的正义原则。事实上，在努斯鲍姆那里，能否成为重叠共识的对象，也是正义原则得以证成的一个重要标准。

第三节　能力进路并非主张能力平等

确立了正义判断的能力尺度，以及与正义相关的一系列核心能力，下面的任务就是解决能力分配的问题。对此，很多学者把"能力平等"作为能力进路正义理论的核心主张，认为能力理论家是用"能力平等"取代了"资源平等"（基本益品的平等）。[①] 笔者试图论证，这是对能力理论的一种误解。首先，从文本上看，无论是森还是努斯鲍姆，都没有把能力平等当作一种能够作为宪法制度基础的正义规则；其次，从义理上说，如果真把能力平等当作目标的话，就会弱化能力进路的说服力和吸引力。

一　阿玛蒂亚·森：能力是正义判断的信息焦点

研究者之所以把"能力平等"的观点归于能力进路，主要的文本依据还是森在 1979 年作的坦纳讲演《什么的平等》。在这个讲演中，森指出，当今道德哲学的讨论主要关注的不是"要不要平等"，而是要"什么的平等"（equality of what）的问题。森批评了三种流行的平等观：效用主义的平等、总体效用的平等和罗尔斯主义的平等，并初步提出了一种基本能力平等（basic capability equality）的观念。从这个讲演的标题来看，很容易让人们产生这样的印象，似乎森的核心观点就是提出了一种"能力平等"的主张。然而值得注意的是，森并没有把基本能力平等当作社会正义所要求的制度规则，好像一旦达到了基本能力平等，就实现了社会正义。换言之，就其理论地位来说，"能力平等"不是那种可以和罗尔斯的"两个正义原则"相竞争的正义规则。森评论说："我并不认为基本能

---

① 相关观点，参阅徐向东：《能力探讨与基本的善》，载《云南大学学报》2004 年第 6 期，第 16—18 页；高景柱：《超越平等的资源主义与福利主义分析路径——基于阿玛蒂亚·森的可行能力平等的分析》，载《人文杂志》2013 年第 1 期，第 31—32 页；姚大志：《能力平等：第三条道路?》，载《浙江大学学报》2014 年第 6 期，第 17 页；李楠 秦慧：《能力平等的背后是什么?——玛莎·努斯鲍姆的平等理论探究》，载《江汉论坛》2017 年第 4 期，第 83—84 页；龚群：《对罗尔斯正义理论的回应与推进——森和努斯鲍姆的能力论》，载《华中师范大学学报》2017 年第 5 期，第 66 页。

力平等可以成为道德上善的唯一指南……道德不只是和平等有关。"①

　　对于这篇讲演的核心观点，笔者认为一个更为准确的理解应该是：如果正义一定就是要追求某些方面的平等的话（森对这一点其实是有怀疑的），那么能力平等比效用平等和资源平等都更有吸引力。之所以能力平等的观念更有吸引力，主要是因为能力比效用和资源更能准确反映个人的处境和优势（advantage），而这才是森要表达的关键之点。与其说森在这篇讲演中提出了一种分配正义的观念（能力平等），不如说他提出了一种新的衡量个体优势和社会正义的尺度（能力）。

　　关于正义是否一定要求达到某些方面、某些维度的平等，这个问题是有讨论空间的。借助涛慕思·博格（Thomas Pogge）区分，社会正义领域中有两种不同类型的平等主义。② 第一种平等主义要求制度安排以落实平等为目标。根据这种观点，在对制度评价具有道德重要性的任何一个方面，如果一项制度安排平等地对待生活在它之下的所有个人，这项制度安排就是正义的。例如，如果确定资源具有正义评价的道德相关性，那么制度正义就要求尽可能地推进资源平等。第二种平等主义要求，在对制度评价具有道德重要性的任何一个方面，平等地考虑和尊重生活在制度之下的所有个人。

　　笔者认为，如果说当代政治哲学有一个"平等主义"的共识，那么，确切地讲，这个共识应该是第二种类型的平等主义。也就是说，几乎所有的正义理论家都持有一个更抽象也更根本的平等理念——人人平等，共同体内每一位成员的利益都同等重要，每个公民都有获得平等关注和尊重的权利。③ 各种理论的分歧在于，如何阐释这种"人人平等"的理念。值得强调指出，从抽象的平等主义立场出发，并不一定导出要求在某些方面落实平等的结论。以罗尔斯为例。无疑，罗尔斯接受了平等的价值，而且也确定基本益品在制度评价中的道德相关性，但他没有据此得出"基本益

---

　　① Amartya Sen, "Equality of What?", in *The Tanner Lectures on Human Values*. ed. S. McMurrin, Salt Lake City: University of Utah Press and Cambridge University Press, 1980, p. 219.

　　② Thomas Pogge, "Can the Capability Approach Be Justified", *Philosophical Topics* , Vol. 30, No. 2（Fall 2002）, p. 168.

　　③ ［加］威尔·金里卡：《当代政治哲学》（上），刘莘译，上海三联书店 2004 年版，第 7 页。

品平等"的结论。事实上，他的差别原则能够容纳收入和财富的不平等，前提是这种不平等要符合最不利者的最大利益。在罗尔斯看来，这种不平等非但没有违反人人平等的价值，而且恰恰体现了对每个人利益的平等考虑和尊重。同样地，森也没有从抽象平等的观念推出"能力平等"的结论。森写道："既然平等是重要的，能力也确实是人类生活的一个核心特征，那么，认为我们应该要求能力的平等，难道不是正确的吗？我必须论证指出，答案是否定的。"① 显然，把森和罗尔斯之间的争论说成是"能力平等"和"基本益品平等"的观念之争，不仅误解了罗尔斯，也误解了森。②

在坦纳讲演 30 年后出版的《正义的理念》一书中，针对已经出现的误解，森对他的能力进路版本做了更为清晰的说明。森指出："能力进路指向判断和比较个人整体优势的一个*信息焦点*，其本身并不提出任何关于如何使用该信息的具体方案……能力进路是一种一般性的进路，聚焦有关个人优势的信息，并且根据机会判断这种优势，而不是一个组织社会的具体设计……能力视角指出了能力不平等在评估社会不平等中的核心意义，但其本身没有提出任何政策制定的具体方案。例如，与一种常见的解读相反，运用能力进路进行评价并不要求制定这样的社会政策，仅仅着眼于使每个人都具有平等的能力，而不管这些政策可能造成的其他后果。"③ 从这些论述可以看出，森并不打算以"能力"概念为基础，建构类似于罗尔斯的那种雄心勃勃的分配正义理论。他主要就是把能力当作评价个人优势的一个重要视角或信息焦点。至于能力分配的问题，根本不在其能力进路的关注范围，更谈不上提出"能力平等"的主张了。

总之，森提出了评价社会正义与否的信息焦点，但没有提供正义社会

---

① Amartya Sen, *The Idea of Justice*, Cambridge MA：Harvard University Press, 2009, p. 295.

② 努斯鲍姆对森的解读也在一定程度上印证了这里的观点。努斯鲍姆认为，森所说的"能力平等"不足以被视为一种分配正义的原则。在一篇评论阿玛蒂亚·森的论文中，努斯鲍姆写道："一个社会珍视人的平等，并将其作为社会目标加以追求，就此而言，能力平等看起来是最值得追求的平等类型……但是，森从来没有说过，在何种程度上，能力平等应该成为一个社会目标，或者，在追求社会正义的过程中，应当如何将能力平等和其他政治价值结合起来。因此，他的平等论证和正义理论的关联仍然不是很清楚。"参阅 Martha Nussbaum, "Capabilities as Fundamental Entitlements：Sen and Social Justice", *Feminist Economics*, 9 (2/3), 2003, pp. 35 – 36.

③ Amartya Sen, *The Idea of Justice*, Cambridge MA：Harvard University Press, 2009, p. 232.

所要求的制度规则。森的这一做法并非是无意造成的疏漏，而是建立在他对正义理论的一种理解之上。森区分了两种正义研究的进路：先验进路（transcendental approach）和比较进路（comparative approach）。[①] 先验进路致力于寻求完美的社会正义，并且把实现完美正义的希望寄托于设计出绝对公正的社会制度。因而，这种进路也被称之为先验制度主义（transcendental institutionalism）。森认为，以罗尔斯为代表的当代主流政治哲学家大多数采取的都是先验进路，但这种先验进路是不可取的。理由有二：其一，关于正义社会的本质或者规范社会基本制度的正义规则问题，即便是在不偏不倚和开放慎思的条件下，人们也不可能达成共识；其二，就算能够找到绝对正义的制度规则，也无助于推进现实社会中的正义。在森看来，现实中迫切需要解决的问题是消除明显的不正义，而不是追求完美的正义。即使我们不知道一个绝对正义的社会是什么样子，也仍然可以在推进正义的方向上不断取得进步。回顾历史上废除奴隶制的过程，这项事业的最终成功并不依赖于一个关于"什么是绝对正义的社会"的共识。要消除明显的不正义或推进正义，需要的是一个对各种不同的、可行的社会安排进行比较和排序的理论框架。至此，我们就不难理解，为什么旗帜鲜明支持比较进路的森，对正义规则的问题采取回避的态度。森确立了对不同社会安排进行比较的能力视角，但无意于寻求一个以能力平等为特征的绝对正义的社会。

二　努斯鲍姆：能力充足而非能力平等

在强调以能力作为衡量优势和正义的尺度方面，努斯鲍姆和森是一致的。但是，在正义的研究进路上，努斯鲍姆更接近森所批评的那种"先验进路"。当然，准确地说，努斯鲍姆试图描绘的不是一个"绝对正义的社会"，而是一个"最低限度的正义社会"。和森相比，努斯鲍姆在发展规范的正义理论的方向上走得更远。在她的能力进路版本中，我们不仅可以看到正义的尺度，还可以看到正义的规则。那么，努斯鲍姆是不是像有些研究者认为的那样，提出"能力平等"的分配正义规则呢？

---

① Amartya Sen, "What Do We Want from a Theory of Justice?", *The Journal of Philosophy*, Vol. 103, No. 5 (May, 2006), pp. 216 – 218.

　　努斯鲍姆的正义观可以用一句话来概括："尊重人的尊严要求，在那十个核心领域，所有公民都应当具备超出充裕（明确规定的）底线的能力。"① 换句话说，如果公民在这十个核心领域的能力没有得到有效保障以至于低于底线水准，那么他们的尊严就被侵犯了，他们所在的社会就可以被视作不正义。在努斯鲍姆那里，全体公民的核心能力都超过底线水准，是实现社会正义的必要条件，而非充分条件。就算社会上的所有公民的核心能力都超出了底线水平，每个人都有机会过上一种与人的尊严相称的生活，也不意味着这个社会的正义完全得以实现。在这种情况下，分配不公的问题仍然可能存在。因此，努斯鲍姆把自己的能力进路版本称之为一个"部分的社会正义理论"，这个理论不打算解决所有的分配难题。

　　在努斯鲍姆的正义理论中，尊严概念至关重要，它被用于对能力清单提供证成。一种特定领域的能力能否入选核心能力清单，取决于它对于维护人的尊严是不是必不可少。例如，下国际象棋的能力之所以没有被列入清单，是因为这项能力和人的尊严几乎没有什么关联；而受教育的能力之所以成为核心能力，正是因为它对于那种与人的尊严相称的生活是不可或缺的。

　　每个人都拥有尊严。尊严的基础不在于理性，也不在于感知能力，而仅仅在于人之为人的事实。因此，人的尊严是平等的。然而在现实中，不是所有人都能过上与自身尊严相称的那种生活。有的人遭受疾病折磨而无力求医；有的人极度贫困，基本生存都无法保证；有的人向往读书却没有受教育的机会；有的人由于一些非选择的因素而长期受到他人的歧视和羞辱……那么，如何确保一个社会的所有公民都能过上与人的尊严相称的生活呢？努斯鲍姆给出的答案是，国家或政府应设法保障所有公民在最低限度上都拥有核心能力清单上的那些能力。

　　努斯鲍姆对平等尊严的强调，表明她也是一个广义的"平等主义者"。然而值得注意的是，努斯鲍姆没有从这一平等主义的立场，直接推出所谓"能力平等"的结论。努斯鲍姆明确指出："从平等尊严的预设出发，我们无法推出所有的核心能力都应该平等化。平等待人并不意味着，

---

　　①　Martha C. Nussbaum, *Creating Capabilities: The Human Development Approach*, Cambridge MA: Harvard University Press, 2011, p. 36.

把所有人的生活境况平等化。平等待人究竟要求什么的问题，必须在下一个阶段，运用独立的论证加以解决。"①

从努斯鲍姆的论述不难看出，她在正义规则的问题上采取的是一个典型的"充足主义"的观点。努斯鲍姆关注的只是，公民在那些重要领域所拥有的能力，是否超出一个所谓的"底线"（threshold）。这个底线由每个国家根据自己的历史传统和现实条件来划定。只要所有公民的核心能力超出底线水准，其尊严就得到了维护，最低限度的社会正义就算是达到了。这里我们要强调的是，绝不能把能力充足直接等同于能力平等。努斯鲍姆指出："能力充足在何种程度上要求能力的平等，这是一道难题。只有通过细致考察每一种能力，追问尊重人的平等尊严要求什么，我们才能回答这一问题。"②

根据努斯鲍姆，对人的尊严的平等尊重要求某些方面能力的平等，同时也容纳某些方面能力的不平等。例如，平等的宗教自由和政治权利是实现平等尊重的应有之义，这些自由和权利的不平等分配会构成对尊严的侵犯。而在物质条件的领域，情况就有所不同。我们完全可以想象，在一个相对富足而体面的社会中，每个人都能获得体面宽敞的住房（满足充足主义的要求），但少数高收入者所能达到的住房条件可能远远超出这个底线，他们有能力购买非常昂贵的豪华别墅，而这是其他社会成员经济上无力承担的。所以，在一个实现能力充足的最低限度的正义社会中，核心能力的不平等依然可能存在。然而，这里的能力不平等丝毫不会削弱人的平等尊严。我们不会说，能够住别墅的人比只住得起普通公寓的人拥有更多的尊严。

综上所述，认为能力进路的正义理论蕴含能力平等的主张，是不恰当的。没有足够的文本依据支持这一点。事实上，我们已经看到，阿玛蒂亚·森和努斯鲍姆不仅没有提出和论证过能力平等的正义规则，而且明确反对单纯地把能力平等当作正义的目标。文本问题得到澄清之后，接下来要解决的是义理上的问题：为什么"能力平等"无法成为一个有吸引力

---

① Martha C. Nussbaum, *Creating Capabilities: The Human Development Approach*, Cambridge MA: Harvard University Press, 2011, p. 31.

② Ibid., pp. 40 – 41.

的正义观？

三　能力平等原则的缺陷

首先，借助诺齐克（Robert Nozick）的区分，正义原则有两种类型——历史原则与目的—结果原则。根据历史原则，衡量分配是否正义不是看当下的结果，而是看其来路，看其历史演变过程。[①] 而目的—结果原则认为，一种分配的正义决定于事物现在是如何分配的（即谁有什么）——而这种分配方式又是由某种或某些结构性的正义分配原则来判断的。[②] 诺齐克捍卫历史原则，对目的—结果原则提出批评。诺齐克认为，在评价一个社会状态是否正义时，不仅要考虑分配结果所体现的模式——平等、充足或优先，也要考虑这一分配结果的历史形成过程，或者说达成这个分配结果的程序。在进行分配正义的评价时，我们不仅要注意当下这个人有什么，那个人有什么，还得考虑他们是如何获得这些东西的。一句话，正义不仅关乎结果，还关乎程序。显然，诺齐克的这个批评也适用于"能力平等"的原则。根据能力进路，能力是反映个人生活质量的一个指标。保障社会上所有公民具有平等的核心能力，是一种事态，是进行制度设计和政策制定的目的和结果。因而，能力平等无疑属于诺齐克批评的那种目的—结果原则，而它的弊病之一就在于对程序的不敏感。对正义评价来说，重要的不仅是一个社会中人们拥有核心能力的状况，还有人们是通过何种程序来拥有这些核心能力的。

作为能力进路的首倡者，阿玛蒂亚·森对能力视角的局限性有非常清楚的认识。森指出，能力归根结底反映了一个人的总体机会和优势，而正义乃至一般意义的道德或政治的评价都不应仅仅关注个人在社会中的机会

---

① 诺齐克的权利理论是一种典型的历史原则。他认为，要衡量个人是否对名下的财产拥有资格或权利，主要诉诸三条原则：第一，初始获得原则，判断对无主物的占有是否正当；第二，转移原则，判断财产从一个人手上转移到另一个人手上的过程是否正当；第三，对不正义的矫正原则，解释如何处理通过不正义途径获得或转移的财产。只要符合这三条原则，任何分配的结果都是正义的。诺齐克的理论立场属于自由至上主义。作为一种正义理论，诺齐克的权利理论对弱势群体缺乏足够的关注，因而直觉上让人难以接受。但要承认的是，诺齐克关于两种原则的区分以及对目的—结果原则的批评是富有启发性的。

② ［美］罗伯特·诺齐克：《无政府、国家与乌托邦》，何怀宏等译，中国社会科学出版社1991年版，第159页。

和优势。"程序公平和交易公平的主题超出了个人总体优势的范围，而涉及其他——尤其是程序——方面的关切。只是聚焦能力的话，是无法充分处理这些关切的。"① 森举了一个例子对此予以说明。众所周知，在享受同等的医疗保健服务的情况下，女性的寿命通常比男性更长，在每个年龄段的死亡率都更低。如果我们一味追求男女在长寿方面的能力平等，就可能要求政府对男性提供比女性更多的医疗保健服务，以弥补其在这方面天然的不足。然而，在相同的健康问题上给予女性较少的医疗支持，明显违背了程序公平（即在生死问题上应该对所有人一视同仁），使得女性受到了不公平的对待。② 在这个语境下，程序上的平等比结果的平等更能体现正义的要求。可见，纯粹的能力平等无法容纳所有类型的正义关切。

目的—结果原则似乎预设了一种罗尔斯所说的配给正义的观念（the idea of allocative justice）。配给正义的观念适用于这样的情形：向具有确定欲望和需要的个人分发一组物品，分发的物品不是由这些个人生产出来的，他们相互之间也没有任何合作的关系。③ 例如，向一些地震灾民分发救援物资就属于配给正义的问题。在这种情况下，判断配给的正义与否，主要就是看配给的结果。无论是平等分配，还是优先受灾最严重者的分配，都是实现配给正义的可能选项。

然而，正义理论所聚焦的社会正义并非配给正义的问题。罗尔斯指出："我们拒斥配给正义的观念，它不相容于作为公平的正义的基本理念，即把社会当作一个公平合作的体系。"④ 准确地说，我们现在要解决的是分配正义（distributive justice）的问题。这里，有待分配的社会资源都是由公民通过相互合作的方式创造出来的，每个参与合作的社会成员都应当基于自己的贡献而对一部分的社会资源拥有权利。这样，要评价分配是否正义，就不能只看分配的最终结果（谁得到了什么、得到了多少），还必须关注人们是经由一个什么样的程序获得了如此这般的结果。正是在这个意义上，罗尔斯把收入和财富的分配视为"纯粹程序正义"的问题：

---

① Amartya Sen, *The Idea of Justice*, Cambridge MA: Harvard University Press, 2009, p. 297.

② Ibid., p. 296.

③ John Rawls, *A Theory of Justice*, Cambridge MA: Harvard University Press, 1999, p. 77.

④ John Rawls, *Justice as Fairness: A Restatement*, ed. Erin Kelly, Cambridge MA: Harvard University Press, 2001, p. 50.

不存在判断结果是否正义的独立标准，而是存在一种公平的程序，只要这种程序被人们有效地遵守，无论出现什么样的分配结果，都是正义的。

　　其次，能力平等和基本自由权利的平等不易兼容。正如塞缪尔·弗里曼（Samuel Freeman）所说："平等的基本权利和自由无助于实现平等的能力。"[①] 根据能力理论家的定义，一个人要具备实际地从事某个活动的能力，需要满足两个方面的要求：其一，他从事这个活动的外部条件（经济、政治、社会等方面）得到满足；其二，他拥有从事这个活动所需的基本素质（掌握相关知识和技能、具备一定心理素质等）。一般意义上的权利和自由只是构成能力的外部条件，与能力之间无法直接画等号。鉴于现实中人们的才能和志趣存在显著差异，平等的权利和自由恰恰会造成不平等的能力。设想有甲乙两人。和乙相比，甲更加睿智，更加关注公共事务，对形势有非常敏锐的判断，且擅长演讲和辩论。毫无疑问，在享受平等的政治参与权利的情况下，甲乙两人对这项权利加以运用的前景是不同的，他们在政治能力上会产生深刻差异，会对政治过程产生不同影响。如果一味追求政治能力的平等，也许就会要求我们限制甲的政治参与自由，或者为乙提供更多的政治机会（比方说给他更多的选票）。问题是，这些政策选项都会造成对平等的自由和权利的侵犯。

　　或许有人会反驳说，推进能力平等并不一定要从基本权利着手，我们可以把目光投向人的内在能力。为了确保公民的政治能力平等，我们应该向那些缺乏政治敏感性、对公共事务知之甚少、不善于就公共议题展开理性思考的人们提供更多的资源，对他们进行额外的教育和培训，以使其能够更好地参与政治过程。这样，我们就可以在不削弱平等的政治权利的情况下，促进政治能力的平等。然而，这种促进能力平等的方案仍然没有什么吸引力。对于那些经过审慎思考后决定对政治采取冷漠态度的人来说，再多的资源投入和教育培训都无济于事。政治不是他们人生规划的一部分，他们在政治参与的过程中也享受不到丝毫的乐趣。既然如此，一味地去提升他的相关素质和技能，只会给他造成困扰，甚至会侵犯他自主选择生活方式的权利。我们还可以进一步设想，一个人之所以会对政治冷漠，

---

① Samuel Freeman, "Frontiers of Justice: The Capabilities Approach vs. Contractarianism", *Texas Law Review*, Vol. 85 (2), 2006, p. 420.

主要是因为他信仰了一种极端贬低政治参与的宗教。按照这种宗教的教义，要过上良好生活，必须远离政治和公共事务。在此种情况下，刻意强化该宗教信徒的政治能力，培养其政治敏感性和相关政治技能，非但没有推进正义，反而还损害了公民的宗教自由。这里，推进能力平等的实践和公民的基本自由产生了冲突。

再者，能力平等的原则没有为人的选择留下空间。根据能力进路，能力是反映生活质量的核心指标。要评价一个人的生活过得好不好，不是看他的偏好是否得到了满足，也不是看他拥有多少资源，而是看他实际上能够做什么、能够成就什么。因此，追求平等的能力，也就是追求平等的生活品质。然而不清楚的是，为什么社会正义就是要求所有社会成员的生活品质都一样？一个人的生活品质不仅受到自然禀赋、家庭出身、社会地位的影响，还取决于自我的选择。自我选择是决定生活品质的重要因素。我们当下的生活处境，很大程度上就是自我选择的结果；我们是什么样的人，很大程度上是由自我选择来塑造的。正义的分配结果应当对个人的选择和努力有所反映。设想一个人选择放纵自己的人生，拒绝合理的生活规划，从而导致生活品质低下。从正义的视角看，社会没有理由对他予以特殊的关照和支持。对这样一些生活濒临崩溃的人实施救助，充其量是践行人道主义，而非正义的要求。如果说不仅要动用社会资源去救助，还要使他们的生活品质上升到和那些审慎而有节制的人们一样的水平，那么，这非但体现不出正义，反而还会使后者感觉受到不公平的对待。后者完全有理由抱怨说，为什么要用我努力工作的成果去补贴那些正在浪费自己生命的人呢？

进一步说，一味地追求能力平等，似乎意味着人不需要为自己的选择承担责任，不管我的选择有多糟糕和不明智，但对我的生活前景都没有任何不利影响，我仍然能够享受到和别人平等的机会和自由。这一点严重违背了我们关于"选择"和"责任"的信念。如果说能力作为衡量优势的尺度的一大优点是容纳人的多样性，那么，能力平等的原则恰恰无视了人的多样性这个基本事实。人和人之间不仅在自然禀赋、家庭出身等方面存在差异，而且在人生选择和努力程度上也大相径庭。作为一种正义原则，能力平等的一个缺陷就是对选择的多样性和差异性不敏感。能力平等的原则体现的是一种对平等的盲从，它扭曲了我们关于平等待人和平等尊重的直觉。

最后，在分配正义的议题上采取能力平等的原则，无法通过稳定性的检验。① 稳定性对制度原则的证成至关重要，是制度原则得以证成的一个不可缺少的维度。稳定性之所以被认为是重要的，与我们对政治哲学的理解和定位有关。如罗尔斯所说，政治哲学追求的是"现实的乌托邦"（realistically Utopian）。一方面，政治观念是一种道德观念，它所导向的制度建构的原则通常表达了我们的某种道德理想；另一方面，政治观念是一种特殊的道德观念，它所提出的理想制度的原则必须可行、适用。制度原则应相容于人性的一般事实，对人的要求应该在普通人的心理承受范围之内。如果一种制度原则对人的心理要求过于严苛，以至于无法激发人们自觉遵守的欲望，这种原则就会被视为无法实现的空想，以此为基础的社会难以长治久安。② 因此，一种制度原则首先应该被证明是正义的，其次必须符合稳定性的要求。

实行能力平等的原则意味着选择和参与不是确定分配份额的必要考量。无论一个人是否参与了社会合作、投入了多少努力、对社会做出了多大的贡献，他的生活前景和别人是一样的。他不会因为自己的参与和贡献比别人获得更多的机会和自由。甚至在有些时候，这种理论要求把社会合作产生的好处转移给那些没有有效参与社会合作的人们，以使这些人也有机会或能力去过一种自己认为有价值的那种生活。显然，这要求在该制度下生活的人具备一种强烈的利他主义倾向和无私奉献的精神。但事实上，即便是在一种弘扬利他主义的社会氛围中，恐怕大多数人在心理上也很难做到这一点。如果有人要坚持捍卫能力平等的原则，他就必须从道德心理学方面给出解释，为什么在以实现能力平等为目标的社会中，人们能够普遍产生利他倾向和奉献精神。否则，我们就有理由说，能力平等的原则缺

---

① 根据来源和基础的不同，罗尔斯区分了两种形式的稳定性：一种是基于强制或无知的稳定，一些人依据自己认为的最恰当的政治观念进行制度设计，然后借助欺骗、强迫、灌输等手段，使得其他人也接受并遵守该制度的要求；一种是"出于正当理由的稳定"（stability for the right reasons），即具有理性能力的人们，在自由、知情的情况下，自觉形成服从该制度的动机，发自内心抵制违反该制度的倾向。规范的正义理论关注的是后一种形式的稳定性。参阅 John Rawls, *Political Liberalism*, New York: Columbia University Press, 2005, p. 142.

② 任俊：《政治哲学视野中的制度评价》，载《华东师范大学学报》2013 年第 1 期，第 51—52 页。

少必要的稳定性或可行性，难以得到社会成员的广泛认可和支持，以此为基础来进行制度安排终究只能被视为乌托邦式的空想。

总结一下，将能力平等作为正义原则是有明显缺陷的。作为一种目的—结果原则，能力平等原则没有考虑到程序正义的问题；在具体实践中，推动能力平等和保障公民平等的基本自由权利难以兼容；一味追求能力平等的分配，对人的选择和努力不敏感；从道德心理学上说，能力平等的原则缺少必要的稳定性。

第四节　对能力进路正义理论的批判性反思

和政治哲学中的其他理论进路相比，能力进路具有很强的现实影响力。联合国每年发布的《人类发展报告》，就是以能力进路作为理论基础的。在这个报告的设计过程中，能力进路的先驱阿玛蒂亚·森扮演了不容忽视的智力支持的角色。在福利经济学领域，能力进路更是被广泛用于发展、贫困、公共服务等领域的研究。然而，作为一种新兴的正义理论，能力进路还有很大的改进和提升空间。下面，笔者试图梳理能力进路正义理论面临的一些主要的质疑和挑战，对其作一个批判性的考察。

一　单纯能力不足以评价福祉

如前所述，能力进路的核心论点就是以能力作为信息焦点，评价生活质量乃至社会正义。根据能力进路，判断一个人过得好不好、处于优势还是劣势，不是看他的主观偏好是否得到满足，也不是看他拥有多少资源，而是看他实际上能够做什么或成为什么。

不可否认，相比效用和资源，能力可以更恰当地反映人的生活质量。然而，这并不意味着单一的能力概念对于刻画人类福祉是充分的。值得强调指出，一个人的生活品质不仅和他具有的能力有关，而且和这些能力的安全性有关。换言之，如果一个人所拥有的能力随时有可能丧失，无法长久稳定地保持，那么我们就倾向于对他的处境作出消极的判断。一句话，在衡量人们的生活境况时，我们必须将风险因素纳入考虑。在这一点上，沃尔夫（Jonathan Wolff）和德夏利特（Avner De‐Shalit）展示了他们的洞见。两位哲学家通过合作研究指出："能力进路没有抓住劣势（disadvantage）的一个重要而普遍的维度，即在很多时候，人们处于劣势是因为他们面临无法规避的风险，或者被迫承担在某种意义上比别人更大的风险。"①

首先，我们需要对这里的"风险"概念做一些澄清。将风险作为评估劣势的一个重要维度，并不是说我们的人生就应该或能够免于风险。在很多人尤其是年轻人看来，没有风险的生活是平淡无味的。有时，风险不是一件糟糕的事情。相反，它是一种兴旺人生的组成部分。承担风险同时也意味着获得更多的人生可能性。开始一段恋情、开启一段职业生涯，都或多或少地包含着风险。但如果说这样的风险使得人们陷于不幸的境地，那就显得太荒唐了。事实上，这些风险恰恰构成了人生的重要组成部分。此外，在现实生活中（尤其是经济领域），风险经常和巨大的利益联系在一起。一些人会为了追求更大的利益而承担风险。因此，需要强调指出，作为衡量优势或劣势的维度的风险，是一种在非自愿的前提下承担的风险。在面临这种类型的风险时，人们不会体验到任何快感和乐趣。相反，我们将会看到，当人们去承担这些不得不承担的风险时，他们感受到的将是实实在在的"负能量"。在这个意义上，面临风险就意味着承受不幸。

其次，要澄清什么是"更大的风险"。根据沃尔夫和德夏利特的解释，主要有三种情况：第一，发生的概率比其他风险更高；第二，比其他风险带来更大的伤害；第三，蕴含进一步的风险。② 其中，第三种情况值得重视。人们比较容易接受一次性的风险，但会试图避免连续性的风险。连续性的风险无疑是糟糕透顶、令人沮丧的。

最后，需要解释的是"被迫"概念。被迫承担风险意味着，由于没有合理的选项，风险无法被合理地规避。这里的"被迫"并不是说遭遇某种外在的强力。事实上，在这种情况下，行动者仍然可以选择回避这个

---

① Jonathan Wolff and Avner De‑Shalit, *Disadvantage*, New York: Oxford University Press, 2007, p. 66. 这里值得注意的是，努斯鲍姆本人接受了沃尔夫和德夏利特对能力进路的批评，认为后者对安全和风险问题的关注，推进了能力进路的研究，丰富了能力进路的理论机制。参阅 Martha C. Nussbaum, *Creating Capabilities: The Human Development Approach*, Cambridge MA: Harvard University Press, 2011, pp. 42 – 43.

② Jonathan Wolff and Avner De‑Shalit, *Disadvantage*, New York: Oxford University Press, 2007, p. 66.

风险，但这样选择会给他带来更大的风险或更确定的伤害。换句话说，对行动者而言，最合理的选项就是去直接面对这个风险。

更紧要的问题是，在什么意义上，面临风险构成了一种劣势？第一，面临风险意味着某种特定的能力或功能性活动不稳定，难以长久。比如，一个人尽管当下有舒适的居所，但面临随时被驱逐的威胁，他的这项基本能力就是没有保障的。在这种情况下，我们有理由说他处在一个不利的境地。没有人希望自己处在这样一个状态之中；第二，面临风险的人通常感到极度紧张和焦虑，这显然会威胁到他们的心理健康。在一个经济形势不容乐观、福利制度还不完善的社会中，一个人即便在当下拥有体面的工作和收入，他也会对未来感到忧心忡忡，生怕自己会失去现在拥有的这一切。显然，这种焦虑情绪将直接影响人们的生活质量。而且，心理的不健康还会进一步影响到其它功能性活动（如游戏、交往等）的发挥；第三，为了降低风险的概率或潜在伤害所采取的措施，经常需要人们付出很高的成本。比如，一个人在治安很差的一个社区生活，在街道上单独行走的话随时面临被抢劫的风险。为了规避风险，维护自己的人身安全，他选择聘请保镖或减少外出。第一个选项需要耗费高昂的费用，第二个选项则使他失去其他很多从事有价值活动的机会；第四，人们为了规避某种风险所采取的措施，本身可能也会使人置于不利的境地。例如，考虑到家庭成员的健康状况，一个人担心未来的家庭收入将显著下降，于是决定在业余时间打工，以获得更多的收入。但这样一来，他自己就没有足够的休闲时间，而且陪伴家人的时间也会大大减少。无疑，这对他的福祉也是一种损害；第五，如果一个人在生活中的很多方面都面临不确定性和风险，那么，他很有可能会陷入所谓的"意志瘫痪"，无法制定和实施合理的人生计划，即便在有利的条件下也是如此。① 不难想象，失去了对未来的精心筹划，人生也就失去了方向和活力。

综上所述，风险——准确说是人们非自愿地面临的风险——是评估人们福祉的一个必不可少的要素。既然现代社会在某种意义上就是一个"风险社会"，那么，我们在审视人生时，就没有理由不将风险纳入关注

---

① 参阅 Jonathan Wolff and Avner De – Shalit, *Disadvantage*, New York：Oxford University Press, 2007, pp. 68 – 69.

的视野。我们的生活质量，不仅取决于我们是否拥有所谓的核心能力（比如努斯鲍姆所列清单上的能力），还取决于这些能力本身的安全性。在一个能力随时有可能被剥夺或丧失的条件下生活，同样是没有尊严的。因而，旨在推进社会公平正义的公共政策和制度安排，其着眼点不能仅仅是人们当下所拥有的能力，还应该涉及能力的安全。也就是说，政府不仅应当努力去培育公民的能力，而且还应积极地创造条件，减少乃至消除能力面临的各种风险，保障公民的能力在可预见的将来能够稳定地保持下去。

二 能力清单难以成为重叠共识的对象

努斯鲍姆把她的能力进路归入政治自由主义的范畴，反对将正义原则建立在任何整全性的形而上学、认识论或伦理学说之上。这既是基于稳定性的考虑，也是平等尊重每一个社会成员的道德要求。努斯鲍姆写道："能力清单是作为一种独立的'不完全的道德观念'提出的（这里借用约翰·罗尔斯的术语），也就是说，它仅仅是为了政治意图才提出的，而不诉诸那种按宗教和文化对人们进行划分的形而上学观念。"[①] 努斯鲍姆相信，她提供的能力清单能够成为重叠共识的焦点，得到社会上所有公民的支持，无论他们对于美好生活持有何种观念。能力清单就好比一个"模块"，可以和任何一种世俗或宗教的人生观对接。努斯鲍姆将此视为能力进路的一个重要优点，因为它体现了对多元文化的尊重。然而问题是，努斯鲍姆版本的能力清单真的能够成为重叠共识的对象吗？是否在所有公民看来，那十项所谓的核心能力都是一个最低限度正义社会需要保障的？这里，我们要质疑的不是努斯鲍姆试图发展的政治自由主义这个设想本身，而是她的理论有没有实际吻合政治自由主义的理念。

在早期作品中，努斯鲍姆对她的能力清单做了一个亚里士多德主义的辩护。[②] 她认为，清单上列出的那些能力对于欣欣向荣的人类生活来说是必不可少的。显然，这里不可避免地蕴含了一种对何为美好生活的解释。

---

① Martha C. Nussbaum, *Frontiers of Justice: Disability, Nationality, Species Membership*, Cambridge MA: The Belknap Press of Harvard University Press, 2006, p. 79.

② Martha C. Nussbaum, "Human Functioning and Social Justice: In Defense of Aristotelian Essentialism", *Political Theory*, Vol. 20, No. 2, 1992, pp. 202 - 246.

如果是这样的话，建立在此基础上的能力清单就无法成为持有各种不同人生观的人们的重叠共识。一个现代社会的公民，除非他也是亚里士多德主义者或对亚里士多德的伦理学说抱有支持态度，很难全面认同努斯鲍姆的能力清单。运用这种整全性的伦理学说作为理论基础，和发展政治自由主义的理论设想之间存在深刻的矛盾。

近年来，努斯鲍姆对能力清单的辩护似乎淡化了亚里士多德主义的立场，转而诉诸人类尊严（human dignity）的概念。[①] 努斯鲍姆论证说："保护这十项基本权益，是有尊严的人生的本质要求。"[②] 然而，关于什么是有尊严的人生或什么样的生活配得上人类尊严，这本身就是一个非常复杂且富有争议的问题。试图以这个问题作为起点列出一份能够得到普遍认可的能力清单，可谓困难重重。更何况努斯鲍姆追求的重叠共识是跨文化、跨宗教的共识，而不是像罗尔斯设想的，在一个分享民主政治文化传统的社会内部的共识。这就让人有理由怀疑，努斯鲍姆对于能力清单成为重叠共识的前景是不是过于乐观了。

例如，努斯鲍姆将获得性满足和欢笑都视为实现有尊严生活所必需的核心能力。然而，不是所有人都会将性满足和笑与有尊严的人生联系起来。一个禁欲主义者会认为，任何形式的性满足都是罪恶的；在霍布斯这样的哲学家看来，笑只不过表现出人类的虚荣和自负。[③] 当然，这些不是

---

① 尽管努斯鲍姆的亚里士多德主义立场有所淡化，但不可否认，亚里士多德仍是能力进路的一个重要思想资源。从思想史上看，努斯鲍姆主要从亚里士多德那里继承了两个论点：选择和人的脆弱性。亚里士多德强调选择的重要性，认为一个人的行动只有在出于自己的思想和选择时，才能被算作是有德性的。一个人未经选择得到的满足，配不上人的尊严。努斯鲍姆强调公共政策的关注点是能力而非功能性活动，目的正是为人的选择留下空间。此外，亚里士多德认识到，人归根到底是一种动物，从出生到衰老具有很多脆弱性。鉴于这种脆弱性，人很难在缺乏外部支持的情况下体面地生活下去。因此，政府应当积极地对社会成员予以全方位、强有力的支持。努斯鲍姆接受了这个主张。她认为，政府应该通过制度和政策，积极地支持和强化民众的能力，而不只是不设置障碍。关于努斯鲍姆对亚里士多德观点的继承，参阅 Martha C. Nussbaum, *Creating Capabilities：The Human Development Approach*, Cambridge MA：Harvard University Press, 2011, pp. 125 – 128. 刘科：《对努斯鲍姆尊严观的反思》，载《道德与文明》2018 年第 1 期，第 59—61 页。

② Martha C. Nussbaum, *Creating Capabilities：The Human Development Approach*, Cambridge MA：Harvard University Press, 2011, p. 79.

③ Eric Nelson, "From Primary Goods to Capabilities：Distributive Justice and the Problem of Neutrality", *Political Theory*, Vol. 36, No. 1, 2008, p. 99.

社会中大多数人持有的观点。但不可否认的是，这些观点实实在在地存在着，而且在道德上没有什么可以指摘的地方，也不会对社会秩序产生紧迫的威胁，它们只是反映了某种特殊的价值观而已。如果将努斯鲍姆的能力清单作为制定宪法的依据，那么，对于那些持有特殊价值观的人们来说，显然是不公平的。他们有理由抱怨说，自己的价值观没有得到平等的尊重。这和政治自由主义的精神很不一致。

对于这个批评，努斯鲍姆的回应诉诸能力和功能性活动（functioning）的区分。努斯鲍姆强调，针对成年的公民来说，恰当的政治目标是能力，而非功能性活动。政府的目标只是保障公民拥有相应的能力和机会，至于是否实现这些能力和机会，取决于公民个人的选择。"一个拥有正常的机会获得性满足的人，总是可以选择过一种独身的生活。"① 根据能力进路，政府并没有把一种特定的生活形式强加在公民身上。在这个意义上，努斯鲍姆认为，能力进路能够很好地容纳各种不同的关于美好生活的观念，它表达了对多元价值观的尊重。

努斯鲍姆的回应并不能从根本上消除那些持有特殊价值观的人们对能力清单的质疑。这里值得注意的一个问题是，国家或政府在保障公民能力方面将扮演一个什么样的角色。按照某种"消极权利"（negative rights）的观念，公民拥有的主要是一种不受干涉的权利。换言之，只要国家放开其干预之手，公民的权利自然就得到了保障。这种观念在美国的政治和法律传统中十分常见。努斯鲍姆明确反对"消极权利"的观念，她指出："一切权益都要求政府承担一种积极的任务，政府应当积极支持民众的能力，而不只是不设置障碍。没有行动的话，权利就仅仅是空头支票。"②

按照这个思路，要保障公民获得性满足的能力，政府仅仅不去干涉人们的私生活是不够的。政府还需要积极地采取行动、投入资源、创造条件，以确保每个公民具有这方面的能力。对于那些因自身生理问题而在性能力方面存在缺陷的人，政府应当出资向他们提供有效的治疗。政府对待他们的方式，应该和对待一般意义上的残障人士并无二致。政府的资金来

---

① Martha C. Nussbaum, *Women and Human Development—The Capabilities Approach*, Cambridge: Cambridge University Press, 2000, p. 87.

② Martha C. Nussbaum, *Creating Capabilities：The Human Development Approach*, Cambridge MA: Harvard University Press, 2011, p. 65.

源是民众缴纳的税收，而税收的一部分恰好来自那些禁欲主义者。毕竟，缴税对任何一个公民而言都是不可推卸的政治义务。但这里存在一个直觉上令人难以接受的问题：一个将性生活视为罪恶的人，却不得不为他人获得性满足的机会提供经济支持。禁欲主义者虽然可以像努斯鲍姆所说的那样去自由选择过一种单身生活，但他仍然可以合理地抱怨：为什么要强制我掏腰包，去支持一项违反我的价值观的事业？在这种情况下，凭什么说我的价值观得到了尊重？

　　不光是获得性满足的能力，能力清单上的其他一些能力——比如与其他物种保持良好联系的能力、欢笑的能力——也是有争议的。可以想象，不是所有人都会赞成将这些能力作为有尊严生活的构成要素。① 事实上，就连努斯鲍姆本人也承认："看起来，清单上的某些能力要比另外一些更为确定。例如，如果身体完整的权利从清单中移除出去，就会让人感到吃惊。这在我们关于善的深思熟虑的判断中是一个固定之点。"② 然而不清楚的是，既然努斯鲍姆对某些能力不是那么确定、不是那么有把握，为什么她还要坚持把它们作为核心能力列于清单之中？既然能力进路被明确视为政治自由主义的一种形式，那么为什么要把这么多有争议的内容引入它的正义原则？笔者认为，为了成为重叠共识的对象，努斯鲍姆版本的能力清单必须进行一定程度的"瘦身"，否则难以契合政治自由主义的理念。

　　说到底，努斯鲍姆的能力清单反映的是她自己的一个人生理想，确切地说，是"一个受过高等教育、具有艺术倾向、拥有自我意识、自愿信仰宗教的西方女性"对于"何为有尊严生活"的独特理解。③ 然而，要真正贯彻政治自由主义的理念，努斯鲍姆应该诉诸的是一个具有政治意义的人的观念，而不是一个完备的人生理想。在这点上，我们不妨将努斯鲍姆和政治自由主义的先驱罗尔斯作一些对照。

---

　　① 托马斯·博格（Thomas Pogge）在发展他的全球正义理论时，也诉诸了尊严概念。在博格那里，尊严主要涉及三个维度：和他人之间的关系、肉体自我、精神生活。至于努斯鲍姆强调的与其他物种的关系，不在有尊严生活的关注范围之中。参阅［美］托马斯·博格：《阐明尊严：发展一种最低限度的全球正义观念》，载《马克思主义与现实》2011年第2期，第20页。

　　② Martha C. Nussbaum, *Women and Human Development—The Capabilities Approach*, Cambridge: Cambridge University Press, 2000, p.77.

　　③ Susan Moller Okin, "Poverty, Well-Being, and Gender: What Counts, Who's Heard?", *Philosophy & Public Affairs*, Vol.31, No.3, 2003, p.296.

给予最大程度的支持和帮助。能力理论家强调了援助的必要性，但似乎没有考虑援助带来的成本和责任如何在不同的公民之间作出区分。甚至在某种情况下，能力进路还要求将社会合作产生的好处转移给那些根本没有参与社会合作的人，而这些人可能完全是因为懒惰消沉不愿融入社会合作。显然，要将能力进路的正义理论付诸实践，要求公民具有强烈的利他主义倾向，对缺失核心能力的弱势群体抱有同情和仁慈之心。

然而，能力进路对人们心理条件的要求可能过高了。根据我们的生活经验，利他主义不是一个普遍的道德心理。即便有人能做到无私奉献，但也不是所有人都能做到这一点；即便一个社会大力弘扬利他主义的精神、营造奉献他人的氛围，也很难使所有社会成员都具有这种品质。这样，我们就有理由怀疑，能力进路的正义原则是否可以得到所有公民发自内心的认可。实际上，努斯鲍姆也意识到这个问题，她写道："我的观点确实需要依赖于利他主义，因而需要花很长的篇幅去阐明，利他主义动机如何产生、为何产生，利他主义动机必须与之竞争的其他动机，以及我们如何以一种社会所允许的方式来培育有益的情感。"[①]

就算人们能够普遍认可能力进路的正义原则，如何对这项原则加以运用也很成问题。正义原则的公开性要求，广大公民能够基于正义原则对现实的正义问题作出判断、展开论辩。根据努斯鲍姆的能力进路，判断一个社会是否实现了最低限度的正义，就是看这个社会的公民的核心能力是否得到了保障。如果有社会成员的核心能力没有达到底线要求，那就意味着这个社会存在深刻的不正义。这里就引出一个问题：如何对公民的能力进行测量和评估？

由于能力在某种意义上是隐性的东西，无法被直接观察清楚，因此能力评估并非易事。一般来说，有两种可能的能力评估的方式。第一种是，首先评价人们功能性活动的水平，进而从中推论他是否拥有相关的能力。这种方式比较直接，问题也显而易见。能力和功能性活动之间不能画等号。我们不能认为，功能性活动的缺位就是能力的缺位。一个人没有参加投票，可能只是他自己选择的结果，而不是因为他缺乏政治参与的能力。

---

① Martha C. Nussbaum, *Creating Capabilities: The Human Development Approach*, Cambridge MA: Harvard University Press, 2011, p. 96.

第二种方式是，全面考察分析影响能力的一系列相关因素。[①] 这些影响因素包括：个人的特质、拥有的资源、自然条件、政治环境、社会风尚等。只有对这些因素进行综合分析，才能对能力作出准确的评估。例如，要评估一个人是否具有充分的受教育的机会和能力，我们就要考察他的基本智力状况、他的家庭经济状况、他是否拥有法律规定的受教育的权利、他所处的社会环境是否对他接受教育构成障碍。这意味着，按照能力进路的正义理论，我们要提出一个正义或不正义的判断，就必须了解大量有关个人及其所处环境的信息。而问题在于其中很多信息超出了社会上普通公民的知识储备。而没有足够的信息资源，我们就没法运用"能力"的语言进行说理论证。看起来，能力进路的正义理论对公民的信息资源储备提出了过高的要求，而正是这一点制约其正义原则成为公共理由、为公共论辩提供基础的潜力。能力难以直接被观察和评估的事实，严重限制了正义原则的公开性。[②]

四　能力进路没有触及正义的核心问题

如果说阿玛蒂亚·森只是提出运用能力概念作为正义研究的一个视角或信息焦点，那么，努斯鲍姆的能力进路版本则试图发展一个规范的正义理论。努斯鲍姆这样来定位自己的理论："就我的版本来说，能力进路是一个部分的社会正义理论，它没有声称要解决所有的分配问题，而只是规定了一个比较充裕的社会最低限。使所有公民具备这十项能力，是社会正义的一个必要条件。正义当然可以提出更多的要求。例如，迄今为止发展出来的能力进路，没有阐明应当如何解决最低限以上的不平等问题。很多社会正义的进路认为，一个充裕的底线对实现正义而言并不充分。一些进

---

① Ingrid Robeyns, "Justice as Fairness and the Capability Approach", in *Arguments for a Better World: Essays in Honor of Amartya Sen*, edited by Kaushik Basu and Ravi Kanbur, New York: Oxford University Press, 2009, p. 409.

② 罗尔斯对阿玛蒂亚·森也有一个类似的批评，但他的焦点是人际比较的标准，而非正义原则。罗尔斯认为，基本益品的一个重要特点或优势就在于它的可行性。他指出："一个公民的基本益品份额是公开可观察的，这使得理论所要求的公民间比较（所谓的人际比较）成为可能。"（参阅 John Rawls, *The Law of Peoples*, Cambridge MA: Harvard University Press, 1999, p. 13.）相比之下，运用能力概念来进行人际比较，需要涉及更多的信息，而这些信息是政治社会中难以获得的。

路要求严格的平等。约翰·罗尔斯坚持认为，只有当可以提高最不利者的生活水平时，不平等才能够得到证成。能力进路没有主张已经回答了这些问题，但它也许在将来处理这些问题。"①

努斯鲍姆的能力进路是在批评罗尔斯契约论的基础上发展起来的。努斯鲍姆认为，契约论的一些核心要素和理论假定导致它难以解决那些不具有社会合作能力的人们的正义诉求问题。② 例如，罗尔斯假定，契约各方代表的公民必须是充分合作的社会成员。这看起来意味着在选择基本正义原则时，契约各方只会考虑能够充分参与社会合作的人们的利益，而那些患有严重残疾、无法充分参与社会合作的人的利益无法得到公平对待。相比之下，努斯鲍姆认为能力进路在处理非合作者的正义问题时更有优势。能力进路并不依赖所谓的"充分合作假定"，更不主张合作的目的就是互利。能力进路强调的是人作为人的尊严，以及人的脆弱性和依赖性这样一个事实。一方面，人配得上过一种有尊严的生活；另一方面，要实现这种生活，仅仅靠自身的努力是不够的，还必须依靠外界尤其是政府的积极介入和援助。在努斯鲍姆那里，一个人无论是合作者还是非合作者，无论在社会合作中扮演什么样的角色，都有权利过上一种配得上人的尊严的生活。相应地，国家或政府有义务维护人的尊严，确保社会上每一个人拥有清单上列出的十项核心能力。只要每个人都拥有了这些核心能力，最低限度的社会正义就算是达到了。在能力进路的正义理论中，"合作"的观念似乎是无关紧要的。

这样看来，努斯鲍姆在试图纠正契约论缺陷的同时，走向了另外一个极端。由于抛弃了"充分合作假定"，转而诉诸"人的尊严"概念，能力进路能够很好地容纳非合作者的正义诉求，关注到那些弱势群体（比如严重残障人士、发展中国家的穷人、受到歧视的家庭妇女等）的利益。但与此同时，它对合作者之间的正义问题缺少应有的重视。而这个问题恰

---

① Martha C. Nussbaum, *Creating Capabilities: The Human Development Approach*, Cambridge MA: Harvard University Press, 2011, p. 40.

② 实际上，罗尔斯的契约论并没有削弱非合作者的正义主体地位。契约论作为正义问题的研究进路，仍然可以容纳残疾人的正义诉求。参阅任俊：《契约论并不排斥残疾人的正义权利——驳努斯鲍姆对罗尔斯的一个批评》，载《上海师范大学学报》2017 年第 5 期，第 22—28 页。

恰是分配正义的核心问题，也是当代大多数正义理论家关注的问题。

合作者之间的正义问题的重要性，来自于相互性（reciprocity）的理念，即"所有参与合作并按照规则和秩序的要求履行职责的人，都应当以恰当的方式获益，而这种恰当性是由一种恰当的比较基准来衡量的"。[1] 根据相互性的要求，每一个合作者，无论其性别、阶层、种族和信仰是什么，只要对社会合作做出了贡献，都有权利获得公平的分配份额。如果一个合作者获得的利益少于公平的分配份额，那么他就有理由抱怨社会不公，抱怨自己没有得到平等的尊重。必须强调指出，我们关于平等尊重的道德直觉，不仅支持对没有合作能力的残障人士予以特殊的照顾，也支持为社会合作投入努力、做出贡献的人们取得应有的回报。应该看到，这种相互性的正义（justice as reciprocity）要表达的是，参与社会合作是拥有正义诉求的充分条件，而非必要条件。[2] 因此，它并没有否认那些非合作者的正义主体地位。解决合作者之间的正义问题，与满足非合作者的正义诉求完全可以兼容。

正如努斯鲍姆本人已经意识到的，对于我们思考合作者之间的正义问题，能力进路到目前为止还无法提供启发和洞见。在分配正义问题上，我们拥有一个非常深刻的道德直觉，那就是分配结果应该"钝于禀赋"（endowment–insensitive）而"敏于志向"（ambition–sensitive）。[3] 具体说来就是，一个人所获得的分配份额，应该尽可能地反映他的选择和努力，而不是他的自然天赋和社会出身。后者只是纯粹的运气，而人的道德权利不应建立在运气的基础上。那么，能力进路在"钝于禀赋"和"敏于志向"这两方面究竟做得如何呢？

显然，能力进路在"钝于禀赋"这方面做得还不错，但在"敏于志向"这一项的得分就比较低。能力进路是一种结果导向的观点。"能力进

---

[1] John Rawls, *Political Liberalism*, New York: Columbia University Press, 2005, p. 16.

[2] 阿伦·布坎南（Allen Buchanan）在一篇著名论文中区分了作为相互性的正义和以主体为中心的正义。根据这一区分，努斯鲍姆的正义观更接近于以主体为中心的正义。在评价一个社会是否正义时，努斯鲍姆要追问的是，在这个社会中，是否每个主体的基本需要都得到了满足，是否每个人的核心能力都得到了保障。参阅 Allen Buchanan, Justice as Reciprocity versus Subject–Centered Justice, *Philosophy & Public Affairs*, Vol. 19, No. 3, 1990, pp. 227–252.

[3] ［加］威尔·金里卡：《当代政治哲学》（上），刘莘译，上海三联书店 2004 年版，第139 页。

路宣称，从正义的视角来看，判断一种特定的政治情形是否充分，正确的方式应该是去观察结果，看公民的基本权益是否以一种安全的方式得到了满足。"① 这里，"公民的基本权益"仅仅基于人之为人的事实，它既不依赖于人的天赋和出身，也与人的选择和努力无关。这一点和我们的道德直觉是有冲突的。不同于与生俱来的天赋和出身，选择和努力并非从道德角度看任意的因素。由于不审慎和不勤恳而在社会分配中处于不利地位，不能说是受到了不公平的对待。

　　设想，一个人虚荣心很强，贪图享受，迷恋奢侈生活，同时又缺乏审慎的消费观念，最终让自己陷于一贫如洗的糟糕境地，失去了任何可支配的财产。按照能力进路的观点，我们应当立即去补偿这个已经丧失基本经济能力的人；对他施以援手，就是在消除不正义或促进正义的实现。但在我们看来，这个人虽然很不幸，但他无法基于正义的考量来要求社会对他予以援助。而如果动用强制手段逼迫其他社会成员给予经济援助的话，就会产生真正的不正义。他们完全可以合理地抱怨说：凭什么强制要求我为别人的错误选择承担责任呢？当然，一个富有道德感的社会很有可能会帮助这个不幸的人重新恢复基本的经济能力，但这是出于人道、仁慈或同情，而不是正义。这些是不同类型的道德要求。从这个例子可以看出，作为一种结果导向的观点，能力进路的正义理论没有为人的选择和努力留下空间，因而无法解决好合作者之间的分配正义问题。由于没有触及这个正义的核心问题，努斯鲍姆提供的与其说是一个分配正义的理论，还不如说是一个比较精致的基本人权的理论。

---

① Martha C. Nussbaum, *Creating Capabilities*: *The Human Development Approach*, Cambridge MA: Harvard University Press, 2011, p. 95.

结　语

最后，我对本书的主要论点做一简短的总结。

社会生活异质性、多元化的历史语境决定了，实践哲学的焦点从伦理问题转向道德问题，从"人应当如何生活"的问题转向"人应当如何与他人共同生活"的问题。道德哲学中的证成问题分为两个层次：道德内部的证成（justification within morality）和对道德的证成（justification of morality）。本书讨论的制度证成问题，属于第一个层次，因而和规范的道德理论有密切联系。

社会制度的道德重要性使其成为政治哲学关注的焦点。正当性和证成性是道德评价社会制度的两个不同的维度。对社会制度的道德证成，包含两个不可缺少的方面：正义和稳定。值得强调指出，稳定性是制度证成的一个重要考量。如果生活在一种制度下的人们无法获得充分的动机服从它，这种制度就是缺乏稳定性的，进而得不到证成。

为社会制度及其原则提供证成的理论进路主要有三种：功利主义、契约论、能力进路。功利主义有两张面孔，应该将作为决策程序的功利主义和作为证成方式的功利主义区分开来。作为一种道德证成的理论，功利主义之所以具有一定的可信度，是由于它试图表达"平等关注和尊重每个人的利益"这个信念。但也正是这个信念，使我们有理由要么对它做出重要修正，要么将它彻底抛弃。

契约论包含多重面向。在问题意识上，应该区分传统契约论和当代契约论。传统契约论旨在阐明政治权威正当性和政治义务的条件，当代契约论主要关注制度证成。正当性（或政治义务）和道德证成是两个不同的论题。说假想的同意没有约束力、无法产生义务，对当代契约论不构成真正的挑战。

在理论结构上，我们区分以高蒂尔和罗尔斯为代表的两种契约论的版本，它们分别继承了霍布斯和康德的传统，采取了不同的人和实践理性的观念。霍布斯主义契约论的"理性人假设"，以及对"互利"的强调，进而对弱势群体的漠视，使其难以成为一个有吸引力的道德证成理论。

说到罗尔斯的契约论，人们通常会想到那个著名的原初状态论证。然而，良序社会——而非原初状态——才是我们理解罗尔斯契约论思想的一个恰当的起点。罗尔斯的契约论不可能脱离良序社会的观念得到理解。至于原初状态，它是对良序社会的表征、反映、模拟，它的证成力量依赖于良序社会观念的吸引力。从"良序社会"的观念出发重构罗尔斯的契约论证，有助于澄清对这个理论的常见误解，展现其优点和力量，进一步提升其理论潜力。

近年来，努斯鲍姆在批评罗尔斯契约论的基础上，提出了一种新的制度证成的理论——能力进路。能力进路强调结果导向，以是否保障每个公民的核心能力作为检验制度正义的标准。能力进路开启了正义研究的新视野和新方向，但这个理论本身存在着不少困难和疑点。因此，就目前看来，能力进路还不足以取代罗尔斯的契约论，成为我们对社会制度进行道德分析的理论框架。

参考文献

一　中文文献

[1]［印］阿玛蒂亚·森：《正义的理念》，王磊、李航译，北京：中国人民大学出版社 2012 年版。

[2]［印］阿玛蒂亚·森：《以自由看待发展》，任赜、于真译，北京：中国人民大学出版社 2012 年版。

[3]［印］阿玛蒂亚·森：《理性与自由》，李风华译，北京：中国人民大学出版社 2012 年版。

[4]包利民编：《当代社会契约论》，包利民等译，南京：江苏人民出版社 2007 年版。

[5]［英］边沁：《道德与立法原理导论》，时殷弘译，北京：商务印书馆 2005 年版。

[6]［美］托马斯·博格：《阐明尊严：发展一种最低限度的全球正义观念》，李石译，载《马克思主义与现实》2011 年第 2 期。

[7]［美］涛慕思·博格：《康德、罗尔斯与全球正义》，刘莘 徐向东等 译，上海：上海译文出版社 2010 年版。

[8]陈嘉映：《语言哲学》，北京：北京大学出版社 2006 年版。

[9]陈嘉映：《何为良好生活：行之于途而应于心》，上海：上海文艺出版社 2015 年版。

[10]程炼：《伦理学关键词》，北京：北京师范大学出版社 2007 年版。

[11]高景柱：《超越平等的资源主义与福利主义分析路径——基于阿玛蒂亚·森的可行能力平等的分析》，载《人文杂志》2013 年第 1 期。

[12]龚群：《对罗尔斯正义理论的回应与推进——森和努斯鲍姆的

能力论》，载《华中师范大学学报》2017 年第 5 期。

［13］［英］霍布斯：《利维坦》，黎思复、黎廷弼译，北京：商务印书馆 1997 年版。

［14］江绪林：《解释与严密化：作为理性选择模型的罗尔斯契约论证》，载《中国社会科学》2009 年第 5 期。

［15］［加］金里卡：《当代政治哲学》，刘莘译，上海：上海三联书店 2004 年版。

［16］［加］金里卡：《自由主义、社群与文化》，应奇、葛水林译，上海：上海世纪出版集团 2005 年版。

［17］［英］莱斯诺夫：《社会契约论》，刘训练等译，南京：江苏人民出版社 2005 年版。

［18］李楠 秦慧：《能力平等的背后是什么？——玛莎·努斯鲍姆的平等理论探究》，载《江汉论坛》2017 年第 4 期。

［19］刘科：《对努斯鲍姆尊严观的反思》，载《道德与文明》2018 年第 1 期。

［20］刘擎：《政治正当性与哲学无政府主义：以西蒙斯为中心的讨论》，载《华东师范大学学报》2007 年第 6 期。

［21］刘雪梅 顾肃：《功利主义的理论优势及其在当代的新发展》，载《学术月刊》2007 年第 8 期。

［22］［法］卢梭：《社会契约论》，何兆武译，北京：商务印书馆 2003 年版。

［23］［美］罗尔斯：《正义论》，何怀宏等译，北京：中国社会科学出版社 1988 年版。

［24］［美］罗尔斯：《政治自由主义》，万俊人译，南京：译林出版社 2000 年版。

［25］［英］洛克：《政府论》（下篇），叶启芳、翟菊农译，北京：商务印书馆 2005 年版。

［26］［美］麦金太尔：《追寻美德》，宋继杰译，南京：译林出版社 2003 年版。

［27］［美］麦金太尔：《依赖性的理性动物：人类为什么需要德性》，刘玮 译，南京：译林出版社 2013 年版。

［28］［英］穆勒：《功利主义》，徐大建译，上海：上海人民出版社
2008 年版。

［29］［英］密尔：《论自由》，许宝骙译，北京：商务印书馆 2007
年版。

［30］［美］努斯鲍姆：《正义的前沿》，朱慧玲等译，北京：中国人
民大学出版社 2016 年版。

［31］［美］努斯鲍姆：《寻求有尊严的生活：正义的能力理论》，田
雷译，北京：中国人民大学出版社 2016 年版。

［32］［美］诺齐克：《无政府、国家与乌托邦》，何怀宏等译，北京：
中国社会科学出版社 1991 年版。

［33］石元康：《罗尔斯》，桂林：广西师范大学出版社 2004 年版。

［34］［英］斯密：《道德情操论》，蒋自强等译，北京：商务印书馆
2014 年版。

［35］童世骏：《约翰·罗尔斯的"规则"概念及其与当代中国语境
的相关性》，载《社会理论学报》（香港）2002 年秋季卷。

［36］童世骏：《批判与实践——论哈贝马斯的批判理论》，北京：生
活·读书·新知三联书店 2007 年版。

［37］童世骏：《关于重叠共识的重叠共识》，载《中国社会科学》
2008 年第 6 期。

［38］童世骏：《理性、合理与讲理——兼评陈嘉映的〈说理〉》，载
《哲学分析》2012 年第 3 期。

［39］［英］威廉姆斯：《伦理学与哲学的限度》，陈嘉映译，北京：
商务印书馆 2017 年版。

［40］徐向东：《自由主义、社会契约与政治证成》，北京：北京大学
出版社 2005 年版。

［41］徐向东：《自我、他人与道德——道德哲学导论》，北京：商务
印书馆 2007 年版。

［42］徐向东：《能力探讨与基本的善》，载《云南大学学报》2004
年第 6 期。

［43］［美］西蒙斯：《道德原则与政治义务》，郭为桂、李艳丽译，
南京：江苏人民出版社 2009 年版。

［44］［英］休谟：《道德原则研究》，曾晓平译，北京：商务印书馆 2010 年版。

［45］［古希腊］亚里士多德：《尼各马可伦理学》，廖申白译，北京：商务印书馆 2003 年版。

［46］杨兴华、张格尔：《阿玛蒂亚·森和玛莎·努斯鲍姆关于可行能力理论的比较研究》，载《学术论坛》2014 年第 2 期。

［47］姚大志：《罗尔斯的契约主义与政治哲学的证明》，载《江苏社会科学》2004 年第 5 期。

［48］姚大志：《当代西方政治哲学》，北京：北京大学出版社 2011 年版。

［49］姚大志：《当代功利主义哲学》，载《世界哲学》2012 年第 2 期。

［50］姚大志：《能力平等：第三条道路?》，载《浙江大学学报》2014 年第 6 期。

［51］于连：《来自尊严的正义——试析基本可行能力清单》，载《华中科技大学学报》2015 年第 4 期。

［52］周保松：《自由人的平等政治》，北京：生活·读书·新知三联书店 2010 年版。

［53］周濂：《现代政治的正当性基础》，北京：生活·读书·新知三联书店 2008 年版。

［54］周濂：《正义与幸福》，北京：中国人民大学出版社 2018 年版。

［55］《邓小平文选》（第二卷），北京：人民出版社 1994 年版。

二　英文文献

［1］Anderson, Elizabeth, "Justifying the capabilities approach to justice", in *Measuring Justice: Primary Goods and Capabilities*, ed. Harry Brighouse and Ingrid Robeyns, Cambridge : Cambridge University Press, 2010.

［2］Anscombe, G. E. M. , "Modern Moral Philosophy," in *Philosophy*, Vol. 33, No. 124 (Jan. , 1958) .

［3］Barry, Brian, *Justice as Impartiality*, Oxford: Clarendon Press, 1995.

［4］Berges, Sandrine, "Why the Capability Approach is Justified", *Jour-*

nal of Applied Philosophy, Vol. 24, No. 1, 2007.

[5] Buchanan, Allen, "Justice as Reciprocity versus Subject – Centered Justice", *Philosophy& Public Affairs*, Vol. 19, No. 3, 1990.

[6] Bykvist, Krister, *Utilitarianism: A Guide for the Perplexed*, Continuum, 2010.

[7] Claassen, Rutger, "Making Capability Lists: Philosophy versus Democracy", *Political Studies*, 59 (3), 2011.

[8] Cohen, G. A., *Rescuing Justice and Equality*, Cambridge, Mass. : Harvard University Press, 2008.

[9] Crisp, Roger, "Utilitarianism", in *Routledge Encyclopedia of Philosophy*, Version1. 0, London and New York: Routledge, 1998.

[10] Dworkin, Ronald, "The Original Position", in *Reading Rawls* , ed. Norman Daniels, New York: Basic Books, 1975.

[11] Foot, Philippa, *Virtues and Vices and Other Essays in Moral Philosophy*, Oxford: Clarendon Press, 2002.

[12] Frankena W. K. , *Ethics*, Englewood Cliffs, N. J. , Prentice Hall, Inc. , 1963.

[13] Freeman, Samuel, "Contractarianism", in *Routledge Encyclopedia of Philosophy*, Version 1. 0, London and New York: Routledge, 1998.

[14] Freeman, Samuel, "Moral Contractarianism as a Foundation for Interpersonal Morality", in *Contemporary Debates in Moral Theory*, ed. James Dreier, Blackwell, 2006.

[15] Freeman, Samuel, "Frontiers of Justice: The Capabilities Approach vs. Contractarianism", *Texas Law Review*, Vol. 85 (2), 2006.

[16] Freeman, Samuel, *Justice and the Social Contract: Essays on Rawlsian Political Philosophy*, New York: Oxford University Press, 2007.

[17] Freeman, Samuel, *Rawls*, London and New York: Routledge, 2007.

[18] Gauthier, David, *Morals by Agreement*, Oxford: Clarendon Press, 1986.

[19] Gauthier, David, "Rational constraint: some last words", in *Contractarianism and Rational Choice*, ed. Peter Vallentyne, New York: Cambridge

University Press, 1991.

[20] Gauthier, David, "The Social Contract as Ideology", in *Contemporary Political Philosophy: An Anthology*, ed. Robert Goodin and Philip Pettit, Blackwell, 1997.

[21] Habermas, Jürgen, *Moral Consciousness and Communicative Action*, trans. Christian Lenhardt and Shierry Weber Nicholsen, Cambridge, Mass.: The MIT Press, 1990.

[22] Habermas, Jürgen, *Justification and Application: Remarks on Discourse Ethics*, trans. Ciaran Cronin, Cambridge, Mass.: The MIT Press, 1993.

[23] Habermas, Jürgen, *The Inclusion of the other*, ed. Ciaran Cronin and Pablo DeGreiff, Cambridge, Mass.: The MIT Press, 1999.

[24] Hampton, Jean, *The Intrinsic Worth of Persons: Contractarianism in Moral and Political Philosophy*, ed. Daniel Farnham, New York: Cambridge University Press, 2007.

[25] Hare, R. M. , "Ethical Theory and Utilitarianism", in *Utilitarianism and Beyond*, ed. Amartya Sen and Bernard Williams, Cambridge: Cambridge University Press, 1982.

[26] Harman, Gilbert, "Moral Relativism Defended", in *Philosophical Review*, Vol. 84, No. 1 (Jan. , 1975) .

[27] Harman, Gilbert, *The Nature of Morality*, New York: Oxford University Press, 1977.

[28] Harsanyi, John C. , "Morality and the Theory of Rational Behavior", in *Utilitarianism and Beyond*, ed. Amarya Sen and Bernard Williams, Cambridge: Cambridge University Press, 1982.

[29] Hart, H. L. A. , *The Concept of Law*, Oxford: Oxford University Press, 1961.

[30] Herman, Barbara, *The Practice of Moral Judgment*, Cambridge, Mass.: Harvard University Press, 1993.

[31] Hume, David, "Of the Original Contract", in *Hume's political essays*, ed. Knud Haakonssen, Cambridge: Cambridge University Press, 1994.

[32] Kant, Immanuel, "On the Common Saying: This May Be True in

Theory, But It Does not Apply in Practice ", in *Kant's Political Writings*, e-
d. Hans Reiss, Cambridge: Cambridge University Press, 1991.

[33] Kant, Immanuel, *Groundwork of the Metaphysics of Morals*,
trans. H. J. Paton, London and New York: Routledge, 2005.

[34] Kelly, Paul, "Justifying Justice: Contractarianism, Communitarian-
ism and the Foundations of Contemporary Liberalism", in *The Social Contract
from Hobbes to Rawls*, ed. David Boucher and Paul Kelly, London and New
York: Routledge, 1994.

[35] Korsgaard, Christine M. , *The Source of Normativity*, Cambridge:
Cambridge University Press, 1996.

[36] Korsgaard, Christine M. , "Teleological ethics", in *Routledge Ency-
clopedia of Philosophy*, Version 1. 0, London and New York: Routledge, 1998.

[37] Korsgaard, Christine M. , *The Constitution of Agency*, Oxford: Ox-
ford UniversityPress, 2008.

[38] Larmore, Charles E. , *Patterns of Moral Complexity*, Cambridge:
Cambridge University Press, 1987.

[39] Larmore, Charles E. , *The Morals of Modernity* , Cambridge: Cam-
bridge University Press, 1996.

[40] Macintyre, Alasdair, *Dependent Rational Animals: Why Human Be-
ings Need the Virtues*, Chicago: Open Court, 1999.

[41] Nagel, Thomas, *The Possibility of Altruism*, Princeton: Princeton U-
niversity Press, 1970.

[42] Nagel, Thomas, "Moral Conflict and Political Legitimacy", in *Phi-
losophy & Public Affairs*, Vol. 16, No. 3 (Summer, 1987) .

[43] Nagel, Thomas, *Equality and Partiality*, New York: Oxford Univer-
sity Press, 1991.

[44] Nelson, Eric, "From Primary Goods to Capabilities: Distributive
Justice and the Problem of Neutrality", *Political Theory*, Vol. 36, No. 1, 2008.

[45] Nozick, Robert, *Anarchy, State, and Utopia*, New York: Basic
Books, 1974.

[46] Nussbaum, Martha C. , "Human Functioning and Social Justice: In

Defense of Aristotelian Essentialism", *Political Theory*, Vol. 20, No. 2, 1992.

[47] Nussbaum, Martha C. , "Capabilities and Social Justice", *International Studies Review*, Vol. 4, No. 2 (Summer, 2002) .

[48] Nussbaum, Martha C. , *Women and Human Development—The Capabilities Approach*, Cambridge: Cambridge University Press, 2000.

[49] Nussbaum, Martha C. , "Capabilities as Fundamental Entitlements: Sen and Social Justice", *Feminist Economics*, 9 (2/3), 2003.

[50] Nussbaum, Martha C. , *Frontiers of Justice: Disability, Nationality, Species Membership*, Cambridge MA. : Harvard University Press, 2006.

[51] Nussbaum, Martha C. , *Creating Capabilities: The Human Development Approach*, Cambridge MA: Harvard University Press, 2011.

[52] Nussbaum, Martha C. , "Perfectionist Liberalism and Political Liberalism", *Philosophy& Public Affairs*, Vol. 39, No. 1 (Winter 2011) .

[53] Okin, Susan M. , "Poverty, Well – Being, and Gender: What Counts, Who's Heard?", *Philosophy & Public Affairs*, Vol. 31, No. 3, 2003.

[54] Pettit, Philip, "Construing Sen on Commitment", in*Rationality and Commitment* , ed. Fabienne Peter and Hans Bernhard Schmid. Oxford: Oxford University Press, 2007.

[55] Pogge, Thomas, "Three Problems with Contractarian – Consequentialist Ways of Assessing Social Institutions", in *Social Philosophy and Policy* 12 (1995) .

[56] Pogge, Thomas, *John Rawls: His Life and Theory of Justice*, New York: Oxford University Press, 2007.

[57] Pogge, Thomas, "Can the Capability Approach Be Justified", *Philosophical Topics* , Vol. 30, No. 2 (Fall 2002) .

[58] Rawls, John, *A Theory of Justice*, Cambridge, Mass. : Harvard University Press, 1999.

[59] Rawls, John, *Collected Papers*, ed. Samuel Freeman, Cambridge, MA: Harvard University Press, 1999.

[60] Rawls, John, *The Law of Peoples*, Cambridge MA: Harvard University Press, 1999.

[61] Rawls, John, *Lectures on the History of Moral Philosophy*, ed. Barbara Herman, Cambridge, MA: Harvard University Press, 2000.

[62] Rawls, John, *Justice as Fairness: a restatement*, ed. Erin Kelly, Cambridge, MA: Harvard University Press, 2001.

[63] Rawls, John, *Political Liberalism*, New York: Columbia University Press, 2005.

[64] Rawls, John, *Lectures on the History of Political Philosophy*, ed. Samuel Freeman, Cambridge, MA: Harvard University Press, 2007.

[65] Raz, Joseph, "Autonomy, Toleration, and the Harm Principle", in *Issues in Contemporary Legal Philosophy*, ed. Ruth Gavison, New York and Oxford: Oxford University Press, 1987.

[66] Robeyns, Ingrid, "Justice as Fairness and the Capability Approach", in *Arguments fora Better World: Essays in Honor of Amartya Sen*, ed. Kaushik Basu and Ravi Kanbur, New York: Oxford University Press, 2009.

[67] Sandel, Michael J., *Liberalism and the Limits of Justice*, Cambridge: Cambridge University Press, 1998.

[68] Scanlon, T. M., "Moral Theory: Understanding and Disagreement", in *Philosophy and Phenomenological Research*, Vol. 55, No. 2 (Jun., 1995).

[69] Scanlon, T. M., "Moral Justification", in *Routledge Encyclopedia of Philosophy*, Version 1.0, London and New York: Routledge, 1998.

[70] Scanlon, T. M., *What We Owe to Each Other*, Cambridge, MA: Harvard University Press, 1998.

[71] Scanlon, T. M., *The Difficulty of Tolerance: Essays in Political Philosophy*, Cambridge: Cambridge University Press, 2003.

[72] Scheffler, Samuel, *Equality and Tradition*, New York: Oxford University Press, 2010.

[73] Sen, Amartya, "Rational Fools: A Critique of the Behavioral Foundations of Economic Theory", *Philosophy &Public Affairs*, Vol. 6, No. 4, 1977.

[74] Sen, Amartya, "Equality of What?", in *The Tanner Lectures on Human Values*. ed. S. McMurrin. Salt Lake City: University of Utah Press and Cam-

bridge University Press, 1980.

[75] Sen, Amartya, *Rationality and Freedom*, Cambridge MA: Harvard University Press, 2002.

[76] Sen, Amartya, "Capabilities, Lists, and Public Reasoning: Continuing the Conversation", *Feminist Economics*, 10 (3), 2004.

[77] Sen, Amartya, "What Do We Want from a Theory of Justice?", *The Journal of Philosophy*, Vol. 103, No. 5 (May, 2006).

[78] Sen, Amartya, *The Idea of Justice*, Cambridge MA: Harvard University Press, 2009.

[79] Sibley, W. M., "The Rational Versus the Reasonable", in *The Philosophical Review*, Vol. 62, No. 4 (Oct., 1953).

[80] Simmons, John A., "Legitimacy", in *Routledge Encyclopedia of Philosophy*, Version 1.0, London and New York: Routledge, 1998.

[81] Simmons, John A., "Political Obligation", in *Routledge Encyclopedia of Philosophy*, Version 1.0, London and New York: Routledge, 1998.

[82] Simmons, John A., *Justification and Legitimacy*, Cambridge: Cambridge University Press, 2001.

[83] Stark, Cynthia A., "Contractarianism and Cooperation", *Politics, Philosophy&Economics*, 8 (1), 2009.

[84] Stocker, Michael, "The Schizophrenia of Modern Ethical Theories", in *The Journal of Philosophy*, Vol. 73, No. 14 (Aug. 12, 1976).

[85] Strawson, Peter, "Freedom and Resentment", in *Free Will*, ed. Gray Watson, Oxford: Oxford University Press, 1982.

[86] Tan, Kok–Chor, "Justice and Personal Pursuits", *The Journal of Philosophy*, Vol. 101, No. 7 (Jul., 2004).

[87] Vallentyne, Peter, "Gauthier's three projects", in *Contractarianism and Rational Choice*, ed. Peter Vallentyne, New York: Cambridge University Press, 1991.

[88] Williams, Bernard, "A Critique of Utilitarianism", in *Utilitarianism: for and against*, ed. J. J. C. Smart and Bernard Williams, Cambridge: Cambridge University Press, 1973.

［89］ Williams, Bernard, *Moral Luck*, Cambridge：Cambridge University Press, 1981.

［90］ Williams, Bernard, *Ethics and the Limits of Philosophy*, Cambridge, MA：Harvard University Press, 1985.

［91］ Wolff, Jonathan, *Disadvantage*, New York：Oxford University Press, 2007.

［92］ Wolf, Susan, "Moral Saints", in *The Journal of Philosophy*, Vol. 79, No. 8（Aug. , 1982）.

［93］ Wong, Sophia I. , "The Moral Personhood of Individuals Labeled Mentally Retarded"：A Rawlsian Response to Nussbaum, *Social Theory and Practice*, Vol. 33, No. 4（October 2007）.